M000207681

Osho

LA TRANSFORMACIÓN TÁNTRICA

El lenguaje del amor

editorial airós

Título original: TANTRIC TRANSFORMATION
Publicado originalmente en español con el título LA TRANSFORMACIÓN
TÁNTRICA. Comentarios sobre la Canción Real de Saraja. 1997 Gaia Ediciones

© 1977 **OSHO** International Foundation, Switzerland www.osho.com
All rights reserved
© de la edición en castellano: 2008 by Editorial Kairós, S. A.

Editorial Kairós, S. A
Numancia, 117-121, 08029 Barcelona, España
www.editorialkairos.com

Nirvana Libros S.A. de C. V.
3.ª Cerrada de Minas, 501-8, CP 01280 México, D.F.
www.nirvanalibros.com.mx

© de la traducción del inglés: **OSHO** International Foundation
Revisión: Joaquim Martínez Piles

Primera edición: Diciembre 2008
ISBN: 978-84-7245-680-8
Depósito legal: B-30.681/2008

Fotocomposición: Pacmer, S.A. Alcolea, 106-108, 1.º, 08014 Barcelona
Tipografía: Times, cuerpo 11, interlineado 12,8
Impresión y encuadernación: Romanyà-Valls. Verdaguer, 1. 08786 Capellades

El material de este libro es una transcripció de una serie de discursos originales titulados
Tantric Transformation dados por Osho ante una audiencia. Todos los discursos de Osho
han sido publicados en forma de libros y están también disponibles en audio.
Las grabaciones originales de audio y el archivo completo de textos se pueden encontrar
on-line en la biblioteca de la www.osho.com
OSHO® es una marca registrada de Osho International Foundation

SUMARIO

1. EL MAPA DEL TANTRA

Por el deleite de los besos el iluso
implora declarándolo
lo definitivamente real;
como un hombre que sale de su casa
y en la puerta le pide a una mujer
relatos de deleites sensuales.

La agitación de las fuerzas bióticas
en la casa de la nada ha aumentado
artificialmente los placeres
de muchas maneras.
Tales yoguis de la aflicción
desfallecen porque han caído
del espacio celestial,
imbuidos en el vicio.

Como un brahmín,
que con arroz y mantequilla
hace una ofrenda al fuego abrasador,
creando un canal para el néctar
desde el espacio celestial,
toma esto,
a través del pensamiento deseoso,
como lo supremo.

Algunas personas,
quienes han encendido el calor
interior y lo han elevado
a la fontanela,
golpean la úvula con la lengua
en una suerte de coito y confunden
lo que encadena con lo que libera,
orgullosos se llamarán a sí mismas
yoguis.

El Tantra es libertad (libertad de todas las construcciones mentales, de todos los juegos mentales; libertad de todas las estructuras) libertad del otro. El Tantra es un espacio en el que estar. El Tantra es liberación.

El Tantra no es una religión como normalmente se entiende. La religión también es un juego mental, la religión te impone ciertos patrones. Un cristiano tiene ciertos patrones, igual que un hindú o que un musulmán. La religión te da un cierto estilo, una disciplina. El Tantra quita todas las disciplinas.

Cuando no hay una disciplina, cuando no hay un orden impuesto, surge en ti un orden completamente nuevo. Lo que Lao Tzu llama Tao, lo que Buda llama *dhamma*, surge en ti. No es algo que tú hagas, te ocurre; el Tantra solamente crea un espacio para que eso ocurra. Ni siquiera invita, no espera; simplemente crea un espacio. Y cuando el espacio está preparado, el todo fluye adentro.

He oído una historia muy hermosa, es muy antigua...

En una provincia no había caído ninguna lluvia desde hacía mucho tiempo. Todo estaba seco; al final los ciudadanos decidieron llamar al hechicero de la lluvia. Se mandó una delegación para que fuera a buscarle a la lejana ciudad en la que vivía, con la urgente demanda de que viniera lo antes posible e hiciera que lloviese sobre los campos secos.

El hechicero, un viejo hombre sabio, prometió hacerlo con la condición de que se le proveyese de una pequeña y solitaria cabaña en campo abierto a donde se pudiera retirar a solas durante tres días, y no requirió ni comida ni agua. Luego vería lo que se podría hacer. Se lo concedieron.

La tarde del tercer día cayó abundante lluvia, y una gran multitud llena de agradecimiento subió en peregrinación hasta su casa y le preguntaron:

−¿Cómo lo has hecho? Dínoslo.

−Ha sido muy fácil −contestó el hechicero−. Durante tres días lo único que he hecho ha sido ponerme a mí mismo en orden. Porque sé que una vez que yo esté en orden, el mundo estará en orden, y que la sequía debe dar paso a la lluvia.

El Tantra dice: si tú estás en orden, entonces el mundo entero estará en orden para ti. Cuando tú estás en armonía, toda la existencia está en armonía contigo. Cuando tú estás en desorden, el mundo entero está desordenado. Pero ese orden no tiene que ser un orden falso, no tiene que ser impuesto. Cuando te impones a ti mismo algún orden, simplemente te divides; en el fondo el desorden continúa.

Puedes observarlo: si eres una persona iracunda puedes forzar tu ira, puedes reprimirla profundamente en el inconsciente; pero no va a desaparecer. Puede que tú no la notes en absoluto, pero está ahí; y tú sabes que está ahí. Está funcionando debajo de ti, está en el oscuro sótano de tu ser, pero está ahí. Te puedes sentar sobre ella sonriendo, pero tú sabes que puede entrar en erupción en cualquier momento. Pero tu sonrisa no puede ser muy profunda, tu sonrisa no puede ser verdadera, tu sonrisa tan sólo será un esfuerzo que estarás haciendo en contra de ti mismo. Un hombre que impone un orden desde el exterior permanece en desorden.

El Tantra dice: hay otra clase de orden. Tú no impones ningún orden, tú no impones ninguna disciplina; tú simplemente abandonas todas las estructuras, tú simplemente te vuelves natural y espontáneo. Es el mayor de los pasos que se le puede pedir a un hombre. Necesitará un gran valor porque a la sociedad no le agradará, la sociedad estará en contra a muerte. La sociedad quiere cierto orden. Si sigues a la sociedad, la sociedad está contenta contigo. Si te separas un poquito de vez en cuando, la sociedad se enfada mucho. Y la masa está loca.

El Tantra es una rebelión. No digo que sea revolucionario, porque en él no hay política. No digo que sea revolucionario, porque no tiene planes para cambiar el mundo, no tiene planes para cambiar el estado ni la sociedad. Es rebelde, es una rebelión individual. Es un individuo deslizándose fuera de las estructuras y de la esclavitud. Pero en cuanto te deslizas fuera de la esclavitud empiezas a sentir otra clase de existencia a tu alrededor que nunca antes habías sentido; como si hubieras estado viviendo con una venda en los ojos y de repente la venda se hubiera aflojado, tus ojos se hubieran abierto y pudieras ver un mundo completamente diferente.

Esta venda es lo que tú llamas tu mente: tu pensamiento, tus prejuicios, tus conocimientos, tus escrituras; todos juntos forman la densa capa de una venda. Ellos te mantienen ciego, te mantienen embotado, te mantienen apagado.

El Tantra quiere que estés vivo; tan vivo como los árboles, tan vivo como los ríos, tan vivo como el sol y la luna. Ése es tu derecho por nacimiento. Perdiéndolo no ganas nada; lo pierdes todo. Y si al ganarlo lo pierdes todo, no se ha perdido nada. Un sólo momento de libertad total es suficiente para satisfacer. Pero una larga vida de cien años, bajo el yugo de la esclavitud, no tiene ningún sentido.

Estar en el mundo del Tantra requiere un gran valor, es aventurado. Hasta ahora sólo unas cuantas personas han sido capaces de seguir ese camino. Pero el futuro es muy esperanzador. El Tantra se irá haciendo cada vez más importante. El hombre cada vez va comprendiendo mejor qué es la esclavitud, y también va comprendiendo que ninguna revolución política ha demostrado ser revolucionaria. Todas las revoluciones políticas al final acaban siendo antirrevolucionarias. En cuanto llegan al poder se vuelven antirrevolucionarias. El poder *es* antirrevolucionario. Hay un mecanismo inherente en el poder: dale poder a cualquiera y se volverá antirrevolucionario. El poder crea su propio mundo. Por eso hasta ahora ha habido muchas revoluciones en el mundo y todas han fracasado, fracasado por completo; ninguna revolución ha ayudado. El hombre se está dando cuenta de ello ahora.

El Tantra da una perspectiva diferente. No es revolucionario, es rebelde. Rebelión significa individual. Para rebelarte no necesitas organizar un partido; puedes hacerlo solo. Te puedes rebelar solo, por ti mismo. No se trata de una lucha contra la sociedad, recuerda; se trata simplemente ir más allá de la sociedad. No es antisocial, es asocial; no tiene nada que ver con la sociedad. No es en contra de la esclavitud, es a favor de la libertad; libertad para ser.

Fíjate en tu vida sin ir más lejos. ¿Eres un hombre libre? No lo eres: hay mil y una fronteras que te rodean. Puede que no las quieras mirar, resultan muy embarazosas; puede que no las quieras reconocer, duelen. Pero eso no cambia la situación: tú eres un esclavo. Para moverte en la dimensión del Tantra tendrás que reconocer tu esclavitud. Está muy profundamente arraigada; hay que abandonarla, y ser consciente de ella te ayuda a abandonarla.

No sigas calmándote a ti mismo, no sigas consolándote a ti mismo, no sigas diciendo: «todo está bien». No lo está; no está bien, toda tu vida no es más que una pesadilla. ¡Te has dado cuenta de ello! No hay poesía, ni canción, ni danza, ni amor, ni oración. No hay celebración. ¿Alegría?: es sólo una palabra en el diccionario. ¿Bendición?: sí, has oído hablar de ella, pero no la has conocido. ¿Dios?: en los templos, en las iglesias. Sí, la gente habla de él. Los que hablan no saben; los que escuchan no saben. Todo lo que es hermoso parece no tener sentido, y todo lo que no tiene sentido parece ser muy, muy importante.

Un hombre que va acumulando dinero piensa que está haciendo algo muy importante. La estupidez humana es infinita. Sé consciente de ella, destruirá toda tu vida; a través de los siglos ha destruido las vidas de millones de personas. Agárrate a tu consciencia; es la única posibilidad de deshacerse de la estupidez.

Antes de entrar en el *sutra* de hoy, hay que entender algo acerca del mapa del Tantra de la consciencia interior. Ya os he hablado un poco acerca de ello; hay que decir unas cuantas cosas más.

Primero: el Tantra dice que ningún hombre es solamente hombre y que ninguna mujer es solamente mujer. Cada hombre es las dos cosas, hombre y mujer, lo mismo que cada mujer es mujer y hombre. En Adán hay Eva, y en Eva hay Adán. De hecho nadie es solamente Adán y nadie es solamente Eva, somos Adán-Evas. Ésta es una de las mayores revelaciones que se hayan alcanzado jamás.

La psicología profunda moderna se ha dado cuenta de ello, lo llama bisexualidad. Pero el Tantra lo ha conocido y predicado durante por lo menos cinco mil años. Y es uno de los mayores descubrimientos del mundo, porque con esta comprensión puedes moverte en dirección a tu interior. ¿Por qué se enamora un hombre de una mujer?: porque él lleva una mujer dentro de sí; de no ser así no se enamoraría. ¿Y por qué te enamoras de una determinada mujer? Hay miles de mujeres, ¿pero por qué, de repente, una determinada mujer se vuelve más importante para ti?, como si todas las mujeres hubieran desaparecido y ésa fuera la única mujer en el mundo ¿Por qué? ¿Por qué te atrae un determinado hombre? ¿Por qué a primera vista de repente algo hace tilín? El Tantra dice: tú llevas una imagen de una mujer dentro de ti, una imagen de un hombre dentro de ti. Cada hombre lleva una mujer y cada mujer lleva un hombre. Cuando alguien en el exterior encaja con tu imagen interior, te enamoras; ése es el significado de enamorarse.

Tú no lo comprendes, tú simplemente te encoges de hombros y dices: «ha ocurrido». Pero hay un mecanismo sutil en ello. ¿Por qué ocurrió con una determinada mujer? ¿Por qué no con otras? De alguna manera encaja con tu imagen interior, de alguna forma la mujer exterior es similar. Algo golpea de lleno en tu imagen interna. Sientes: «ésta es mi mujer», o «éste es mi hombre»; este sentimiento es el amor. Pero la mujer exterior no va a satisfacerte porque ninguna mujer exterior va a encajar completamente con tu mujer interior. La realidad no es así en absoluto. Puede que ella encaje un poco; existe una atracción, un magnetismo, pero tarde o temprano se desgastará. Pronto reconocerás que hay mil y una cosas de esa mujer que no te gustan. Para llegar a darse cuenta de esas cosas se necesita un poco de tiempo.

Al principio estarás encaprichado. Al principio habrá una gran similitud, te desbordará. Pero poco a poco irás viendo que hay mil y una cosas, detalles de la vida, que no encajan; irás viendo que sois extraños, desconocidos. Sí, todavía la amarás, pero el amor ya no tendrá tanta intensidad, la visión romántica desaparece. Y también ella reconocerá que hay algo en ti que la atrae, pero que tu totalidad ya no le atrae. Es por eso por lo que cada marido trata de hacer cambiar a su esposa y cada esposa trata de hacer cambiar a su marido. ¿Qué están tratando de hacer? ¿Por qué? ¿Por qué una mujer trata de hacer cambiar constantemente a su marido? ¿Para qué? Ella se ha enamorado de ese hombre; ¿por qué inmediatamente empieza a hacer cambiar a ese hombre? Ahora se ha dado cuenta de las diferencias; ella quiere tomar sólo algunas partes de ese hombre para que encaje completamente con su idea de un hombre.

Y el marido también lo intenta; no tanto, no tan testarudamente como la mujer, porque el marido se cansa muy pronto; la mujer mantiene más tiempo la esperanza.

La mujer piensa: «hoy, mañana o pasado mañana; algún día le haré cambiar...». Lleva casi veinte, veinticinco años reconocer el hecho de que no puedes hacer cambiar al otro. A los cincuenta, cuando la mujer ya ha pasado su menopausia y el hombre también, cuando se están haciendo viejos, entonces, poco a poco, se van dando cuenta de que nada ha cambiado. Lo han intentado tenazmente, lo han intentado de todas las formas posibles... la mujer sigue igual y el hombre sigue igual. Nadie puede cambiar a nadie. Esta es una gran experiencia a la que hay que llegar, una gran comprensión.

Por eso se vuelven más tolerantes las personas maduras: saben que no se puede hacer nada. Por eso adquieren más gracia: saben que las cosas son como son. Por eso las personas mayores adquieren más aceptación. Las personas jóvenes viven muy enfadadas, sin aceptación; quieren cambiarlo todo, quisieran hacer el mundo como les gustaría que fuera. Luchan tenazmente, pero nunca ha ocurrido. No pude ocurrir, no está en la naturaleza de las cosas. El hombre exterior no puede encajar nunca con tu hombre interior y la mujer exterior no puede ser nunca en absoluto igual que tu mujer interior. Por eso el amor da placer y también dolor, el amor da felicidad y también infelicidad. Y la infelicidad es mucho mayor que la felicidad.

¿Qué propone el Tantra acerca de esto? ¿Qué hay que hacer entonces? El Tantra dice: no hay forma de ser satisfecho por lo exterior; tendrás que entrar hacia dentro. Tendrás que encontrar a tu mujer interior y a tu hombre interior, tendrás que llegar a una relación sexual interior. Ésa es una gran contribución.

¿Cómo puede ser? Intenta comprender este mapa. He hablado de los siete *chakras*, de la fisiología del Yoga-Tantra. En el hombre, el *muladhar* es masculino y el *swadhishthan* es femenino. En las mujeres el *muladhara* es femenino y el *swadhishthan* es masculino, y así sucesivamente. En los siete *chakras*, hasta el sexto, la dualidad se mantiene; el séptimo es no-dual.

Dentro de ti hay tres pares: *muladhara-swadhishthan* tienen que casarse. *Manipura-anahata* tienen que casarse. *Vishuddha-agya* tienen que casarse.

Cuando la energía se mueve en el exterior, necesitas una mujer en el exterior. Tienes un corto vislumbre durante un momento, porque el coito con una mujer exterior no puede ser permanente, sólo puede ser momentáneo. Por un simple instante podéis perderos el uno en el otro. De nuevo sois arrojados a vosotros mismos, y arrojados con una venganza. Por eso cada vez que hacéis el amor después viene una cierta frustración: has fracasado de nuevo, no ha ocurrido como a ti te habría gustado que ocurriera. Sí, has llegado a una cumbre, pero incluso antes de que te hayas dado cuenta empieza el declive, la caída. Antes de alcanzar la cumbre, el valle. Antes de encontrarte con la mujer o el hombre... la separación. El divorcio viene tan pronto con el matrimonio que es frustrante. Todos los amantes son gente frustrada: tienen muchas esperanzas, tienen esperanzas en contra de sus experiencias, esperan una y otra vez; pero no se puede hacer nada. No se pueden destruir las leyes de la realidad. Tienes que comprender esas leyes.

El encuentro exterior sólo puede ser momentáneo, pero el encuentro interior puede volverse eterno. Y cuanto más alto llegues más eterno se puede volver. El primer *chakra*, el *mu-*

ladhara, en el hombre es masculino. El Tantra dice: incluso mientras estés haciendo el amor con una mujer en el exterior recuerda el interior. Haz el amor con la mujer exterior, pero recuerda el interior. Deja que tu consciencia se mueva al interior. Olvídate por completo de la mujer exterior. En el momento del orgasmo olvida por completo a la mujer o al hombre. Cierra los ojos y permanece en el interior, y deja que sea una meditación. No pierdas la ocasión cada vez que se remueva la energía. Ese es el momento en el que puedes tener un contacto; un viaje interior.

Normalmente es difícil mirar hacia dentro, pero en un momento de amor, en algún hueco, tú no eres normal. En un momento de amor tú estás en tu máximo. Cuando llega el orgasmo toda la energía de tu cuerpo está latiendo en una danza; cada célula, cada fibra está danzando a ritmo, en una armonía que en tu vida normal tú no conoces. Ése es el momento, ese momento de armonía; úsalo como un pasillo hacia el interior. Cuando estés haciendo el amor ponte meditativo, mira hacia dentro.

En ese momento una puerta se abre; ésa es la experiencia tántrica. Una puerta se abre en ese momento, y el Tantra dice que si tú te sientes feliz es porque esa puerta se abre y fluye hacia ti un poco de tu dicha interior. No procede de la mujer exterior, no procede del hombre exterior; procede de tu núcleo interior. Lo exterior es sólo una excusa.

El Tantra no dice que hacer el amor en el exterior sea un pecado, simplemente dice que no llega muy lejos. No lo condena, acepta su naturalidad, pero dice que puedes utilizar esa onda de amor para ir más lejos en el interior. En ese momento de estremecimiento, las cosas no están en la Tierra, puedes volar. Tu flecha puede guiar al arco hacia la diana. Te puedes convertir en un Saraha.

Si mientras haces el amor te vuelves meditativo, te vuelves silencioso, empiezas a mirar hacia dentro, cierras los ojos, olvidas a la mujer o al hombre exterior, sucede. El *muladhara*, tu centro interior masculino, se empieza a mover hacia el centro femenino (el centro femenino es *swadhishthan*) y hay un coito, hay una penetración en el interior.

Algunas veces ocurre sin que te des cuenta. Muchos *sannyasins* me han escrito cartas; nunca antes las había contestado porque era imposible contestar. Ahora puedo contestar, podrán comprender. Un *sannyasin* me escribe una y otra vez, y debe de estar preguntándose por qué no le contesto... Hasta ahora no había un mapa disponible, ahora le estoy dando el mapa. Cuando me escucha siempre siente como si le fuera a venir un orgasmo. Todo su cuerpo empieza a palpitar, y siente la misma experiencia que cuando hace el amor con una mujer. Esto le deja muy perplejo; es natural. Pierde el hilo de lo que estaba escuchando, se le olvida... y el estremecimiento y el gozo es tal que le preocupa: ¿qué está pasando?, ¿qué es esto dentro de él?

Está ocurriendo lo siguiente: el *muladhara* se está encontrando con el *swadhishthan*, tu centro masculino se está encontrando con tu centro femenino. Ése es el gozo de entrar en meditación, de entrar en la plegaria; éste es el mecanismo de tu celebración interior. Y en cuanto *muladhara* y *swadhishthan* se encuentran, la energía se libera. De la misma manera que se libera cuando tú amas a tu mujer, cuando el *muladhara* y el *swadhishthan* se encuentran se libera energía y esa energía golpea el centro más elevado, el *manipura*.

Manipura es masculino, *anahata* es femenino. Una vez que te has armonizado con el primer encuentro entre tu hombre y tu mujer interior, un día de repente ocurre un segundo encuentro. Tú no tienes que hacer nada, simplemente la propia energía liberada por el primer encuentro crea la posibilidad del segundo encuentro. Y cuando se libera la energía por el segundo encuentro, crea la posibilidad del tercer encuentro.

El tercer encuentro es entre el *vishuddha* y el *agya*. Y cuando el tercer encuentro tiene lugar, se crea la energía para el cuarto, que no es un encuentro, que no es una unión, sino unidad. *Sahasrar* está solo, no hay masculino-femenino. Adán y Eva han desaparecido entre sí el uno en el otro completamente, totalmente. El hombre se ha convertido en mujer, la mujer se ha convertido en hombre; todas las divisiones desaparecen. Éste es el absoluto, el eterno encuentro. Esto es lo que los hindúes llaman *satchitananda*. Esto es lo que Jesús llama «el reino de Dios».

De hecho el número siete ha sido utilizado por todas las religiones. Los siete días son simbólicos y el séptimo es festivo, el día sagrado. Durante seis días Dios trabajó y el séptimo descansó. En seis *chakras* tienes que trabajar, el séptimo es el estado del gran descanso, del descanso total , de la relajación absoluta: has llegado a casa.

En el séptimo tú desapareces como parte de la dualidad, todas las polaridades desaparecen, todas las distinciones desaparecen. La noche ya no es la noche y el día ya no es el día. El verano ya no es el verano y el invierno ya no es el invierno. La materia ya no es materia y la mente ya no es la mente; tú has ido más allá. Éste es el estado transcendental al que Buda llama *nirvana*.

Estos tres encuentros en tu interior, y la consecución del cuarto, también tienen otra dimensión. Yo he hablado muchas veces acerca de cuatro estados: dormir, soñar, vigilia, *turiya*. Turiya significa «el cuarto», «el más allá». Los siete *chakras*, y el trabajo a través de ellos, también tienen una correspondencia con estos cuatro estados.

El primer encuentro entre *muladhara* y *swadhishthan* es como el dormir. El encuentro ocurre, pero no puedes ser muy consciente de él. Lo disfrutarás, sentirás una gran frescura surgiendo en ti. Sentirás un gran descanso, como si hubieras dormido profundamente, pero no te será posible verlo claramente; es muy oscuro. El hombre y la mujer se han encontrado en el interior pero se han encontrado en el inconsciente, su encuentro no ha sido a la luz del día, ha sido en la oscuridad de la noche. Sí, el resultado se sentirá, la consecuencia se sentirá. De repente sentirás una nueva energía en ti, un nuevo resplandor, una nueva luz. Tendrás un aura. Incluso puede que los demás sientan que tienes cierta calidad de presencia, cierta "onda". Pero no estarás alerta de lo que está ocurriendo exactamente, así que el primer encuentro es como el dormir.

El segundo encuentro es como el soñar: Cuando el *manipura* y el *anahata* se encuentran, tu encuentro con la mujer interior es como si hubiera ocurrido en un sueño. Sí, puedes recordarlo un poco, igual que por la mañana recuerdas un sueño que has tenido la noche anterior, un poco de aquí y de allá, unos cuantos destellos. Puede que se haya olvidado algo, puede que no se recuerde la totalidad, pero aun así puedes recordar. El segundo encuentro es como un sueño. Serás más consciente de él, empezarás a sentir que algo está ocurriendo. Empezarás a sentir que algo está cambiando, que una transformación está en camino, que tú ya no eres la persona de antes. Y en el segundo empezarás a darte cuenta de que tu interés por la mujer exterior está disminuyendo... tu interés en la mujer exterior no es tan apremiante como lo solía ser.

En el primero también habrá un cambio, pero no te darás cuenta de él. Con el primero puedes empezar a pensar que *tu* mujer ya no te interesa, pero no puedes comprender que lo que te pasa es que no estás interesado en absoluto en *ninguna* mujer. Puedes pensar que estás aburrido con tu mujer y que serías más feliz con alguna otra mujer; sería bueno algún cambio, un ambiente diferente, una mujer de diferente cualidad. Esto solamente será una suposición. Con el segundo empezarás a sentir que ya no estás interesado en la mujer o en el hombre, que tu interés se está tornando hacia dentro. Al encontrarse el *vis-huddha* y el *agya*... te volverás completamente consciente, el encuentro ocurre a la luz del día. O también se podría decir de la siguiente manera: el primer encuentro ocurre en la oscuridad de la medianoche, el segundo encuentro ocurre en la penumbra entre el día y la noche, el tercer encuentro ocurre bajo la luna llena; tú estás plenamente alerta, todo está claro. Ahora sabes que has acabado con lo exterior. Eso no quiere decir que dejarás a tu esposa o a tu marido; simplemente significa que ya no habrá encaprichamiento. Sentirás compasión. La mujer que te ha ayudado hasta ahora es ciertamente una gran amiga, el hombre que te ha traído tan lejos es un gran amigo; estáis agradecidos. Empezaréis a estar agradecidos y a sentir compasión el uno por el otro.

Siempre es así: cuando la comprensión surge trae consigo la compasión.

Si dejas a tu mujer y huyes al bosque, eso solamente mostrará que eres cruel y que la compasión no ha llegado. Eso no puede salir de la comprensión, eso solamente puede salir de la incomprensión. Si comprendes tendrás compasión.

Cuando Buda se iluminó, lo primero que le dijo a sus discípulos fue:

—Me gustaría ir a ver a Yashodhara (su mujer) y hablar con ella.

Esto perturbó mucho a Ananda y le preguntó:

—¿Qué sentido tiene que regreses a palacio y hables con tu mujer? Tú la has abandonado; han pasado doce años. —Y Ananda también estaba un poco perturbado, porque ¿cómo puede un buda pensar en su mujer? Se supone que los budas no deberían pensar de esa manera.

Cuando todos los demás se habían marchado, Ananda le dijo a Buda:

–Eso no está bien. ¿Qué va a pensar la gente?

Buda contestó:

–¿Qué va a pensar la gente? Yo tengo que expresar mi gratitud hacia ella, tengo que darle las gracias por toda la ayuda que ella me ha brindado. Tengo que darle algo de lo que me ha ocurrido; eso es lo menos que le debo. Tendré que ir.

Regresó, fue al palacio y vio a su mujer. Por supuesto que Yashodhara estaba furiosa: el hombre huyó una noche sin ni siquiera decírselo. Ella le reprochó a Buda:

–¿No podías haber confiado en mí? Podrías haber dicho que te querías ir, yo hubiera sido la última persona en el mundo que te lo hubiera impedido. ¿No podrías haber confiado en mí ni siquiera hasta ese punto? –Ella estaba llorando...¡doce años de rabia! Y este hombre huyó en medio de la noche como si fuera un ladrón; de repente, sin ni siquiera dejarle una pista.

Buda le pidió perdón. Y dijo:

–Lo hice por falta de comprensión. Era ignorante, no era consciente. Pero ahora soy consciente y sé, por eso he regresado. Tú me has ayudado inmensamente. Olvida esas cosas pasadas, ahora no tiene sentido pensar en la leche derramada. Mírame: algo grande ha ocurrido. He llegado a casa. Y he sentido que mi primera obligación era para contigo; venir y expresarte y compartir mi experiencia contigo.

Ida la ira, amainada la rabia, Yashodhara miró a través de sus lágrimas. Sí, este hombre ha cambiado tremendamente, éste no era el mismo hombre que ella había conocido. Éste no era el mismo hombre, de ninguna manera; éste parecía una gran luminosidad... Ella casi podía ver el aura, una luz a su alrededor. Y él estaba en tal paz y en tal silencio... casi había desaparecido, su presencia era casi ausencia. Y entonces, muy a su pesar, olvidó lo que estaba haciendo: se postró a sus pies y pidió ser iniciada.

Cuando comprendes, tiene que haber compasión. Por eso yo no les digo a mis *sannyasins* que abandonen a sus familias. Estáte ahí.

Rabindranath Tagore escribió un poema acerca de este incidente; cuando Buda regresó. Yashodhara le preguntó una cosa:

—Simplemente dime una cosa —dijo—. Sea lo que sea que hayas alcanzado (yo no sé de qué se trata pero, sea lo que sea, puedo ver que has alcanzado algo) solamente dime una cosa: ¿no habría sido posible alcanzarlo aquí, en esta casa?

Y Buda no pudo contestar que no. Ahora él sabía que era posible alcanzarlo allí, en aquella casa... porque no tiene nada que ver con el bosque o con la ciudad, con la familia o con el *ashram*. No tiene nada que ver con ningún lugar; tiene que ver con tu núcleo interno. Está disponible en todas partes.

Primero, empezarás a sentir que tu interés en el otro se va aflojando. Será un fenómeno difuso, oscuro; como mirar a través de un cristal oscuro, como mirar una mañana a través de una espesa niebla. Segundo, las cosas empezarán a ponerse un poco más claras, como en un sueño; la niebla no será tan espesa. Tercero, estarás plenamente consciente; habrá ocurrido, la mujer interior se habrá encontrado con el hombre interior. Ya no habrá bipolaridad, de repente serás uno. La esquizofrenia habrá desaparecido, no estarás dividido.

En esta integración te vuelves individual. Antes de ella tú no eres individual, tú eres una multitud, una masa, tú eres mucha gente, eres multi-psíquico. De repente caes en orden. Eso es lo que cuenta esta vieja historia.

El hombre había pedido tres días... Si alguna vez te fijas en estas pequeñas historias te quedarás pasmado. Sus símbolos son importantes. El hombre pidió tres días para sentarse en silencio. ¿Por qué tres días? Esos son los tres puntos: el dormir, el soñar y la vigilia; él quería ponerse en orden en ellos.

Primero ocurre en el dormir, luego ocurre en el soñar, luego ocurre estando despierto. Y cuando tú estás en orden toda la existencia está en orden. Cuando eres un individuo, cuando tu división ha desaparecido y estás unido, entonces todo está unido.

Parecerá muy paradójico, pero hay que decirlo: lo individual es lo universal. Cuando te vuelves individual, de repente ves que eres lo universal. Hasta ahora pensabas que estabas separado de la existencia; ahora ya no puedes pensar eso. Adán y Eva han desaparecido entre sí. Ésta es la meta que todo el mundo está tratando de descubrir de una manera u otra. El Tantra es la ciencia más segura para conseguirlo; ésa es la diana.

Unas cuantas cosas más: te he dicho que hay que relajar el *muladhara*, sólo entonces puede elevarse la energía, sólo entonces puede ir hacia dentro. Y "elevarse" e "ir hacia dentro" significan lo mismo; "bajar" e "ir hacia afuera" significan lo mismo. La energía puede elevarse o ir hacia adentro, sólo cuando el *muladhara* está relajado. Así que lo primero es relajar el *muladhara*.

Tú estás conteniendo fuertemente tu centro sexual. La sociedad te ha hecho muy consciente de tu centro sexual; te ha obsesionado con él, así que tú lo estás conteniendo fuertemente. Simplemente obsérvalo. Tú estás conteniendo fuertemente tu organismo genital, como si tuvieras miedo de que algo se descontrolara si te relajas. Todo tu condicionamiento ha sido mantenerlo tenso. Relájalo, déjaselo a él mismo. No tengas miedo; el miedo crea tensión. Abandona el miedo. El sexo es precioso; no es un pecado, es una virtud. Cuando pienses en él como una virtud te será posible relajarte.

Ya he hablado antes acerca de como relajar el *muladhara*. Y he hablado acerca de como relajar el *swadhishthan*; es el centro de la muerte. No tengas miedo de la muerte. Éstos son los dos miedos que han dominado a la humanidad: el miedo al sexo y el miedo a la muerte. Ambos miedos son peligrosos, no te han permitido crecer. Abandona ambos miedos.

El tercer *chakra* es el *manipura*; está cargado de emociones negativas. A eso se debe que tu estómago se sienta perturbado; cuando estás perturbado emocionalmente, el *manipura* se resiente inmediatamente. En todos los idiomas del mundo tenemos expresiones como: «No puedo digerir eso». Es literalmente verdad. Algunas veces cuando no puedes digerir ciertas cosas empiezas a sentir náuseas, te dan ganas de vomitar. De hecho en algunas ocasiones ocurre; un vómito psicológico. Alguien dice algo y tú no lo puedes digerir, de repente sientes una nausea... viene el vómito, y después de vomitar te sientes muy relajado.

En Yoga tienen métodos para esto. El yogui tiene que beber bastante agua por la mañana (un cubo lleno de agua salada, el agua tiene que estar templada) y luego tiene que vomitarla. Ayuda a relajar el *manipura*. Es un gran proceso, un gran proceso purificador.

Te sorprenderías... ahora muchas técnicas modernas se han dado cuenta de ello, el vómito ayuda. Action Analysis es consciente de que el hecho de vomitar ayuda. La Terapia Primal es consciente de que el hecho de vomitar ayuda. Relaja el *manipura*. El Tantra y el Yoga siempre han sido conscientes de ello.

Las emociones negativas (la ira, el odio, la envidia, etc.) han sido todas reprimidas. Tu *manipura* está demasiado cargado. Esas emociones reprimidas no permiten que la energía ascienda, esas emociones funcionan como un muro; tu paso está bloqueado. Encuentro, *Gestalt* y terapias afines, sin darse cuenta funcionan todas en el *manipura*. Intentan provocar tu ira, intentan provocar tu envidia, tu avaricia; provocan tu agresión, tu violencia, para que aflore, para que suba a la superficie. La sociedad ha hecho una cosa: te ha enseñado a reprimir todo aquello que es negativo y a fingir todo aquello que es positivo.

Ahora, ambas cosas son peligrosas. Fingir lo positivo es false-
dad, hipocresía, y reprimir lo negativo es peligroso; es vene-
noso, está envenenando tu sistema.

El Tantra dice: expresa lo negativo y permite lo positivo. Si
viene la ira, no la reprimas; si viene la agresión, no la reprimas. El Tantra no dice ve y mata a una persona. Pero dice que
hay mil y una maneras de expresar las emociones reprimidas.
Puedes salir al jardín y cortar leña. ¿Has observado a los leñadores? Parecen más silenciosos que los demás. ¿Has observado a los cazadores? Los cazadores son muy buena gente. Ellos
hacen algo muy sucio, pero son buena gente. Algo les ocurre
cuando están cazando. Matando animales, su ira, su agresión
se disuelve. Los llamados pacifistas son la gente más fea del
mundo. No son buena gente, porque están conteniendo un
volcán. No puedes sentirte cómodo con ellos, hay algo peligrosamente presente ahí; puedes sentirlo, puedes tocarlo, re-
zuma de ellos. Tú puedes salir simplemente al bosque y gritar, chillar. La Terapia Primal es justamente eso, terapia de
grito, terapia de rabieta. Y Encuentro, Primal, *Gestalt*, son inmensamente útiles para relajar el *manipura*.

Una vez que el *manipura* se ha relajado surge un equilibrio
entre lo negativo y lo positivo. Y cuando lo negativo y lo positivo están en equilibrio, el paso está abierto; entonces la energía puede elevarse más. El *manipura* es masculino. Si el *manipura* se bloquea, la energía no puede elevarse. Tiene que estar
relajado.

El equilibrio de las polaridades puede muy útil para traer el
equilibrio entre lo negativo y lo positivo. Por eso yo permito
toda clase de métodos de todo el mundo en este *ashram*. Hay
que utilizar cualquier cosa que pueda ser de ayuda, porque el
hombre ha sido tan dañado que todas las fuentes de ayuda deberían ser utilizadas. Puede que tú ni siquiera puedas comprender-
der porque estoy poniendo todos estos métodos a vuestra dis-

posición: Yoga, Tantra, Tao, sufí, jaina, budista, hindú, *Gestalt*, psicodrama, Encuentro, Terapia Primal, equilibrio de polaridad, *Rolfing*, integración estructural; ¿por qué estoy poniendo todas estas cosas a vuestra disposición? Jamás habrás oído que en ningún otro *ashram* de Oriente se hagan estas cosas. Hay una razón para ello: el hombre ha sido tan dañado que todas las fuentes deben ser usadas. Se debería tomar ayuda de cualquier fuente posible, sólo así habrá esperanza. De no ser así el hombre está sentenciado.

El cuarto *chakra* es *anahata*. En el cuarto *chakra* el problema es la duda, si eres una persona dubitativa, tu cuarto *chakra* permanecerá sin abrirse. Lo abre la confianza. Así que cualquier cosa que crea dudas destruye tu corazón; se trata del *chakra* del corazón, *anahata*. La lógica, la lógica afilada, la argumentación, la excesiva racionalidad, el exceso de Aristóteles en ti, destruye el anahata. La filosofía, el escepticismo, destruye el anahata.

Si quieres abrir el *anahata* tendrás que ser más confiado. La poesía es más útil que la filosofía, la intuición es más útil que el razonamiento, el sentimiento es más útil que el pensamiento. Así que tendrás que saltar de las dudas a la confianza, sólo entonces se abrirá tu *anahata*, se volverá capaz de recibir la energía masculina del *manipura*. El *anahata* es femenino; con las dudas se cierra, con las dudas se vuelve frígido, con las dudas se seca, no puede recibir la energía masculina. Con la confianza se abre, con la confianza, este *chakra* se humedece y puede permitir la penetración de la energía masculina.

Luego, el quinto *chakra*: *vishuddha*. Lo que le daña es la falta de creatividad, la imitación, actuar como un loro o como un mono.

Precisamente el otro día leía una pequeña anécdota...

A un niño le preguntaron en la escuela:
–En una valla hay diez copiones sentados. Uno saltó y se marchó. ¿Cuantos quedan?
A lo que el niño contestó:
–Ninguno.
El maestro le dijo:
–¿Ninguno? ¡Sólo se ha ido uno!
Y el niño contestó:
–Son copiones. Cuando uno salta, saltan todos.

Vishuddha se destruye al imitar. No seas un imitador, no seas solamente una copia. No intentes convertirte en un Buda y no intentes convertirte en un Cristo. Ten cuidado de los libros como la *Imitación de Cristo* de Tomás de Kempis; ten cuidado. Ninguna imitación te servirá de ayuda. *Vishuddha* se destruye por la falta de creatividad, por la imitación; y a *vishuddha* se le ayuda con la creatividad, con la expresión, encontrando tu propio estilo de vida, siendo lo bastante valiente para "hacer tu propia cosa". El arte, la canción, la música, la danza, el ingenio (todo ello sirve de ayuda, pero sé ingenioso) hagas lo que hagas, intenta hacerlo de una forma nueva. Intenta poner algo de individualidad en ello, pon una firma auténtica. Incluso fregando el suelo, puedes hacerlo a tu propia manera; incluso cocinando, puedes hacerlo a tu propia manera. Puedes poner creatividad en todas las cosas que hagas; así debería hacerse, ya que cuanto más creativo seas, mejor; *vishuddha* se abrirá. Puesto que sólo cuando *vishuddha* se abre la energía puede entrar en *agya*, el centro del tercer ojo, el sexto centro.

Éste es el proceso: primero limpia cada centro, purifícalo, ten en cuenta lo que le daña, y ayúdalo para que pueda entrar en funcionamiento naturalmente. Cuando se quitan los bloqueos, la energía fluye precipitadamente.

Mas allá del sexto *chakra* está *sahasrar*, *turiya*, el loto de los mil pétalos. Tú floreces. Sí, eso es exactamente lo que pasa. El hombre es un árbol: *muladhara* es la raíz y *sahasrar* es su florecimiento. La flor se ha abierto, tu fragancia se expande por el aire. Ésa es la única oración; ésa es la única ofrenda a los pies de lo divino. Flores prestadas no servirán, flores robadas a los árboles no servirán; tienes que florecer tú y ofrecer tus flores.

Ahora los *sutras*. El primer *sutra*:

> *Por el deleite de los besos el iluso implora declarando que es lo definitivamente real; como un hombre que sale de su casa y en la puerta le pide a una mujer relatos de deleites sensuales.*

Besar es simbólico; el símbolo de un encuentro entre el *yin* y el *yang*, entre lo masculino y lo femenino, entre Shiva y Shakti. Tanto si estás dándole la mano a una mujer (también eso es besar, las manos están besándose entre sí) como si estás tocando sus labios con los tuyos, es besar; o vuestros órganos genitales juntos; también eso es besar. Así que el beso es el símbolo del Tantra para todos los encuentros de polaridades opuestas. Algunas veces puedes besar con tan sólo mirar a una mujer. Si vuestros ojos se encuentran y se tocan entre sí hay un beso, el encuentro ha ocurrido.

> *Por las delicias de los besos el iluso implora declarando que es lo definitivamente real...*

Saraha dice que los ilusos (la gente que no es consciente en absoluto de lo que está haciendo) siempre están anhelando, añorando, al otro: el hombre, a la mujer; la mujer, al hombre. Están constantemente anhelando encontrarse con el otro; y el encuentro nunca ocurre. Lo absurdo de esto es lo siguiente: tú añoras y añoras, deseas y deseas, y a tus manos no llega otra cosa que frustración. Saraha dice que éste no es el encuentro definitivamente real. El encuentro definitivamente real es el que ocurre en *sahasrar*. Una vez que ha ocurrido, ha ocurrido para siempre. Eso es real. El encuentro que ocurre en el exterior es irreal, momentáneo, temporal, simplemente una ilusión. Es:

> ...*como un hombre que sale de su casa y en la puerta le pide a una mujer relatos de deleites sensuales.*

Una hermosa sonrisa. Saraha dice que dándole la mano a una mujer exterior, mientras que la mujer interior está esperando para ser tuya, y además para siempre, es exactamente *como un hombre que sale de su casa y en la puerta le pide a una mujer relatos de deleites sensuales.*

Primero: *sale de su casa...* Tú estás saliendo de tu casa, tu núcleo central, en busca de una mujer exterior; y la mujer está dentro. Vayas a donde vayas no la encontrarás; puedes recorrer toda la tierra persiguiendo toda clase de mujeres y hombres. Es un espejismo, es una búsqueda del arco iris, nada llega a tus manos. La mujer está dentro, y tu estás saliendo de la casa.

Y luego: *en la puerta*. También eso es simbólico. Tú siempre estás en la puerta, con los sentidos: ésas son las puertas. Los ojos son puertas, las manos son puertas, los órganos genitales son puertas, los oídos son puertas; ésas son puertas; siempre estamos en las puertas. Mirando a través de los ojos, oyendo a través de los oídos, intentando tocar con las manos, el hombre permanece constantemente en las puertas y se olvida de cómo entrar en la casa. Y luego lo absurdo del asunto: tú no sabes lo que es el amor y le preguntas a una mujer acerca de los deleites, acerca de su experiencia. Crees que escuchando su experiencia tú llegarás a ser feliz. Eso es tomar la carta del menú por la comida.

Saraha está diciendo que primero tú te sales de ti mismo (te quedas en la puerta) y luego le preguntas a los demás qué son los placeres, qué es la vida, qué es el gozo, qué es Dios. Y Dios está todo el tiempo esperando dentro de ti. Él reside en ti... y tú le estás preguntando a los demás. ¿Y tú crees que escuchándoles llegarás a alguna comprensión?

La agitación de las fuerzas bióticas en la casa de la nada ha aumentado artificialmente los placeres de muchas maneras.

Tales yoguis de la aflicción desfallecen porque han caído del espacio celestial, imbuidos en el vicio.

Primero: el sexo no es lo supremo en el placer, es solamente el principio, el alfa, el ABC del placer; no el omega. El sexo no es lo definitivamente real, no es la dicha suprema, sino simplemente un eco de ella; *sahasrar* está muy lejos. Cuando tu centro sexual siente un poco de felicidad, es simplemente el lejano eco de sahasrar. Cuanto más te acerques a sahasrar, mayor felicidad...

Cuando vas del *muladhara* al *swadhishthan*, te sientes más feliz; el primer encuentro entre el *muladhara* y el *swadhishthan* es de un gran gozo. Luego, en el segundo encuentro el gozo es aún mayor. Luego el tercer encuentro... No puedes creer que pueda existir un gozo mayor, pero todavía puede ser mayor porque todavía estás lejos de *sahasrar*. *Sahasrar* es sencillamente increíble. La dicha es tanta que tú ya no eres, sólo existe la dicha. La dicha es tal que no puedes decir: «soy dichoso», tú sencillamente sabes que *eres* dicha.

En el séptimo *chakra* simplemente eres un estremecimiento de gozo; es natural. El gozo ocurre en el *sahasrar* y luego

tiene que ir a través de seis capas. Se va perdiendo mucho,
cuando llega es solamente un eco. Ten cuidado, no confundas
ese eco con lo real. Es cierto, incluso en el eco hay algo de lo real.
Encuentra el hilo de la realidad en él. Agárrate a ese hilo y empieza a moverte hacia dentro.

La agitación de las fuerzas bióticas en la casa de la nada ha
aumentado artificialmente los placeres de muchas maneras.

Y a causa de esta ilusión, la ilusión de que el sexo es lo máximo en placer, demasiadas cosas artificiales han adquirido
importancia. El dinero ha adquirido mucha importancia porque con él puedes comprar cualquier cosa, puedes comprar
sexo... El poder se ha vuelto importante porque con el poder
puedes obtener todo el sexo que quieras, y un hombre pobre
no puede permitírselo. Los reyes solían tener miles de mujeres; ya en el siglo veinte, el Nizam de Hyderabad tuvo quinientas mujeres. Naturalmente, el que tiene poder puede tener todo
el sexo que quiera. A causa de la ilusión de que el sexo es lo
definitivamente real, han surgido miles de otros problemas:
dinero, poder, prestigio.

La agitación de las fuerzas bióticas en la casa de la nada...
Es tan sólo imaginación... es solamente la imaginación lo que
te hace creer que es placer. Es una autohipnosis, una autosugestión. Y una vez que te has autosugestionado te parece placer. Con tan sólo pensar que tomas a una mujer de la mano
sientes un gran placer... es simplemente una autohipnosis, tan
sólo una idea en la mente.

La agitación de las fuerzas bióticas... A causa de esta idea
tu bioenergía se remueve. Algunas veces se remueve hasta
cuando estás mirando una foto del Playboy; ahí no hay nadie,
sólo hay líneas y colores, y aun así tu energía puede removerse.
La energía sigue a la imaginación.

La agitación de las fuerzas bióticas en la casa de la nada... tú puedes crear un sueño, puedes proyectar sueños sobre la pantalla de la nada... *Ha aumentado artificialmente el placer de muchas maneras.*

Si observas la patología del hombre te sorprenderás: la gente tiene tales ideas que uno no se puede creer que esto esté ocurriendo. Algunos hombres no pueden hacer el amor con su mujer a no ser que antes miren pornografía. Lo real parece ser menos real que lo irreal; sólo se excitan a través de lo irreal. ¿No te has dado cuenta una y otra vez en tu propia vida de que lo real parece ser menos excitante que lo irreal?

Justo ahí está sentada Rushma. Ella ha venido de Nairobi. El otro día preguntó: «Osho, te he echado mucho de menos en Nairobi. He soñado contigo, he tenido fantasías contigo... y he venido desde muy lejos. Y ahora mi corazón no siente esa emoción. ¿Qué ha ocurrido?». No ha ocurrido nada, lo que pasa es que estamos más enamorados de lo imaginario que de lo real. Lo irreal se ha vuelto más real. Así que en Nairobi tú tienes a "tu" Osho; eso es tu imaginación, yo no tengo nada que ver con eso, es una idea tuya. Pero cuando vienes a mí, yo estoy aquí... y de repente tus ideas imaginarias ya no valen para nada. Tú vienes con un sueño en la mente; mi realidad destruirá ese sueño.

Acuérdate de cambiar tu consciencia de lo imaginario a lo real. Escucha siempre a lo real. A no ser que estés muy, muy alerta, te quedarás en la trampa de lo imaginario.

Lo imaginario parece ser muy satisfactorio por muchas razones. Está bajo tu control. Para ti, la nariz de Osho puede ser tan grande como tú quieras; en tu imaginación. Puedes pensar lo que quieras pensar; nadie puede impedirlo, nadie puede entrar en tu imaginación, eres totalmente libre. Me puedes pintar como quieras, puedes imaginarme, puedes suponerme... puedes hacer conmigo lo que tú quieras, eres libre; el ego se siente muy bien.

Por eso cuando un maestro ha muerto se le adhieren más discípulos que cuando estaba vivo. Con un maestro muerto los discípulos se sienten completamente cómodos; con un maestro vivo están en dificultades. Buda nunca tuvo tantos discípulos como en la actualidad, veinticinco siglos más tarde. Jesús sólo tenía doce discípulos; ahora la mitad de la Tierra. Fíjate en el impacto del maestro ausente: ahora Jesús está en tus manos, puedes hacer lo que quieras con él. Él ya no está vivo, no puede destruir tus sueños ni tus imaginaciones. Si los llamados cristianos vieran al Jesús real, sus corazones dejarían de emocionarse inmediatamente. ¿Por qué?: por que no creerían. Han imaginado a Jesús, y Jesús es un hombre real. Podrías habértelo encontrado en un pub, bebiendo con amigos y charlando. Ahora bien, éste no parece «el único hijo legítimo de Dios», parece muy normal. Puede que tan sólo sea el hijo del carpintero José... Pero una vez que Jesús se ha ido, entonces no puede interferir en tu imaginación. Entonces puedes dibujar, pintar y crear las imágenes de él que te dé la gana.

Lejos es fácil: la imaginación tiene pleno poder. Cuanto más te vayas acercando a mí, menos poder tendrá tu imaginación. Y hasta que no abandones tu imaginación no te será posible verme. Lo mismo sucede con todos los otros placeres.

La agitación de las fuerzas bióticas en la casa de la nada ha aumentado artificialmente los placeres de muchas maneras.
Tales yoguis de la aflicción desfallecen porque han caído del espacio celestial, imbuidos en el vicio.

Si imaginas demasiado perderás tu espacio celestial. La imaginación es *samsara*, la imaginación son tus sueños. Si sueñas demasiado perderás tu espacio celestial, perderás tu divinidad, no serás un ser consciente. La imaginación será una sobrecarga, te perderás en una fantasía. En tu fantasía te pue-

des desmayar y creer que eso es el *samadhi*. Hay personas
que se desmayan y creen que están en samadhi. Buda llamó
a tales *samadhis* «*samadhis* erróneos». Eso dice Saraha: es
un *samadhi* erróneo. Imaginando a Dios, si sigues entrando
en tu imaginación, nutriendo tu imaginación, alimentándo-
la más y más, fantaseando más y más; te desmayarás, perderás toda consciencia; tendrás sueños preciosos de tu propia
creación.

Pero eso es caer del espacio celestial. Y Saraha dice que ése
es el único vicio: caer de tu pureza de consciencia. ¿A qué se refiere cuando dice: «espacio celestial?». Espacio sin ningún sueño. Soñar es el mundo; sin soñar estás en *nirvana*.

> *Como un brahmín, que con arroz y mantequilla hace una*
> *ofrenda al fuego abrasador creando un canal para el néctar des-*
> *de el espacio celestial, toma esto, a través del pensamiento de-*
> *seoso, como lo supremo.*

En India, los brahmines han estado haciendo *yagnas*. Han
estado ofreciendo arroz y mantequilla al fuego, al fuego abrasador, e imaginando que esas ofrendas iban a Dios. Sentado alrededor del fuego, ayunando durante muchos días, haciendo
ciertos rituales, ciertos *mantras*, repitiendo ciertas escrituras,
puedes crear un estado de autohipnosis. Puedes engañarte a ti
mismo y creerte que estás alcanzando a Dios.

Saraha dice: aquellos que realmente quieran entrar en Dios,
tendrán que encender su fuego interior; el fuego exterior no
servirá. Y aquellos que realmente quieran conseguirlo, tendrán
que quemar sus propias semillas de deseos; el arroz no servirá.
Y aquellos que realmente quieran conseguirlo, tendrán que
quemar sus egos; la mantequilla no servirá. La mantequilla es
sencillamente la parte más esencial de la leche, la parte más
purificada de la leche. Así como el ego es el sueño más purifi-

cado, el *ghee** es la mantequilla purificada. Ofrecer ghee al fuego no va a servir de nada. Tienes que encender tu fuego interior. Y la energía sexual elevándose hacia arriba se convierte en un fuego, se convierte en una llama. ¡Es un fuego! Aunque se mueva hacia afuera, da nacimiento a vida; la energía sexual es la cosa más milagrosa. La vida nace a través de la energía sexual. La vida es fuego, es una función de fuego; sin el fuego no puede existir la vida. Sin el sol no habría árboles, ni hombres, ni pájaros, ni animales. Es fuego transformado que se convierte en vida.

Mientras se hace el amor con una mujer, el fuego va hacia fuera. Cuando uno va hacia dentro, el fuego va hacia dentro. Y cuando tiras al fuego tus semillas de deseos, tus semillas de pensamientos, tus semillas de ambición, tus semillas de avaricia, se queman. Y luego, finalmente, tiras tu ego: el sueño más purificado; también él se quema. Ese es el *yagna* real, el ritual real, el sacrificio real.

Como un brahmín, que quema arroz y mantequilla, hace una ofrenda al fuego abrasador creando un canal para el néctar desde el espacio celestial, toma esto, a través del pensamiento deseoso, como lo supremo.

Y él piensa, a través del pensamiento deseoso, que eso es lo supremo. El hombre que hace el amor con una mujer y piensa que es lo supremo está arrojándose al fuego exterior exactamente de la misma manera; se está volcando hacia algo afuera. Y lo mismo le pasa a la mujer que cree que está haciendo el amor o entrando en un gran espacio de dicha y bendición simplemente haciendo el amor con un hombre, lo único que está haciendo es tirar afuera su fuego.

---

*   Especie de mantequilla muy pura de la India.

El fuego tiene que ir hacia dentro, entonces te da un renacimiento, te rejuvenece.

Algunas personas, quienes han encendido su calor interior y lo han elevado a la fontanela, golpean la úvula con la lengua en una suerte de coito y confunden lo que encadena con lo que libera, orgullosamente se llamarán yoguis a sí mismas.

Y una cosa muy importante... mientras te explico el mapa, tienes que recordar que *vishuddha*, el quinto *chakra*, está en la garganta. *Vishuddha*, el *chakra* de la garganta, es el último punto desde el que te puedes caer. Hasta ese punto existe la posibilidad de caer. Habiendo alcanzado el sexto *chacra*, el tercer ojo, ya no hay posibilidad de caer. Has traspasado el punto desde el cual uno puede regresar. El tercer ojo es el punto sin retorno. Si mueres en el *chakra* del tercer ojo, volverás a nacer en el *chakra* del tercer ojo. Si mueres en el *sahasrar*, no volverás a nacer. Pero si mueres en el *vishuddha*, resbalarás hacia el primero, hacia el *muladhara*. En la próxima vida tendrás que volver a comenzar desde el *muladhara*.

Así que hasta el quinto *chakra* no hay certeza; hay promesa, pero no certeza. Hasta el quinto *chakra* hay muchas posibilidades de caer. Y una de las una de las razones que más ha hecho caer a muchas personas en la India es, lo dice este sutra, que:

Algunas personas, que han encendido su calor interior y lo han elevado a la fontanela...

Tú puedes crear el calor interior; la llama empieza a elevarse hacia arriba y llega a la garganta; entonces surge un gran deseo de acariciar la garganta con la lengua. Date cuenta de ello. En la India se han desarrollado técnicas excelentes para hacerlo. Incluso se han cortado las raíces de la lengua para que se haga más larga y se pueda mover fácilmente hacia atrás; encontrarás a muchos *yoguis* que lo hacen. La lengua se puede mover hacia atrás y puede acariciar el quinto centro. Esa caricia es masturbatoria porque la energía sexual ha llegado allí.

Como ya he dicho, el quinto *chakra*, *vishuddha*, es masculino. Cuando la energía masculina llega a la garganta, tu garganta se convierte casi en un órgano sexual; superior al órgano genital, más fino. Con sólo una caricia con la lengua, disfrutas enormemente. Pero eso es masturbatorio, y una vez que empiezas a hacerlo... y es un placer muy, muy intenso, el sexo no es nada comparado con él. Acariciando con tu propia lengua... puedes disfrutarlo mucho. Así que en Yoga hay métodos...

Saraha está poniendo claro que ningún tántrico debe hacerlo. Es una decepción y un gran fracaso porque la energía ha llegado hasta el quinto *chakra*, y entonces surge el deseo de acariciarlo; ése es el último deseo. Si puedes mantenerte alerta y pasar de ese deseo, llegarás al sexto centro, *agya*; de no ser así empezarás a caer. De hecho, en Tantra se puede decir que esa fue la última tentación que Jesús tuvo cuando Satanás vino a tentarle, o que Buda tuvo cuando Mara vino a tentarle. Ésta es la última tentación, el último esfuerzo de tu mente-deseo, el último esfuerzo de tu mundo de sueños, el último esfuerzo del ego antes de perderse por completo. Hace un último esfuerzo por tentarte. Y la tentación es realmente fuerte: es muy difícil no caer en ella. Es muy placentera, infinitamente más placentera que el placer sexual.

Si la gente cree que el placer sexual es lo supremo, ¿qué diría de este placer? Y además no se pierde energía. En el sexo tienes que perder energía; te sientes frustrado, cansado, débil. Pero si acaricias tu energía sexual cuando ha llegado a la garganta, no hay pérdida de energía. Y puedes seguir haciéndolo durante todo el día; eso es lo que Delgado consiguió a través de ingenios mecánicos.

Algunas personas, quienes han encendido su calor interno
y lo han elevado a la fontanela,
golpean la úvula con la lengua en una suerte de coito
y confunden lo que encadena con lo que libera...

Esto es de nuevo *samsara*... volver a caer en *samsara*.

...y confunden lo que encadena con lo que libera,
orgullosamente se llamarán a sí mismas yoguis.

Pero no lo son, han fracasado. De hecho la palabra correcta para ellos es *yogabrashta*, «el que ha caído del Yoga».

El quinto centro es el más peligroso. Ningún otro centro se puede acariciar; ése es su peligro. No puedes acariciar el *swadhishthan*, no puedes acariciar el *manipura*, no puedes acariciar el *anahata*; no están a tu alcance, no hay forma de alcanzarlos y acariciarlos. No puedes acariciar el tercer ojo. El único punto que se puede acariciar es el *vishuddha*, el centro de la garganta, porque está al alcance. La boca está abierta, está al alcance, Y la manera más fácil es doblar la lengua hacia atrás y acariciarla. Lo encontrarás descrito en los tratados de yoga como algo grandioso; no lo es, sé consciente de ello.

Éste es el mapa interior de la alquimia del Tantra. La energía puede empezar a moverse en cualquier momento; tú simplemente tienes que poner un poco de meditación, un poco de interiorización al hacer el amor. El Tantra no está en contra de hacer el amor, recuerda; deja que se repita una y otra vez. Está plenamente a su favor, pero no se limita a eso; ése es el primer peldaño de la escalera, una escalera de siete peldaños.

El hombre es una escalera. El primer peldaño es el sexo y el séptimo peldaño es *sahasrar*: *samadhi*. El primer peldaño te une al *samsara*, al mundo, y el séptimo peldaño te une al *nirvana*, al más allá. En el primer peldaño te mueves una y otra vez en el círculo vicioso de la vida y la muerte; es repetitivo. En el séptimo peldaño vas más allá de la vida y la muerte. La vida es eterna en ti; el Reino de Dios.

2. LA LIBERTAD ES UN VALOR MÁS ELEVADO

¿Qué le ocurre al amor si no hay
nadie que lo reconozca?
¿Quién eres tú sin discípulos?

Yo no voy a ninguna parte.
¿Para qué se necesita un mapa?
¿No es suficiente estar aquí ahora?

Amo a mi marido pero odio el sexo.
¿No es el sexo algo animal?

«No preguntes, encuéntrate a ti mismo.»
¿De dónde viene esta voz?

Primera pregunta:

Querido Osho, el amor en mí depende del mundo exterior.
Y a la vez comprendo lo que tú dices acerca de ser comple-
to en el interior.
¿Qué le ocurre al amor si no hay nada ni nadie que lo re-
conozca y lo pruebe?
¿Quién eres tú sin tus discípulos?

La primera cosa: hay dos clases de amor... C. S. Lewis dividió el amor en estas dos categorías: "amor-necesidad" y "amor-regalo". Abraham Maslow también dividió el amor en dos categorías. A la primera él la llamó "amor-deficitario" y a la segunda la llamó "Ser-amor". La distinción es importante y tiene que ser entendida.

El amor-necesidad o el amor-deficitario depende del otro; es amor inmaduro. De hecho no es verdadero amor, es una necesidad. Utilizas al otro, utilizas al otro como medio; explotas, manipulas, dominas. Pero al otro se le reduce, casi se le destruye. Y el otro está haciendo exactamente lo mismo. Está intentando manipularte, dominarte, poseerte, utilizarte. Usar a otra persona no tiene nada de amoroso, sólo es amor aparentemente; es una moneda falsa. Pero eso es lo que hace casi el noventa y nueve por ciento de las personas, porque la primera lección se aprende en la niñez.

Un niño recién nacido depende de su madre. Su amor por ella es amor-deficitario: él la necesita, no puede sobrevivir sin ella. Él ama a su madre porque su madre es vida. De hecho, amaría a cualquier mujer: a quienquiera que le proteja, a quienquiera que le ayude a sobrevivir, a quienquiera que satisfaga sus necesidades. La madre es una especie de alimento del que él se nutre. Él no sólo recibe leche de la madre, también recibe amor; y también el amor es una necesidad.

Millones de personas siguen siendo pueriles durante toda su vida, nunca crecen. Crecen en edad, pero nunca crecen en sus mentes; su psicología permanece pueril, inmadura. Siempre están necesitando amor, lo anhelan como si fuera comida.

El hombre se hace maduro en cuanto deja de necesitar y empieza a amar. Cuando empieza a rebosar, a compartir; cuando empieza a dar. El énfasis está en planos completamente diferente. En el primero, el énfasis está en cómo recibir más. En el segundo, el énfasis está en cómo dar; cómo dar más y cómo dar incondicionalmente. Eso es el crecimiento llegando a ti, la madurez.

Una persona madura da. Y sólo una persona madura puede dar, porque sólo las personas maduras tienen. Entonces el amor no es dependiente, entonces tú puedes ser amoroso lo sea el otro o no. Entonces el amor no es una relación, es un estado.

¿Qué ocurriría si todos los discípulos desaparecieran y me quedara solo aquí? ¿Crees que habría algún cambio? ¿Qué ocurre cuando en un profundo bosque se abre una flor sin que haya nadie que la aprecie, nadie que reciba su fragancia, nadie que diga: «¡qué hermosa!»; nadie que cate su belleza, su alegría, nadie con quién compartir; qué le ocurre a la flor? ¿Se muere? ¿Sufre? ¿Entra en pánico? ¿Se suicida? Sigue floreciendo, simplemente sigue floreciendo. No hay ninguna diferencia; que alguien pase a su lado o no es irrelevante. Sigue expandiendo su fragancia a los vientos, sigue ofreciendo su alegría a Dios, al todo.

Si yo estoy solo, seguiré siendo tan amoroso como cuando estoy con vosotros. No sois vosotros quienes creáis mi amor. Si vosotros estuvierais creando mi amor entonces, naturalmente, cuando vosotros os fuerais mi amor se iría. Vosotros no estáis sacando mi amor, yo lo estoy derramando sobre vosotros: es un amor-regalo, es un Ser-amor.

En realidad yo no estoy de acuerdo con C. S. Lewis y Abraham Maslow, porque el amor de la primera categoría, aunque ellos lo llamen "amor" no es amor, es una necesidad. ¿Cómo va a ser el amor una necesidad? El amor es un lujo. Es una abundancia, es tener tanta vida que no sabes qué hacer con ella, así que la compartes. Es tener tantas canciones en tu corazón que tienes que cantarlas; que alguien las escuche o no es irrelevante. Aunque nadie las escuche, tendrás que cantarlas, tendrás que danzar tu danza.

El otro puede recibirlo, o puede desaprovecharlo, pero en lo que a ti concierne está fluyendo, está rebosando. Los ríos no fluyen para ti, fluyen estés tú ahí o no. No fluyen para tu sed, no fluyen para tus sedientos campos; simplemente están fluyendo ahí. Puedes calmar tu sed o puedes desaprovecharlo; depende de ti. En realidad el río no estaba fluyendo para ti, el río simplemente estaba fluyendo. Que tú puedas recoger el agua para tus campos es algo accidental, que tú puedas recoger el agua para tus necesidades es algo accidental.

El maestro es un río, el discípulo es accidental. El maestro está fluyendo; tú puedes tomar parte, puedes disfrutar, puedes compartir su ser. Tú puedes estar abrumado por él, pero él no lo está *por* ti; él no está fluyendo para ti en particular, simplemente está fluyendo. Recuérdalo. Y a eso yo lo llamo amor maduro, amor real, amor auténtico, amor verdadero.

Cuando dependes del otro siempre hay sufrimiento. En cuanto dependes empiezas a sentirte desgraciado, porque la dependencia es esclavitud. Luego empiezas a vengarte de maneras sutiles, porque la persona de la que tienes que depender tiene poder sobre ti. Nadie quiere que nadie tenga poder sobre él, nadie quiere ser dependiente, porque la dependencia mata la libertad. Además el amor no puede florecer en dependencia, el amor es una flor de la libertad; necesita espacio, necesita todo el espacio. El otro no tiene que interferir en él. Es muy delicado.

Si eres dependiente, ciertamente el otro te dominará, y tú intentarás dominar al otro; ésa es la lucha que hay entre los llamados amantes: son enemigos íntimos, están constantemente peleando. Maridos y esposas; ¿qué están haciendo? Muy raramente estarán amando, lo normal es que estén peleando; que se estén amando es algo muy excepcional. Intentan dominar por cualquier medio; incluso a través del amor. Cuando el marido se lo pide a la mujer, la mujer siempre se niega, no quiere, es muy tacaña. Da, pero de muy mala gana; quiere que tú muevas la cola a su alrededor. Y lo mismo pasa con el marido. Cuando a la mujer le apetece y se lo pide a él, el marido dice que esta cansado, que en la oficina había mucho trabajo («estoy realmente agotado») y que le gustaría irse a dormir.

He leído una carta que Mulla Nasruddin le escribió a su esposa. Pon atención...

A mi querida y siempre amante esposa:

Durante el año pasado he intentado hacer el amor contigo 365 veces, una media de una por día, y ésta es la lista de las razones que me diste para rechazarme:

Esos días, 11 veces
Despertará a los niños, 7 veces
Hace demasiado calor, 15 veces
Hace demasiado frío, 3 veces
Demasiado cansada, 19 veces
Demasiado tarde, 16 veces
Demasiado temprano, 9 veces
Fingiendo que duermes, 33 veces
La ventana está abierta, los vecinos nos pueden oír, 3 veces
Dolor de espalda, 16 veces
Dolor de muelas, 2 veces
Dolor de cabeza, 6 veces
No estoy de humor, 31 veces
El bebé está inquieto, podría llorar, 18 veces
Ver TV hasta muy tarde, 15 veces
Mascarilla, 8 veces
Crema facial, 4 veces
Demasiado alcohol, 7 veces
Olvidé ir a la farmacia, 10 veces
Hay visitas en la habitación de al lado, 7 veces
Acabo de ir a la peluquería, 28 veces

«¿Es eso en lo único que piensas?», 62 veces

Querida, ¿crees que el año que viene podremos mejorar nuestro récord?

Tu siempre amante esposo,

Mulla Nasruddin.

Éstas son formas de manipular, hacer pasar hambre al otro; ponerle más y más hambriento para que también se vuelva más y más dependiente.

Por supuesto la mujer es más diplomática al respecto que el hombre, porque el hombre ya tiene poder. No necesita encontrar caminos sutiles y taimados, él *tiene* poder. Él maneja el dinero; ése es su poder. Muscularmente es más fuerte; ése es su poder. A través de los siglos ha condicionado la mente de la mujer para que piense que él tiene más poder y que ella no tiene poder. Siempre ha intentado por todos los medios encontrar una mujer que sea inferior a él en todos los sentidos. Un hombre no quiere casarse con una mujer que tenga una educación superior a él, porque entonces el poder está en juego. No quiere casarse con una mujer que sea más alta que él, porque una mujer más alta parece superior. Un hombre no quiere casarse con una mujer que sea demasiado intelectual, porque entonces puede argüir, y los argumentos pueden destruir el poder. Un hombre no quiere una mujer que sea demasiado famosa, porque entonces él se queda en un segundo plano. Y a través de los siglos el hombre siempre ha buscado una mujer que fuera más joven que él. ¿Por qué?, ¿por qué la esposa no puede ser mayor que tú? ¿Qué hay de malo en ello? Pero una mujer mayor tiene más experiencia; eso destruye el poder.

Así que el hombre siempre ha buscado una mujer inferior, inferior en todos los sentidos. A eso se debe que las mujeres hayan perdido su altura. No hay ninguna razón para que ellas sean de inferior altura a la de los hombres, ninguna razón en absoluto; han perdido su altura sólo porque siempre se ha ido eligiendo a las mujeres más bajas. Poco a poco eso se ha metido tan profundamente en sus mentes que han perdido su altura. Han perdido su inteligencia porque no se necesitaba una mujer inteligente; una mujer inteligente era una rareza. Te sorprenderá saber que tan sólo a partir de este siglo su altura está volviendo a incrementarse. Y te sorprenderás... hasta sus huesos se están haciendo más grandes, sus esqueletos se están haciendo más grandes. Tan sólo en cincuenta años... especialmente en los Estados Unidos. Y también su mente está creciendo, está haciéndose más grande de lo que solía ser; su cráneo se está haciendo más grande. Algún profundo condicionamiento está siendo destruido con la idea de la libertad.

El hombre ya tiene el poder, así que no necesita ser muy listo, no necesita ser muy indirecto. Las mujeres no tienen poder. Cuando no tienes poder, tienes que ser más diplomático; la diplomacia es un sustituto. De la única manera que ellas se pueden sentir poderosas es siendo necesitadas, si el hombre tiene una constante necesidad de ellas. Eso no es amor, es un negocio. Y siempre están regateando por el precio, es una lucha constante.

S. Lewis y Abraham Maslow dividen el amor en dos. Yo no divido en dos. Yo digo que la primera categoría de amor no es más que un nombre, una pseudo moneda, no es real. Sólo la segunda categoría de amor es amor.

El amor sólo ocurre cuando eres maduro. Sólo te vuelves capaz de amar cuando eres maduro. Cuando sabes que el amor no es una necesidad sino una abundancia (Ser-amor o amor-regalo) entonces das sin condiciones.

La primera categoría, el supuesto amor, deriva de la profunda necesidad de una persona por otra, mientras que el amor-regalo o el Ser-amor fluye o rebosa de una persona madura a otra desde la abundancia; uno es inundado por él. Lo tienes y empieza a moverse a tu alrededor, igual que cuando enciendes una lámpara los rayos empiezan a expandirse en la oscuridad. El amor es una consecuencia de ser. Cuando *eres*, tienes el aura del amor a tu alrededor; cuando no eres, no tienes ese aura a tu alrededor, le pides al otro que te dé amor.

Deja que lo repita: cuando no tienes amor le pides al otro que te lo dé, eres un mendigo. Y el otro te está pidiendo que se lo des a él, o a ella. Entonces son dos mendigos tendiéndose la palma de la mano entre sí, y ambos esperan que el otro lo tenga... Naturalmente al final ambos se sienten vencidos y engañados.

Le puedes preguntar a cualquier marido o cualquier esposa, puedes preguntarle a cualquier amante; ambos se sienten engañados. Que el otro lo tenía era tu proyección. Si tú tienes una proyección errónea, ¿qué culpa tiene el otro? Tu proyección se ha roto; el otro no resultó ser como tu proyección, eso es todo. Pero el otro no tiene la obligación de ser como tú esperas.

Y también tú has engañado al otro... eso es lo que el otro siente, porque el otro esperaba que el amor fluyera de ti. Ambos esperabais que el amor fluyera del otro, y ambos estabais vacíos. ¿Cómo va a ocurrir el amor? Como mucho podéis ser desgraciados juntos. Y recuerda, siempre que dos personas son desgraciadas juntas, no es simplemente una suma, es una multiplicación.

Solos, ambos os sentíais frustrados; ahora os sentís frustrados juntos. Hay una cosa buena en todo esto: que ahora puedes volcar la responsabilidad en el otro; pensar que el otro te está haciendo desgraciado. Ése es el punto bueno. Te puedes sentir cómodo porque «a mí no me pasa nada... es al otro ¿Qué hacer con una mujer así; antipática, pesada?». Uno tiene que ser desgraciado. «¿Qué hacer con un marido así? Es feo, tacaño.» Ahora puedes volcar la responsabilidad en el otro; has encontrado un chivo expiatorio. Pero el sufrimiento permanece, se multiplica.

Pues bien, ésa es la paradoja: aquellos que se enamoran no tienen ningún amor, por eso se enamoran. Y como no tienen ningún amor no pueden darlo. Y una cosa más: una persona inmadura siempre se enamora de otra persona inmadura, porque sólo ellos pueden entender sus propias lenguas entre sí. Una persona madura ama a una persona madura, una persona inmadura ama a una persona inmadura.

Puedes seguir cambiando de marido o de esposa mil y una veces, siempre volverás a encontrar el mismo tipo de mujer y el mismo sufrimiento: repetido en formas diferentes, pero siempre el mismo sufrimiento; es casi lo mismo. Puedes cambiar de esposa, pero tú no has cambiado. ¿Quién va a elegir a la otra mujer? La elegirás tú. La elección volverá a salir de tu inmadurez. Volverás a elegir el mismo tipo de mujer.

El problema básico del amor es hacerse maduro antes; entonces encontrarás a una pareja madura; la gente inmadura no te atraerá en absoluto. Es así de simple. Si tienes veinticinco años no te enamoras de un bebé de dos años... no te enamoras. Exactamente igual, cuando eres una persona madura psicológicamente, espiritualmente, no te enamoras de un bebé. No ocurre. *No puede* ocurrir. Te das cuenta de que no tiene ningún sentido.

De hecho una persona madura no se enamora,* se eleva en el amor. La palabra "caer" no es correcta. Sólo las personas inmaduras caen, tropiezan y caen en el amor. De alguna manera se habían apañado para mantenerse en pie. Pero si se encuentran con una mujer o un hombre, se acabó, no se pueden apañar, no pueden mantenerse en pie. Siempre han estado dis-

---

* *To fall in love*, que se traduce por enamorarse, significaría literalmente caer en amor. (*N. del T.*)

puestos a caer al suelo y reptar. No tienen el coraje, las entrañas... no tienen la integridad para mantenerse en pie por sí solos. Una persona madura tiene integridad para estar sola. Y cuando una persona madura da amor, lo da sin ningún cordel atado a él: simplemente lo da. Cuando una persona madura da amor, se siente agradecida porque tú hayas aceptado su amor, no viceversa. No espera que tú le estés agradecido a él; no, ni hablar, ni siquiera necesita que le des las gracias. Él te lo agradece a ti por aceptar su amor.

Y cuando dos personas maduras están enamoradas, ocurre una de las mayores paradojas de la vida, uno de los fenómenos más hermosos: están juntas y a la vez tremendamente solas, están tan juntas que casi son una. Pero su unidad no destruye su individualidad; de hecho la intensifica: se vuelven más individuales. Dos personas maduras enamoradas se ayudan entre sí a hacerse más libres. No hay política implicada, no hay diplomacia, no hay esfuerzos por dominar. ¿Cómo puedes dominar a la persona que amas? Piénsatelo.

La dominación es una clase de odio, ira, enemistad. ¿Cómo puedes ni siquiera pensar en dominar a la persona que amas? Te gustará ver a esa persona completamente libre, independiente; le darás más individualidad. Por eso yo digo que es la mayor de las paradojas: están tan juntos que casi son uno, pero aun en esa unidad son individuales. No afecta a sus individualidades, que se han intensificado más. En lo concerniente a su libertad, el otro le enriquece.

Cuando la gente inmadura se enamora destruye su libertad entre sí, crea un cautiverio, hace una prisión. La gente madura enamorada se ayuda entre sí a ser libre; se ayuda entre sí a destruir toda clase de cautiverios. Y cuando el amor fluye con libertad hay belleza. Cuando el amor fluye con dependencia hay fealdad.

Recuerda, la libertad es un valor más elevado que el amor. Por eso, en la India, a lo supremo lo llamamos *moksha. Mok-*

sha significa libertad. La libertad es un valor más elevado que el amor. Así que si el amor está destruyendo la libertad, no merece la pena. Se puede abandonar el amor, hay que salvar la libertad; la libertad es un valor más elevado. Porque sin libertad no puedes ser feliz jamás, eso es imposible. La libertad es el deseo intrínseco de cada hombre; la libertad total, la libertad absoluta.

Por eso uno empieza a odiar cualquier cosa que se vuelva destructiva para la libertad. ¿No odias al hombre que amas? ¿No odias a la mujer que amas? Odias; es un mal necesario, tienes que tolerarlo. Como no puedes estar solo tienes que ingeniártelas para estar con alguien, y tienes que ajustarte a las demandas del otro. Tienes que tolerarlas, tienes que soportarlas.

Para que el amor sea realmente amor, tiene que ser amor-regalo, Ser-amor. Ser-amor significa un estado de amor. Cuando has llegado a casa, cuando has descubierto quién eres, el amor surge en tu ser. Entonces la fragancia se expande y puedes dársela a los demás.

¿Cómo vas a dar algo que no tienes?

Para darlo, el requerimiento básico es tenerlo.

Tú preguntas: «El amor en mí depende del mundo exterior...». Entonces no es amor, o, si quieres jugar con las palabras como C. S. Lewis y A. H. Maslow, llámalo amor-necesidad o amor-deficitario. Es como llamar a una enfermedad, enfermedad-sana; no tiene sentido, es una contradicción. Amor-deficitario es una contradicción en sus propios términos. Pero si estás demasiado aferrado a la palabra amor está bien; lo puedes llamar amor-deficitario o amor-necesidad.

«Y a la vez me doy cuenta de lo que dices acerca de ser completo en el interior...».

No, tú todavía no puedes darte cuenta. Tú me escuchas, entiendes intelectualmente, pero todavía no puedes darte cuenta. De hecho yo estoy hablando en un idioma y tú entiendes un

idioma diferente. Yo estoy gritando desde un plano y tú estás
escuchando desde un plano diferente, Sí, yo estoy usando las
mismas palabras que usas tú, pero yo no soy como tú, así que
¿cómo voy a dar a esas palabras el mismo significado que tú
les das? Puedes entender intelectualmente, pero eso sería un
malentendido.
    Todo entendimiento intelectual es un malentendido.
    Deja que te cuente unas cuantas anécdotas.

Un francés que estaba visitando Irlanda entró en un compartimiento de tren, y en el vagón había dos irlandeses que
eran representantes comerciales. Uno de ellos le dijo al otro:
    —¿Y dónde has estado últimamente?
    El otro replicó:
    —He estado en Kilmary y ahora voy a Kilpatrick. ¿Y qué
hay de ti?
    A lo que el primero contestó:
    —He estado en Kilkenny y en Kilmichael y ahora voy a
Kilmore.
    El francés escuchaba sorprendido. «¡Canallas asesinos!»
—pensó, y se bajo en la siguiente estación.*
    Escucha bien: Kil-mary, kil-patrick, kil-kenny, kil-mi-
chael y kil-more. Matar a more... el francés debe haberse
asustado.
    «¡Canallas asesinos!».
    Algo exactamente igual que esto está ocurriendo constan-
temente. Yo digo algo, tú entiendes otra cosa. Pero es natural;
no lo estoy condenando, simplemente te estoy haciendo consciente de ello.

---

* *To kill* en inglés significa matar, el frances creía que habían estado matando a todas esas personas. (*N. del T.*)

Había tres niños, uno se llamaba Problemas, otro se llamaba Modales y el otro se llamaba Méteteentusasuntos. El padre era filósofo, así que les había dado nombres muy significativos. Ahora bien, es muy peligroso ponerle a la gente nombres significativos...

Un día Problemas se perdió, así que Modales y Méteteentusasuntos fueron a la comisaría. Méteteentusasuntos le dijo a Modales:

–Tú quédate aquí fuera –y él entró.

Dentro le dijo al poli que estaba en el mostrador:

–Mi hermano se ha perdido.

El poli le preguntó:

–¿Cómo te llamas?

–Méteteentusasuntos.

–¿Donde están tus modales? –dijo el poli.

–Afuera en la puerta.

–¿Estás buscando problemas?

–Sí, ¿le ha visto?

Esto pasa constantemente. Yo digo que hasta que no estés completo en tu interior, el amor no fluirá. Por supuesto, entiendes las palabras, pero a esas palabras tú les das tu propio significado. Cuando yo digo: «hasta que no estés completo en tu interior...», no estoy proponiendo una teoría, no estoy en absoluto filosofando; simplemente estoy indicando un hecho de la vida. Estoy diciendo: ¿cómo vas a dar si no tienes? ¿Cómo vas a rebosar si estás vacío? Y el amor es un rebosar. Solamente puedes dar cuando tienes más de lo que necesitas; de ahí que sea un amor-regalo.

¿Cómo vas a hacer regalos si no tienes? Cuando oyes esto lo entiendes, pero luego surge el problema porque el entendimiento es intelectual. Si hubiera penetrado en tu ser, si hubieras visto su realidad, la pregunta no habría surgido. Entonces te olvidarías de todas tus relaciones dependientes y empezarías a trabajar en tu propio ser aclarando, limpiando, haciendo tu núcleo interior más alerta, más consciente; empezarías a trabajar en esa dirección. Y cuando empieces a sentir que estás llegando a una cierta totalidad, irás descubriendo que el amor va creciendo a su lado; que es un resultado.

El amor es una función de ser total... entonces no habrá pregunta. Pero la pregunta existe, así que tú no te has dado cuenta del hecho. Lo has oído como una teoría y lo has entendido, has entendido su lógica. Entender la lógica no es suficiente, tendrás que probar su sabor.

«El amor en mí depende del mundo exterior. Y a la vez comprendo lo que tú dices acerca de estar completo en el interior. ¿Qué le ocurre al amor si no hay nadie que lo reconozca y lo pruebe?».

No necesita ser reconocido: no necesita reconocimiento, no necesita certificados, no necesita que nadie lo pruebe. El reconocimiento del otro es accidental, no es esencial para el amor; el amor seguirá fluyendo. Aunque nadie lo pruebe, aunque nadie lo reconozca, aunque nadie se sienta feliz, contento por él; el amor seguirá fluyendo, porque en el propio fluir te sientes tremendamente dichoso, te sientes tremendamente gozoso.

En el mismo fluir, cuando tu energía está fluyendo... Estás sentado en una habitación vacía y la energía está fluyendo y llenando la habitación vacía con tu amor. No hay nadie (las paredes no te dirán "gracias") nadie que lo reconozca, nadie que lo pruebe. Pero eso no importa en absoluto. Tu energía liberándose, fluyendo... te sentirás feliz. La flor es feliz cuando su fragancia se libera al viento; que el viento se dé cuenta o no, no es la cuestión.

Y tú preguntas: «¿quién eres tú sin tus discípulos?».

Yo soy lo que soy. Haya o no discípulos, eso no tiene importancia; yo no dependo de vosotros. Y todo mi empeño aquí es que también vosotros os podáis volver independientes de mí.

Yo estoy aquí para daros libertad. Yo no os quiero imponer nada, yo no quiero mutilaros de ninguna manera; lo que yo quiero es que seáis vosotros mismos. Y cuando seáis independientes de mí, el día que eso ocurra, podréis amarme realmente; no antes.

Yo os amo. No lo puedo evitar. La cuestión no es que os pueda amar o no, simplemente os amo. Si no estuvierais aquí, este auditorio Chuang Tzu estaría lleno de mi amor; no habría ninguna diferencia. Todavía estos árboles estarían recibiendo mi amor, los pájaros lo recibirían. Y aunque todos los árboles y los pájaros desaparecieran, no habría ninguna diferencia; aun así el amor seguiría fluyendo. El amor es, así que el amor fluye.

El amor es una energía dinámica, no puede estar estancada. Si alguien toma parte, bien. Si nadie toma parte, también está bien. Lo que Dios le dijo a Moisés... ¿te acuerdas? Cuando Moisés se encontró con Dios, por supuesto que Dios le dio unos cuantos mensajes para que se los llevara a su pueblo.

Y Moisés que era un verdadero judío, le preguntó:

–¡Señor, por favor dime tu nombre! Me preguntarán: "¿Quién te ha dado esos mensajes?"; me preguntarán el nombre de Dios, Así que: "¿Cuál es tu nombre?".

Y Dios dijo:

–Yo soy lo que soy, ve a tu pueblo y di que "yo soy lo que soy". Es un mensaje de "yo soy lo que soy".

Parece absurdo, pero tiene un significado inmenso: yo soy lo que soy. Dios no tiene nombre, ni definición, tan sólo ser.

Segunda pregunta:

Querido Osho, yo no voy a ningún sitio. ¿Para qué se necesita un mapa? ¿No es suficiente estar aquí ahora?

Sí, no hay que ir a ninguna parte ni hay ninguna meta. Y el mapa no es necesario si me has entendido. Pero no me has entendido y el mapa es necesario. Y la necesidad del mapa no se debe a que haya una meta, no es para ir a ninguna meta para lo que se necesita el mapa; el mapa es necesario porque tú has ido a alguna parte y tienes que regresar aquí ahora. No se necesita para ir a ninguna parte, pero tú has soñado que has ido a algún sitio; necesitas el mapa para regresar a casa. Te has desviado, te has movido en tu imaginación, en tu deseo, en tu ambición; no te miras a ti mismo. Tu ser está a tu espalda y tú estás escapando a toda prisa. El mapa es necesario para mirar hacia atrás, para encontrar tu ser, para encontrarte contigo mismo.

Pero si tú me comprendes (que aquí ahora es lo único que hay) puedes quemar el mapa, puedes tirar el mapa; entonces tú no necesitas el mapa. El mapa no es necesario para el que ha llegado a casa. Pero no quemes el mapa hasta que no hayas llegado a casa.

Hay un famoso cuadro de un monje zen quemando escrituras budistas. Alguien le preguntó:

–¿Maestro, qué estás haciendo? Tú siempre has enseñado esas escrituras, siempre has estado comentando y reflexionando acerca de esas escrituras; ¿Por qué las estás quemando?

Y el maestro se rió y contestó:

Porque he llegado a casa, así que el mapa ya no es necesario.

Pero tu no deberías quemarlos a no ser que y hasta que no hayas llegado a casa. Lleva un mapa: tiene sentido mientras estés lejos; cuando hayas llegado tíralo. Si lo tiras antes de haber llegado estarás en peligro.

Sí, aquí y ahora es más que suficiente (no suficiente, más que suficiente), es todo lo que hay. Pero tú no estás aquí ahora, así que necesitas esos mapas para que te traigan a casa. En realidad no has ido a ninguna parte, pero has soñado que has ido a alguna parte. Estos mapas también son mapas de sueños. Recuerda, estos mapas son mapas de sueños; estos mapas son tan falsos como tu *samsara*, como tu mundo.

La escritura suprema no tiene palabras. Los sufíes tienen un libro, El Libro de los Libros. Está sencillamente en blanco, no hay ni una sola palabra escrita en él. A través de los siglos se ha pasado de un maestro a otro, el maestro se lo ha pasado al discípulo, y ha sido conservado con un gran respeto. Ésa es la escritura suprema. Los Vedas no son tan hermosos, la Biblia no es tan hermosa porque tiene algo escrito. El Libro de los Libros es realmente de un valor tremendo, pero ¿serías capaz de leerlo? Cuando los sufíes quisieron publicarlo en Occidente por primera vez, ninguna editorial estaba dispuesta. «¿Qué? ¡No hay nada que publicar! –decían– será simplemente un libro en blanco. ¿Para qué publicarlo?».

La mente occidental puede entender la palabra, la negra tinta expandida sobre el blanco de la página; no puede ver la página en blanco directamente. La página en blanco no existe para la mente occidental, sólo la tinta negra. Lo que existe para la mente occidental son las nubes, no el cielo: Para la mente occidental existe la mente, no la consciencia. El contenido existe, pero se han olvidado por completo del recipiente.

Los pensamientos son como la negra tinta sobre el papel en blanco; los pensamientos son tan sólo el mensaje escrito. Cuando los pensamientos desaparezcan, te convertirás en El Libro de los Libros; vacío. Pero ésa es la voz de Dios.

Tú dices: «Yo no voy a ninguna parte. ¿Para qué se necesita un mapa? ¿No es suficiente estar aquí ahora?».

Simplemente por haber hecho la pregunta, todavía necesitarás el mapa: una pregunta es una pregunta para el mapa. Si me has entendido, no queda ninguna pregunta. ¿Qué queda por preguntar entonces? Aquí y ahora es suficiente. ¿Qué queda por preguntar? ¿Qué puedes preguntar acerca del aquí y ahora? Todas las preguntas son preguntas acerca de metas en cualquier otro lugar, luego y allí.

Tercera pregunta:

Querido Osho, llevo casado veinte años y ese sentimiento de «¿por qué no puede ella entender?» todavía está ahí. Y luego es como si no la hubiera visto jamás en mi vida, y luego estoy en medio de una luna de miel, y luego...¡ Mi mente alucina!

La mente siempre alucina; es la forma de ser de la mente. La mente es un flujo, cambia constantemente, nunca es la misma en dos momentos consecutivos, es diferente a cada momento. Sí, en un momento sientes que no has visto a tu esposa en toda tu vida, que todavía no os habéis encontrado, aunque hayas vivido veinte años con ella. En otro momento la ves en medio de una luna de miel (ves su belleza, su gracia, su alegría, su núcleo interior) y luego desaparece. Y la escena sigue cambiando.

La mente es muy escurridiza. Se va deslizando, no se puede estar quieta. No tiene la capacidad de parar; es un flujo. Con la mente todo es así: un momento eres feliz y al otro eres infeliz; un momento estás muy alegre y al otro estás muy triste... Continúa y continúa, la rueda de la mente sigue dando vueltas. Un momento un radio está en lo alto, otro momento otro radio ha llegado arriba, y de esta forma continúa. Por eso en Oriente lo llamaremos *samsara*, la rueda. El mundo es una rueda, va rodando; la misma rueda, una y otra vez, y no se para ni por un solo instante.

Es como una película de cine: si la película se para por un sólo momento podrás ver la pantalla. Pero la película se sigue moviendo y va tan de prisa y tú estás tan absorto en ella, tan ocupado con ella, que no puedes ver la pantalla. Y la pantalla es la realidad. Las imágenes proyectadas sobre ella no son más que sueños. La mente va proyectando.

He oído...

Un millonario entró en una oficina de correos y vio una pareja de ancianos en la ventanilla retirando su pensión de vejez. Estaba de buen humor; le dio mucha pena la pareja de ancianos y pensó que se les debería dar una semana de vacaciones para que conocieran las bellezas y las alegrías de la vida... estaba de humor caritativo. Se les acercó y les dijo:

–¿Les gustaría pasar una semana en mi residencia? Les proporcionaré una semana inolvidable.

Pues bien, la pareja de ancianos aceptó, así que el millonario se los llevó a su casa en su Rolls y, como había prometido, se preocupó de que tuvieran unas grandes vacaciones con comida excelente, televisión en color y muchos lujos que ellos nunca habrían soñado que pudieran tener. Al final de la semana entró en la biblioteca donde el anciano estaba disfrutando de un buen vaso de vino y fumándose un puro.

–Y bien –dijo– ¿habéis disfrutado?

–Por supuesto, –replicó el anciano–. Pero ¿puedo hacerle una pregunta?

–Adelante –contestó el millonario.

–Entonces –dijo el otro–, ¿quien es esa vieja con la que he estado durmiendo toda la semana?

Ésta será la situación de las personas que han vivido con sus esposas, con sus maridos, toda su vida. ¿Quién es la mujer con la que has estado durmiendo durante veinte años? Hay momentos en los que crees que lo sabes. Hay momentos en los que de repente hay una muralla china, opaca, oscura; tú no puedes hacer nada, no sabes quién es ese extraño.

Todo nuestro conocimiento es muy superficial; seguimos siendo extraños. Puedes dormir con la mujer durante veinte años; eso no hace que la cosa sea muy diferente, seguís siendo extraños. Y la razón es que tú ni siquiera te conoces a ti mismo, ¿cómo vas a conocer a los demás? Es imposible, estás esperando lo imposible. ¡Tú ni siquiera te conoces a ti mismo! No sabes qué clase de hombre eres y has estado en la existencia durante una eternidad. Has estado aquí millones de vidas y todavía no sabes quién eres, ¿qué decir de veinte años?

¿Y cómo vas a conocer al otro, la mujer que está lejos de ti? No puedes entrar en sus sueños, no puedes entrar en sus pensamientos, no puedes entrar en sus deseos; ¿cómo vas a conocer su ser? Ni siquiera puedes conocer los sueños. Puede que estés durmiendo durante veinte años en la misma cama, pero sus sueños son sus sueños, tú sueñas tus sueños; vuestras subjetividades permanecen en mundos aparte.

Hasta cuando estás haciendo el amor con una mujer y la tienes entre los brazos, ¿estás realmente abrazando a la mujer que está ahí o es simplemente una imaginación, una proyección, una sombra? ¿Verdaderamente estás abrazando a la mujer real, o tan sólo a una imagen mental, a un fantasma? ¿Amas a esa mujer que está ahí, o tienes ciertas ideas que amas y las encuentras reflejadas en esa mujer? Cuando en una cama hay dos personas, yo tengo la sensación de que hay cuatro: dos fantasmas acostados exactamente entre las dos: la proyección de la mujer que tiene el marido y la proyección del marido que tiene la mujer.

No es por casualidad que el marido intente cambiar a la mujer de acuerdo a algún ideal, y que la mujer haga cambiar al marido (o por lo menos le intente cambiar) de acuerdo a algún ideal.

Ésos son los dos fantasmas. Tú no puedes aceptar a la mujer tal como es, ¿puedes? Tienes que mejorar muchas cosas, hacer muchos cambios. Y si fuera realmente posible... si un día Dios viene al mundo y dice:

–Muy bien, ahora todas las mujeres pueden cambiar a sus maridos como quieran o, todos los hombres pueden cambiar a sus esposas como quieran», ¿qué ocurriría? ¿Lo sabes? Sencillamente el mundo se volvería loco. Si las mujeres pudieran hacer cambiar a sus maridos, no encontrarías ni un sólo hombre al que pudieras reconocer. Todos los viejos desaparecerían. Si los hombres pudieran hacer cambiar a sus esposas, no quedaría ni una sola mujer tal como era. ¿Y crees que serías feliz? No lo serías, porque entonces la mujer que tú has hecho cambiar según a tus ideas no te atraerá; no habrá ningún misterio en ella.

Fíjate en los disparates de la mente, las demandas de la mente; demandas suicidas. Si pudieras hacer cambiar a tu marido y realmente tuvieras el poder necesario para cambiarle por completo, ¿amarías a ese hombre? Él simplemente sería algo que tú has montado. No tendría ningún misterio, no tendría alma alguna, no tendría ninguna integridad propia, y no tendría nada que pueda ser explorado por ti. Perderías el interés, te aburrirías de él; sería simplemente "algo hecho en casa". ¿Qué interés? El interés solamente surge si hay algo desconocido que explorar, un misterio, una invocación desafiándote a entrar en lo que no te es familiar.

Lo primero: no te conoces a ti mismo, luego ¿cómo vas a conocer a tu esposa?; no es posible. Empieza por conocerte a ti mismo. Y esto es lo bonito del asunto: el día que te conozcas a ti mismo lo conocerás todo. No sólo a tu esposa, conocerás a toda la existencia; no sólo al hombre, sino a los árboles y a los pájaros y a los animales, y a las piedras y a los ríos y a las montañas. Lo conocerás todo porque tú lo contienes todo; tú eres un universo en miniatura.

Y otra cosa bonita, otra experiencia increíble es que aun cuando te conozcas a ti mismo, el misterio no se habrá acabado. De hecho, por primera vez, el misterio se hace inmenso. Tú sabes, y aun así sabes que hay mucho más por conocer. Tú sabes, y aun así sabes que ese conocimiento no es nada. Sabes, y aun así el límite está muy lejos. Solamente entras en el océano del conocimiento, nunca llegas a la otra orilla.

En ese momento toda la existencia es misteriosa: tu esposa, tu hijo, tu amigo. Y ese conocimiento no es destructivo para la magia, para la poesía de la vida; ese conocimiento realza la poesía, la magia, el milagro, el misterio.

«Llevo casado veinte años, y ese sentimiento de "¿Por qué no puede ella entender?" está ahí.»

¿Te entiendes a ti mismo? ¿No has estado haciendo cosas de las que luego te has arrepentido y dices: «lo he hecho a mi pesar»? ¿Te entiendes a ti mismo? ¿Haces las cosas a través del entendimiento? Cuando alguien te pega y tú te enfadas, ¿te estás enfadando con entendimiento o simplemente porque el otro te ha pulsado el botón?

Tu conocimiento de ti mismo es tan superficial... Es como un conductor, un conductor conduciendo un automóvil. Sí, sabe unas cuantas cosas: puede manejar el volante, puede usar el acelerador, el embrague, la caja de cambios, el freno; eso es todo. ¿Acaso crees que lo sabe todo acerca del automóvil? Desconoce todo lo que está bajo el capó, y ése es el verdadero automóvil; ahí es donde está la acción, ahí es donde realmente ocurren las cosas. Y lo que él está moviendo no son más que botones. Más tarde o más temprano esas cosas van a desaparecer de los automóviles. *Deberían* desaparecer, son muy primitivas: ese volante, ese acelerador, ese freno. Deberían desaparecer, no son necesarios; un ordenador puede hacer todo eso. Entonces hasta un niño pequeño podrá conducir el automóvil; en realidad no se necesitará el permiso de conducir.

¿Pero entiendes lo que está ocurriendo en el interior? Cuando pulsas un botón y aparece la luz eléctrica, ¿entiendes la electricidad? Tú simplemente sabes cómo pulsar el botón, eso es todo lo que sabes.

He oído una historia...

Cuando por primera vez llegó la luz eléctrica a Viena, un amigo de Sigmund Freud vino a visitarle. Él nunca había visto la luz eléctrica. Por la noche Freud le dejo en su habitación para que descansara. El amigo estaba muy preocupado: no había visto nunca la luz eléctrica y no podía descubrir cómo apagarla. Lo intentó insistentemente: se subió a la cama, intentó soplarla, pero no pudo descubrir manera alguna de apagarla. Y no quería ir a preguntarle a Freud porque habría parecido estúpido. «¿Qué iba a pensar esa gente... ni siquiera eres capaz de apagar una luz? ¿No sabes ni siquiera eso?». Parecería demasiado ignorante. Además él era de un pueblo pequeño, así que todos se reirían de él, y eso no estaría bien. Así que cubrió la luz con una toalla y se fue a dormir.

No pudo dormir bien; pensó en ello una y otra vez: tiene que haber alguna forma... Se levantó; lo intentó una y otra vez... Y como había luz era muy difícil dormir. Y más que la luz era esa comezón, una constante comezón de que «¿ni siquiera sé una cosa tan simple?».

Por la mañana, cuando Freud le preguntó:

–¿Has dormido bien? –El amigo le contestó–: Todo estaba muy bien. Sólo hay una cosa que quiero preguntarte: ¿cómo apagar esa luz?

Y Freud comentó:

–Al parecer no conoces la electricidad. Ven aquí. Justo en la pared está el interruptor; pulsas el interruptor y se apaga la luz.

Entonces el hombre dijo:

–¡Qué simple! Ahora ya sé qué es la electricidad.

¿Pero tú sabes qué es la electricidad? ¿Tú sabes qué es la ira? ¿Sabes qué es el amor? ¿sabes qué es la alegría, el gozo? ¿Sabes qué es la tristeza? No se sabe nada. No te conoces a ti mismo. No conoces tu mente. No conoces tu ser interior. No sabes cómo ocurre toda esta vida. ¿De dónde? ¿De dónde viene la ira? ¿De dónde viene el gozo? ¿De dónde...? Un momento te sientes muy festivo y al siguiente estás dispuesto a suicidarte.

«Y esa sensación de "¿por qué no puede ella entender?"...»

Con tu mujer es natural. ¿Cómo vas a entenderla? Tú ni siquiera has entendido tu mente. El día en que entiendas tu mente y tu ser habrás entendido todas las mentes y todos los seres, porque la ley fundamental es la misma. Si puedes entender una sola gota de agua de mar, entenderás todo el mar (pasado, presente y futuro) de esta Tierra y de otros planetas, porque una vez que has comprendido que se trata de H_2O, has entendido el agua. Donde exista el agua, será H_2O. Una vez que has comprendido tu ira, has comprendido la ira de todos los seres humanos del pasado, del presente y del futuro. Si has comprendido tu sexualidad, has entendido todo el sexo.

Por favor, no intentes entender al otro, ésa no es la manera. Intenta entenderte a ti mismo, ésa es la manera. Tú eres un universo en miniatura. En ti está todo el mapa de la existencia.

Cuarta pregunta:

Querido Osho, amo a mi marido pero odio el sexo, y eso crea conflicto. ¿No es el sexo algo animal?

Lo es. Pero el hombre es un animal; tan animal como cualquier otro animal. Pero cuando yo digo que el hombre es un animal, no digo que el hombre se acabe con la animalidad; puede ser más que el animal, y también puede ser menos. Ésa es la gloria del hombre. La libertad y el peligro, la agonía y el éxtasis. El hombre puede ser muy inferior a los animales y puede ser más sublime que los dioses. El hombre tiene una potencialidad infinita. Un perro es un perro: siempre será un perro. Nació siendo perro y morirá siendo perro. Un hombre puede convertirse en un Buda, pero también puede convertirse en un Adolf Hitler. Así que ambos extremos del hombre están muy abiertos; puede retroceder. ¿Se puede encontrar un animal más peligroso, más loco que el hombre?

Imagínate una escena: cincuenta mil monos sentados en un estadio, matando niños pequeños, echándoles al fuego. ¿Qué pensarías de ellos? Miles de niños están siendo arrojados al fuego... Hay un gran fuego en el centro del estadio, y cincuenta mil monos disfrutando alegremente, bailando, y los niños están siendo arrojados; sus propios hijos. ¿Qué pensarías de esos monos? ¿No pensarías que los monos se han vuelto locos? Pero esto ha ocurrido en la humanidad. Ocurrió en Cartago: Cincuenta mil hombres quemando niños. Quemaron trescientos niños de una sola vez como ofrenda a su Dios: ¡sus propios hijos!

Pero olvídate de Cartago, es un pasado lejano. ¿Qué hizo Adolf Hitler en este siglo? Por supuesto, éste es un siglo muy avanzado, así que Adolf Hitler fue capaz de hacer cosas más grandes que las que se hacían en Cartago. Mató millones de judíos; eran obligados a entrar en las cámaras de gas y gaseados por miles. Y cientos de personas miraban desde el exterior, miraban a través de espejos transparentes por un lado. ¿Qué pensarías de esa gente? ¿Qué clase de hombre...? Gente que está siendo gaseada, quemada, evaporada, ¿y otros están mirando? ¿Puedes imaginarte algún animal haciendo una cosa así?

Durante tres mil años el hombre ha pasado a través de cinco mil guerras; matando, matando y matando. ¿Y tú crees que el sexo es algo animal? Los animales nunca han hecho "animaladas" tan grandes como el hombre. ¿Y tú piensas que el hombre no es un animal?

El hombre *es* un animal. Y la idea de que el hombre no es un animal es una de las trabas para tu crecimiento. Así que das por garantizado que tú no eres animal, y luego dejáis de crecer. El primer reconocimiento tiene que ser el de que «yo soy un animal y tengo que estar alerta y transcenderlo».

Un hombre escribió una carta a un hotel campestre en Irlanda para preguntar si admitirían a su perro. Recibió la siguiente respuesta:

Estimado señor:

Llevo más de treinta años en el negocio de la hostelería. Todavía nunca he tenido que llamar a la policía para echar a un perro problemático de madrugada. Ningún perro ha intentado pasarme un cheque sin fondos. Nunca un perro ha quemado las sábanas fumando. Nunca he encontrado una toalla del hotel en ninguna maleta de un perro. Su perro será bienvenido.

P.D. ¡Si él responde por usted, usted también podrá venir!

Los animales son preciosos, sean lo que sean, son sencillamente inocentes. El hombre es muy astuto, muy calculador, muy feo. El hombre puede caer más bajo que los animales, porque el hombre puede elevarse más alto que el hombre, más alto que los dioses.

El hombre tiene una infinita potencialidad: puede ser lo mas elevado y puede ser lo más bajo. Tiene toda la escalera en su ser, desde el primer al último peldaño.

Así que lo primero que me gustaría decirte es: no digas que el sexo es algo solamente animal, porque el sexo puede ser algo solamente animal (eso es posible), pero no tiene por qué ser así. Se puede elevar más alto: se puede convertir en amor, se puede convertir en oración. Depende de ti. El sexo en sí no es una entidad fija; es simplemente una posibilidad. Puedes hacerlo como te guste, como quieras.

Ése es todo el mensaje del Tantra: el sexo se puede convertir en *samadhi*. Ésa es la visión del Tantra: el sexo se puede convertir en *samadhi*, a través del sexo puede entrar en el éxtasis supremo.

El sexo puede convertirse en el puente entre tú y lo supremo.

Tú dices: «Amo a mi marido pero odio el sexo, y eso crea conflictos».

¿Cómo puedes amar a tu marido y odiar el sexo a la vez? Debes estar jugando con las palabras. ¿Cómo puedes amar a tu marido y odiar el sexo?

Intenta comprenderlo. Cuando amas a un hombre también te gusta tomarle de la mano. Cuando amas a un hombre también te gusta abrazarle algunas veces. Cuando amas a un hombre no sólo te gusta oír su sonido, también te gustaría verle la cara. Cuando oyes el sonido de tu amado, el amado está lejos, el sonido no es suficiente; cuando también le ves estás más satisfecha. Cuando le tocas, seguro que estás más satisfecha aún. Cuando le catas, seguro que estás más satisfecha aún. ¿Qué es el sexo? Es simplemente el encuentro de dos energías profundas.

Debes ir cargando en tu mente con algún tabú, alguna inhibición. ¿Qué es el sexo? Simplemente dos personas encontrándose en el punto máximo; no sólo dándose la mano, no sólo abrazándose, sino penetrando en el espacio de la energía del otro. ¿Por qué tienes que odiar el sexo? Tu mente debe de estar condicionada por los *mahatmas*, la supuesta gente religiosa que ha envenenado a toda la humanidad, que ha envenenado la propia fuente de tu crecimiento.

¿Por qué tienes que odiar? Si amas a tu hombre te gustará compartir todo tu ser con él; no hay necesidad de odiar. Y si dices que odias el sexo, ¿qué es lo que estás diciendo? Sencillamente estás diciendo que quieres que el hombre se haga cargo de ti financieramente, para que se haga cargo de la casa, para que te traiga un automóvil y un abrigo de pieles. Quieres usar al hombre... ¿y lo llamas amor? Y no quieres compartir nada con él.

Cuando amas, lo compartes todo. Cuando amas, no tienes ningún secreto. Cuando amas, tienes el corazón completamente abierto, estás disponible. Cuando amas, estás dispuesta a ir con él aunque sea al infierno si es que va al infierno.

Pero esto ocurre. Somos muy expertos con las palabras: no queremos decir que no amamos, así que hacemos que parezca que amamos pero que odiamos el sexo. El sexo no es todo amor, es verdad; el amor es más que el sexo, es verdad; pero el sexo son los cimientos. Sí, un día el sexo desaparece, pero odiarlo no es la forma de hacerlo desaparecer. Odiarlo es la forma de reprimirlo, y lo que sea que se reprima aflorará de una forma u otra.

Por favor, no intentes convertirte en un monje o en una monja.

Escucha esta historia:

Las monjas dirigían un orfanato. Un día la madre superiora convocó a su despacho tres lozanas muchachas que se marchaban y dijo:

—Ahora vais a entrar todas en el mundo del pecado y debo preveniros de ciertos hombres. Hay hombres que os invitarán a beber, os llevarán a una habitación, os desnudarán y os harán cosas indecibles. Luego os darán dos o tres libras, y os echarán, ¡deshonradas!

—Perdón, reverenda madre —dijo la más atrevida—, ¿dice usted que esos hombres malvados nos harán eso y también nos darán tres libras?

–Si hija mía. ¿Por qué lo preguntas?

–Bueno, el cura sólo nos da manzanas.

Recuerda, el sexo es natural. Uno puede transcenderlo, pero no a través de la represión. Y si lo reprimes, más tarde o más temprano encontrarás cualquier otra vía para expresarlo, alguna represión tiene que entrar, tendrás que encontrar algún sustituto. Y los sustitutos no sirven para nada; no ayudan, no pueden ayudar. Y una vez que un problema natural ha cambiado de tal manera que te has olvidado de él, y ha aflorado en alguna parte como un sustituto, puedes seguir peleando con el sustituto, pero no va a servir de nada.

He oído...

Un forastero entró en un vagón de un tren suburbano en el que ya había dos hombres sentados. Uno de ellos tenía un tic peculiar: se rascaba el codo una y otra vez. Este rascarse el codo estaba casi sacando de sus casillas al forastero para cuando la víctima estaba apeándose en su estación.

–Su amigo tiene un grave problema –le dijo al otro hombre.

–Ciertamente; tiene unas almorranas terribles.

–Yo no estoy hablando de las almorranas, estoy hablando de esos picores que tenía.

–Sí, correcto, almorranas. Mire, él es un hombre muy religioso y un gran sirviente a la comunidad, y ese rascarse en el codo no es más que un sustituto.

Pero los sustitutos nunca ayudan; sólo crean perversiones, obsesiones. Si algún día quieres transcender la naturaleza, sé natural. Sé natural, ése es el primer requisito. Yo no estoy diciendo que no haya más que la naturaleza; hay una naturaleza más elevada; ése es todo el mensaje del Tantra. Pero debes tener los pies muy en el suelo si realmente quieres elevarte en el cielo.

Fíjate en esos árboles. Están arraigados en la tierra, y cuanto mejor arraigados estén, más altos crecerán. Cuanto más alto quieran llegar, más tendrán que penetrar en la tierra. Si un árbol quiere tocar las estrellas, ese árbol tendrá que llegar a tocar el mismísimo infierno; ésa es la única manera.

Si quieres convertirte en un alma estáte arraigado en tu cuerpo. Si realmente quieres llegar a ser un amante estáte arraigado en tu sexo. Es cierto, cuanta más energía se convierta en amor, menos necesidad de sexo habrá, pero no lo odiarás.

El odio no es una relación correcta con nada. El odio simplemente muestra que tienes miedo, el odio simplemente significa que hay un gran miedo en ti. El odio simplemente muestra que en el fondo todavía te atrae. Si odias el sexo, entonces tu energía empezará a moverse a alguna otra parte. La energía tiene que moverse.

El hombre, si reprime el sexo, se vuelve más ambicioso. Si quieres ser realmente ambicioso tienes que reprimir tu sexo; sólo entonces puede la ambición tener energía, de otra forma no tendrás energía alguna. El político tiene que reprimir el sexo; sólo entonces puede él comenzar su loca carrera hacía Nueva Delhi. Se necesita la energía sexual, se necesita la energía sexual reprimida, y se necesita una gran ira. Siempre que estás reprimiendo el sexo estás enfadado con todo el mundo; puedes convertirte en un gran revolucionario. Todos los revolucionarios tienen que estar sexualmente reprimidos.

Cuando haya un mundo mejor el sexo será simple, natural, aceptado sin ningún tabú y sin ninguna inhibición, los políticos desaparecerán y no habrá revolucionarios. No habrá necesidad. Cuando un hombre reprime el sexo se vuelve muy apegado al dinero; tiene que poner su energía sexual en alguna parte. ¿No has visto a gente sujetando su billete de cien rupias como si estuvieran tocando a su amado? ¿No puedes ver en sus ojos la misma lujuria? Pero eso es feo. Abrazar a una mujer con profundo amor es hermoso; abrazar un billete de cien rupias con lujuria es sencillamente feo. Es un sustituto.

No puedes engañar a los animales.

Un hombre llevó a su hijo al zoológico; quería enseñarle a su hijo los monos que allí había. El hijo estaba muy interesado, nunca había visto monos. Fueron allí; pero no había monos. Así que le preguntó al encargado: ¿Qué ha ocurrido? ¿Dónde están los monos?

Y el encargado contestó:

–Ésta es su temporada de celo, así que han entrado en la cabaña.

El hombre se sintió muy frustrado. Había intentado traer al niño durante meses, habían viajado desde lejos; ¡y ahora estabamos en época de celo! Así que preguntó: ¿No saldrían si les echáramos cacahuetes?

Y el encargado contestó:

–¿Saldría usted?

Pero yo creo que el hombre *puede* que salga, si le echamos cacahuetes. El hombre *ha* salido. El encargado está equivocado. El mono no saldrá, eso es seguro. Si le ofreces dinero no vendrá, dirá: «¡Quédate con tu dinero, estamos en temporada de celo! quédate con tu dinero». Y si le dice: «Podemos hacerte presidente de India», él dirá: «¡Quédate con tu presidencia, estamos en temporada de celo!».

Pero al hombre, si le haces presidente, puede matar a su amada; si eso es lo que está en juego, puede hacerlo. Ésos son sustitutos. A los animales no les puedes engañar.

He oído...

La solterona tenía un loro que repetía constantemente: «¡Quiero meter! ¡Quiero meter!». A ella le parecía un poco irritante hasta que un día un amigo casado le explicó lo que significaba. Entonces se alarmó enormemente.

–Yo amo a ese pájaro, pero me tengo que deshacer de él o el cura nunca volverá a llamar –dijo ella.

Pero su experimentado amigo le dijo:

–Bueno, si realmente lo quieres conservar, proporciónale lo que él desea, una hembra; así dejará de decirlo todo el tiempo.

La solterona se dirigió a la tienda de animales, pero el dependiente le dijo:

–Lo siento, señorita, en este momento no puedo hacer nada. No nos ha llegado ningún loro hembra en toda la temporada. Pero le puedo vender una hembra de búho a un precio razonable.

Eso sería mejor que nada, así que metió la hembra de búho en la jaula del loro y esperó con emoción.

–¡Quiero meter! ¡Quiero meter! –dijo el loro.

–¡Ouu-Ouu! –dijo la búho hembra.

–¡No contigo cuatro ojos! –contestó el loro–. ¡No soporto a las mujeres con gafas!

Los sustitutos no servirán. El hombre está viviendo con sustitutos. El sexo es natural; el dinero no es natural. El sexo es natural; el poder, el prestigio, la respetabilidad, no son naturales. Si realmente quieres odiar algo, odia el dinero, odia el poder, odia el prestigio. ¿Por qué odiar el amor?

El sexo es uno de los fenómenos más hermosos del mundo. Por supuesto, el más bajo, eso es verdad, pero lo elevado se mueve a través de lo bajo: La flor del loto sale del lodo. No odies el lodo; de otra forma ¿cómo vas a ayudar al lodo a que libere al loto? Ayuda al lodo, cuida el lodo para que salga el loto. Es cierto que el loto está tan lejos del lodo que no se puede ni imaginar cualquier relación entre ellos. Si ves un loto no puedes creer que haya salido del lodo; pero es así; es la expresión del sucio lodo.

El alma sale del cuerpo, el amor sale del sexo. El sexo es algo corporal, el amor es algo espiritual. El sexo es como el lodo, el amor es como el loto. Pero sin el lodo el loto no es posible. Así que no odies el lodo.

Todo el mensaje del Tantra es simple; es muy científico y muy natural. El mensaje es que si realmente quieres transcender el mundo, entra profundamente en el mundo, plenamente alerta, consciente.

Y la última pregunta:

Querido Osho, tengo muchas preguntas, pero cada vez una voz dentro de mí me dice: «no preguntes; descúbrelo por ti misma». Pero ahora ya es demasiado, porque no sé de dónde viene esa voz.

La pregunta es de Dharma Chetana.
¿Acaso no reconoces mi voz?

3. ROMPIENDO LOS CUATRO SELLOS

Como consciencia elevada
enseñan lo que experimentan en el interior.
A lo que les encadena lo llamarán liberación.
Una baratija de cristal coloreada de verde
para ellos es una esmeralda de incalculable valor.
Engañados, no conocen la diferencia entre una gema
y lo que ellos piensan que debería ser.

Toman el cobre por oro.
Apresados en el pensamiento discursivo
creen que esos pensamientos son la realidad suprema,
anhelan los placeres experimentados en sueños,
llaman al perecedero cuerpo-mente
eterna bendición suprema.

Creen que con el símbolo EVAM se alcanza la autoclaridad.
Para las diferentes situaciones
que demandan los cuatro sellos
ellos llaman a lo que se han imaginado espontaneidad,
pero eso es mirar a los reflejos de un espejo.

Como bajo los poderes de la ilusión
un rebaño de ciervos se apresura a por agua
sin darse cuenta de que se trata de un espejismo,
así tampoco los ilusos calman su sed;
están apresados con cadenas

y las encuentran agradables,
diciendo que últimamente todo es real.

El Tantra es transcendencia. No es ni indulgencia ni represión. Es un paseo por la cuerda floja, es uno de los equilibrios más importantes . No es tan fácil como parece, se necesita una consciencia muy delicada. Es una gran armonía.

Para la mente es muy fácil ser indulgente. También lo opuesto, renunciar, es muy fácil. Moverse en los extremos es muy fácil para la mente. Permanecer en el medio, exactamente en el medio, es lo más difícil para la mente, porque es un suicidio para la mente. En el medio la mente muere y surge la no-mente. Por eso Buda llamó a su camino *majjhima nikaya*; el camino del medio. Saraha es un discípulo de Buda, de la misma línea, con la misma comprensión, con la misma consciencia.

Así que esta cosa tan fundamental tiene que ser entendida, de otra forma interpretarás mal el Tantra. ¿Qué es eso del filo de la cuchilla? ¿Qué eso de estar completamente en el medio? Para ser indulgente en el mundo no se necesita consciencia. Para reprimir los deseos mundanos tampoco se necesita consciencia. Así que lo que tú llamas gente mundana y gente espiritual no son muy diferentes; puede que estén de espaldas pero realmente no son muy diferentes, son exactamente el mismo tipo de mente. Uno anhela dinero, y el otro está tan en contra del dinero que ni siquiera puede ver los billetes de banco; le entra miedo y empieza a temblar. Esas personas no son diferentes; para ambas el dinero tiene una gran importancia. Uno está en el egoísmo, el otro está en el miedo, pero la importancia del dinero es la misma: ambos están obsesionados con el dinero.

Uno está constantemente pensando, soñando, fantaseando con las mujeres. Al otro le dan tanto miedo que ha huido al Himalaya tan sólo para evitar a las mujeres. Pero ambos son iguales: para ambos la mujer es importante, o el hombre; el otro es importante. Uno busca al otro, el otro lo evita, pero el otro sigue siendo el foco para ambos.

El Tantra dice: el otro no tiene que ser el foco, ni de una forma ni de la otra. Eso sólo puede ocurrir a través de una gran comprensión. Hay que entender la lujuria por la mujer; no hay que ser indulgente ni evitarla, sino entenderla. El Tantra es muy científico.

La palabra ciencia significa comprensión, la palabra ciencia significa saber. El Tantra dice: saber libera. Si sabes qué es exactamente el egoísmo, estás libre del egoísmo; no hay necesidad de renunciar. La necesidad de renunciar sólo surge porque no has comprendido qué es el egoísmo. La necesidad de tomar un voto en contra del sexo sólo existe porque no has comprendido qué es el sexo. Y la sociedad no te permite comprenderlo.

La sociedad te ayuda a *no* comprender. La sociedad ha estado eludiendo el tema del sexo y de la muerte a través de los siglos. Estos temas no son para pensar en ellos, no son para ser contemplados, no son para ser discutidos, no son para escribir sobre ellos, no son para ser investigados; son para ser evitados. Por esa actitud de evitarlos ha habido una gran ignorancia acerca de ellos, y esa ignorancia es la causa raíz. De esa ignorancia surgen dos tipos de personas: los que son locamente indulgentes, y los que se cansan y huyen.

El Tantra dice: aquel que sea locamente indulgente nunca comprenderá, porque simplemente estará repitiendo un hábito, y nunca observará el hábito y su causa raíz; nunca observará su causalidad. Y cuanto más indulgente sea, más mecánico se volverá.

¿No te has dado cuenta? Tu primer amor tenía algo extraordinario, el segundo no fue tan extraordinario, el tercero fue más normal aún, el cuarto simplemente mundano. ¿Qué ha ocurrido? ¿Por qué se ha valorado tanto el primer amor? ¿Por qué la gente siempre ha dicho que el amor ocurre sólo una vez? ¿Por qué?... Porque la primera vez no fue mecánica, así que estabas un poco atento. La segunda vez te lo estabas esperando, y no estabas tan atento. La tercera vez pensabas que lo conocías, así que no hubo exploración. La cuarta vez fue simplemente mundana; lo habías convertido en un hábito.

A través de la indulgencia el sexo se convierte en un hábito. Es cierto, te libera un poco; como un estornudo, pero nada más que eso. Es una liberación física de la energía. La energía se vuelve muy pesada para ti, tienes que arrojar esa energía. Tan sólo para volverla a acumular a través de la comida, a través del ejercicio, a través de la luz solar (vuélvela a acumular y vuélvela a tirar) eso es lo que hace la persona indulgente. Crea una gran energía y luego la tira, sin ningún propósito, sin ningún significado. Teniéndola, sufre su tensión. Tirándola, sufre su debilidad. Siempre sufre.

Nunca creas que el hombre indulgente es un hombre feliz; ¡jamás! Es el hombre más desgraciado del mundo. ¿Cómo va a ser feliz? Tiene esperanzas, desea la felicidad, pero nunca la consigue.

Pero recuerda, al decir estas cosas el Tantra no está proponiendo que te vayas al otro extremo. El Tantra no está diciendo que deberías huir de ese mundo de indulgencia. Huir de nuevo se convertirá en un hábito. Sentado en una cueva no habrá mujeres disponibles, pero no hay una gran diferencia. Si alguna vez hay una mujer disponible, el hombre que ha renunciado estará más inclinado a caer que el hombre indulgente que estaba en el mundo. Todo aquello que reprimes se vuelve muy poderoso dentro de ti.

He oído...

Había un bombero que trataba horriblemente mal a su mujer y a su huésped. Una noche trajo un espléndido pastel de cerdo y se comió la mitad para cenar. Su mujer y el huésped se tuvieron que conformar con pan duro y queso. Él guardó cuidadosamente el resto del pastel y se fueron todos a la cama.

En medio de la noche sonó la alarma de fuego y el casero tuvo que salir corriendo. La esposa, completamente desnuda, entró en la habitación del huésped, le meneó hasta despertarle y le dijo:

—¡Se ha ido! Rápido!, ésta es tu oportunidad.

—¿Estás segura de que está bien? —inquirió el huésped.

—¡Por supuesto! ¡Date prisa, no pierdas el tiempo!

Así que el huésped bajó a la cocina y se comió el resto del pastel.

Ésa debe haber sido su represión: el pastel de cerdo. Tiene que haber estado soñado con él, pensado en él. Imaginándoselo. La mujer completamente desnuda no le resultaba atractiva, pero el pastel de cerdo...

Recuerda, todo lo que reprimas se tornará atractivo para ti, tendrá una atracción magnética sobre ti. Lo reprimido se vuelve poderoso; gana un poder fuera de toda proporción.

Escucha esta anécdota...

En lo profundo de un frondoso parque había dos preciosas estatuas de bronce, un niño y una niña posando en una actitud de amor y anhelo. Habían estado así durante trescientos años, sus brazos estirados ansiosos hacia el otro y al mismo tiempo sin llegar nunca a tocarse. Un día pasó por allí un mago y dijo con compasión: «Tengo suficiente poder para darles vida durante una hora, y así voy a hacerlo. Durante una hora se podrán besar, tocar, abrazar, hacer el amor».

Así que el mago levantó su bastón mágico, e inmediatamente las estatuas se bajaron de su pedestal y cogidos de la mano corrieron hacia los arbustos.

Hubo una gran agitación... se oyeron ruidos, gritos, crujidos y revoloteos. Con una curiosidad irresistible el mago se acercó a hurtadillas y miró a través de las hojas. El niño estaba sujetando un pájaro, sobre el que estaba la niña en cuclillas. De repente el niño saltó y exclamó:

–Ahora me toca a mí. Sujétale tú mientras yo cago sobre él.

Trescientos años de pájaros cagando sobre ellos... ¿quién se va a preocupar por hacer el amor? Ésa era su represión.

Puedes ir a una cueva, sentarte y convertirte en una estatua, pero aquello que hayas reprimido flotará a tu alrededor, será la única cosa en la que estarás pensando siempre.

El Tantra dice: ten cuidado... ten cuidado con la indulgencia y ten cuidado con la renunciación. Ten cuidado con ambas; ambas son trampas. Y de las dos maneras acabas atrapado en la mente.

Entonces ¿dónde está el camino? El Tantra dice: la consciencia es el camino. La indulgencia es mecánica, la represión es mecánica, ambas son cosas mecánicas. La única forma de salirse de las cosas mecánicas es volverse consciente, alerta. No te vayas al Himalaya, lleva el silencio del Himalaya dentro de ti. No huyas, vuélvete más despierto. Mira profundamente en las cosas sin ningún miedo... Sin miedo mira en las cosas profundamente. No escuches lo que enseña la gente que se supone religiosa . Ellos te hacen miedoso, no te permiten mirar al sexo, no te permiten mirar a la muerte. Ellos han explotado tus miedos enormemente.

La única manera de explotar a una persona es haciéndola primero miedosa. Una vez que tienes miedo estás preparado para ser explotado. Primero hay que crear el miedo, ésa es la base. Te han metido el miedo en el cuerpo: el sexo es pecado. Así que hay miedo... Incluso cuando haces el amor con tu hombre o mujer nunca lo miras directamente, Incluso cuando haces el amor lo estás eludiendo. Estás haciendo el amor y eludiéndolo. No quieres ver su realidad: ¿qué es exactamente?, ¿por qué atrae tanto?, ¿por qué tiene una atracción magnética sobre ti?; ¿por qué? ¿Qué es exactamente?, ¿cómo surge?, ¿cómo se apodera de ti?, ¿qué da y hacia dónde conduce? ¿Qué ocurre en él y qué ocurre fuera de él? ¿Dónde llegas haciendo el amor una y otra vez? ¿Llegas a alguna parte? Hay que afrontar estas cosas.

El Tantra es un encuentro con la realidad de la vida. Y el sexo es fundamental, como la muerte. Son los dos *chakras* más básicos, más fundamentales: el *muladhara* y el *swadhishthan*. Entendiendo estos dos, el tercero se abre. Entendiendo el tercero, se abre el cuarto, y así sucesivamente. Cuando has entendido los seis *chakras*, el propio entendimiento golpea el séptimo *chakra* y florece en un loto de mil pétalos. Ése es un día de una inmensa gloria. Ese día Dios viene a ti, ese día tú vas a Dios; ese día es el día del encuentro. Ése es el día del orgasmo cósmico. Ese día abrazas a lo divino y lo divino te abraza a ti. Ese día el río desaparece en el océano para siempre jamás; entonces no hay retorno.

Pero hay que alcanzar el entendimiento desde cada estado de la mente. Donde sea que estés, no tengas miedo. Ése es el mensaje del Tantra: donde sea que estés, no tengas miedo. Renuncia sólo a una cosa: al miedo. Sólo hay una cosa que temer y esa cosa es el miedo. Cualquiera que sea la realidad mírala sin miedo, con gran valor. Si eres un ladrón, entonces mira en eso. Si eres una persona airada, mira en eso. Si eres egoísta, mira en eso. Seas lo que seas, *mira* en ello. No huyas. Mira en ello, ve a través de ello. Ve a través de ello observando. Si puedes recorrer el camino hasta el egoísmo, el sexo, la ira, la envidia, con los ojos abiertos, te liberarás de ellos.

Ésta es la promesa del Tantra: la verdad libera. Saber libera. El saber es libertad. De otra forma, reprimas o seas indulgente, el final es el mismo.

Ocurrió que...

Había un hombre que tenía una mujer muy atractiva. Pero empezó a sentirse celoso por ella... Es natural, cuanto más hermosa sea tu mujer, más celoso te sentirás.

Mulla Nasruddin se casó con la mujer más fea. Yo le pregunté:

–¿Por qué, Mulla? ¿Qué te ha pasado? ¿Qué ha tomado posesión de ti?

Él contestó:

–Nada, es simplemente comprensión

Yo le volví a preguntar:

–¿Qué clase de comprensión es esa?

Él me explicó:

–Ahora nunca tendré celos, nunca desconfiaré de mi mujer, porque no puedo imaginar que nadie se enamore de ella.

Este hombre sentía muchos celos por ella. Al final no pudo soportarlo más. Tenía el turno de noche, le pidió permiso al capataz y se fue su casa a las dos de la madrugada para descubrir el coche de su mejor amigo aparcado en la acera, justo lo que él se temía. Entró, trepó por las escaleras y fue directo a la habitación de su mujer. Ella estaba tumbada en la cama; completamente desnuda, pero fumando un cigarrillo y leyendo un libro.

Se puso como loco y buscó bajo la cama, en el armario, hasta en las estanterías, pero no pudo encontrar ningún hombre. Se puso histérico y arrasó la habitación. Luego siguió por el salón: tiró la TV por la ventana, rasgó los sillones, volcó la mesa y el aparador. Entonces cambió su atención hacia la cocina, donde destrozó toda la vajilla y luego tiró el frigorífico por la ventana. Y al final se pegó un tiro.

Cuando subió a las puertas del cielo, ¿quién se iba a esperar que se iba encontrar con su mejor. Éste le preguntó:

–¿Qué haces tú aquí arriba?

Así que el marido ofendido le explicó cómo había perdido los nervios y todo lo demás, y luego le preguntó a su amigo:

–¿Pero cómo es que tú también estás aquí?

–¿Ah, yo? Yo estaba en un frigorífico.

Ambos extremos son iguales; estés en una cueva en el Himalaya o en el mundo no hay mucha diferencia. La vida de indulgencia y la vida de represión acaban ambas de la misma manera, sus mecanismos no son diferentes. Su apariencia es diferente, pero su cualidad interna es la misma.

La consciencia aporta a tu vida una cualidad diferente. Con consciencia las cosas empiezan a cambiar, a cambiar enormemente. No es que tú las cambies, no, en absoluto. El hombre de consciencia no cambia nada, sin embargo el hombre de inconsciencia intenta cambiarlo todo constantemente. Pero el hombre de inconsciencia nunca consigue cambiar nada. El hombre de consciencia simplemente se encuentra con el cambio ocurriendo, un cambio tremendo.

Lo que trae el cambio es tu consciencia, no tu esfuerzo. ¿Por qué ocurre a través de la consciencia?: porque la consciencia te cambia. Y cuando tú eres diferente el mundo entero es diferente. No se trata de crear un mundo diferente, tan sólo se trata de crear un tú diferente. Tú eres tu mundo, así que si tú cambias, el mundo cambia. Si tú no cambias, puedes continuar cambiando todo el mundo; no cambia nada; seguirás creando el mismo mundo una y otra vez. Tú creas tu mundo. Es desde ti desde donde se proyecta tu mundo.

El Tantra dice: la consciencia es la llave, la llave maestra que abre todas las puertas de la vida. Así que recuerda, es realmente delicado... Si yo hablo acerca de la estupidez de la represión en la indulgencia; si yo hablo de la estupidez de la indulgencia, tú empiezas a pensar en la represión. Ocurre todos los días; te vas inmediatamente a lo opuesto. Y de lo que se trata es de no ser tentado por lo opuesto. Ser tentado por lo opuesto es ser tentado por el diablo. En el sistema del Tantra eso es el diablo, el ser tentado por lo opuesto. No existe ningún otro diablo; el único diablo es que la mente puede emplear un truco contigo, te puede proponer lo opuesto.

¿Tú estás en contra de la indulgencia? La mente dice: «muy fácil... entonces reprime. No seas indulgente, huye. Abandona todo este mundo. Olvídate de todo ello». ¿Pero cómo vas a olvidarte de todo? ¿Acaso es tan sencillo olvidarse de todo? ¿Entonces por qué huyes lejos? ¿Por qué tienes miedo? Si puedes olvidarte del todo tan fácilmente, entonces quédate aquí y olvídate de todo. Pero tú no puedes estar aquí, sabes que el mundo te tentará. Y esa comprensión momentánea, esa falsa comprensión que tú crees que tienes, no te servirá de mucho. Cuando vengan las tentaciones de los deseos, tú serás una víctima; lo sabes. Quieres huir antes de que eso ocurra, quieres escapar rápidamente. Quieres huir de la ocasión. ¿Por qué? ¿Por qué quieres huir de la ocasión?

En la India los llamados santos no se hospedan con familias. ¿Por qué? ¿De qué tienen miedo? En la India los llamados santos no tocan a las mujeres, ni siquiera las miran. ¿Por qué? ¿De qué tienen miedo? ¿De dónde viene este miedo? Con sólo evitar la ocasión... Pero evitar la ocasión no es un gran logro. Y si alcanzas cierto celibato evitando la ocasión, será un celibato falso.

He oído...

Un paleto entró en un *pub* de Londres con un perro. El hombre pidió una cerveza y el perro pidió un *whisky*.

–¿Qué demonios...? –exclamo el barman.

–Sí, –dijo el amo–, es el perro más listo del oeste del país. Le he traído para que vea las cosas de la ciudad.

–¿Si le doy cinco peniques si me traerá el periódico? –preguntó el barman– porque he olvidado comprarlo.

–Por supuesto –dijo el perro, luego recibió el dinero–. Estaré pronto de regreso...ta, ta.

El perro no regresaba, así que después de una hora, preocupado, el amo fue a buscarle. Finalmente encontró a su perro en un patio interior haciendo un buen trabajo con una perra.

–¡Maldita sea! –exclamó el amo–. ¡Tú nunca habías hecho eso!

–No, –contestó el perro–, pero es que nunca antes había tenido el dinero.

Simplemente evitar la ocasión no sirve de mucho, es sólo una falsa fachada; tú puedes creer en ella, pero no puedes engañar a Dios. De hecho ni siquiera te puedes engañar a ti mismo. Aquello que hayas dejado atrás de una forma represiva estará aflorando una y otra vez constantemente en tus sueños. Te volverá loco. Vuestros llamados santos ni siquiera pueden dormir bien, tienen miedo a dormir. ¿Por qué?: porque cuando duermen, el mundo que han estado reprimiendo se reafirma a sí mismo en los sueños. El inconsciente empieza a relacionarse, el inconsciente dice: «¿qué estás haciendo aquí? tú eres tonto». El inconsciente extiende sus redes de nuevo.

Mientras estás despierto puedes reprimir, pero ¿cómo vas a reprimir cuando estás durmiendo? Tú pierdes el control por completo. El que reprime es el consciente, pero el consciente se duerme. Por eso en todas las tradiciones antiguas los santos siempre han tenido miedo a dormir. Recortaron sus horas de sueño de ocho a siete, de siete a seis, de seis a cinco... cuatro, tres, dos. Y la gente necia cree que eso es un gran logro. Piensa: «es un gran santo, sólo duerme dos horas». De hecho sim-

plemente está mostrando una cosa: que tiene miedo al inconsciente. No le da tiempo al inconsciente para relacionarse.

Cuando solamente duermes dos horas el inconsciente no
puede relacionarse, porque esas dos horas son necesarias para
el descanso del cuerpo. Cuando se completa el ciclo del dormir tienes sueños mejores, sueños buenos, sueños maravillo-
sos; por eso sueñas mejor por la mañana, por la mañana temprano. Primero hay que satisfacer las necesidades del cuerpo,
el cuerpo necesita descanso. Después de que el cuerpo haya
descansado, luego necesita descansar la mente; pero eso es
secundario.

Lo que pasa es que cuando la mente necesita descanso, el
inconsciente, de una forma relajada, libera sus deseos y surgen los sueños. Lo segundo es que si sólo descansas durante
dos horas en la noche, puede que tengas sueños, pero no podrás recordarlos. Por eso sólo recuerdas los últimos sueños
que has tenido por la mañana temprano. Olvidas todos los otros
sueños que has tenido durante la noche porque estás tan profundamente dormido que no puedes recordarlos. Así que el
santo cree que no ha tenido sueños de sexo, de dinero, de poder, de prestigio, de respetabilidad. Si sólo duerme dos horas,
el sueño es tan profundo, es tan necesario para el cuerpo, que
casi es como un coma, así que no puede recordar. Los sueños
sólo se recuerdan cuando uno está medio dormido y medio
despierto. Sólo entonces se puede recordar el sueño, porque
está muy cerca del consciente; medio dormido, medio despierto, algo del sueño se filtra a tu consciente, entra en el consciente. Por la mañana puedes recordar algo de él. Por eso si le preguntas a alguien que trabaje mucho físicamente si sueña, para
tu sorpresa la respuesta será, «no».

La gente primitiva no sueña. En realidad no es cierto que
no sueñen; lo que pasa es que no pueden recordarlo. Todo el
mundo sueña, pero no puede recordarlo. Trabajar todo el día,

ocho horas, cortando leña, cavando una zanja o rompiendo piedras es algo tan duro que cuando te duermes casi caes en coma. Los sueños vienen, pero no puedes recordarlos, no puedes volverlos a capturar.

Pues bien, vuestros llamados santos siempre han tenido miedo a dormir... Una vez me trajeron a un muchacho. Se estaba volviendo loco. Era un seguidor de Swami Sivananda de Rishikesh. Yo le pregunté:

–¿Qué es lo que te pasa?

Él contestó:

–No me pasa nada. Yo soy un hombre espiritual. La gente cree que me estoy volviendo loco.

Yo le pregunté por sus padres; ellos estaban muy preocupados; entré en detalle. El detalle era este: fue a ver a Swami Sivananda y éste le dijo:

–Duermes demasiado. Eso no es bueno para la salud espiritual, deberías dormir menos.

Así que recortó a tres horas su tiempo de dormir; ¡de ocho a tres horas!

Entonces, naturalmente empezó a sentirse adormecido todo el día. Así que Sivananda le dijo:

–Tú eres tamásico, tienes en ti una mala energía, muy baja. Cambia tu comida Debes estar tomando comida que te hace pesado y te embota. Así que empezó a tomar solamente leche. Ahora empezó a sentirse débil. Primero se recortó el dormir, luego la comida; ahora estaba en tal estado que podía desfallecer en cualquier momento.

Sin comida te es más difícil dormir profundamente aunque sólo lo hagas durante tres horas; la comida es necesaria para dormir bien. Cuando el estómago no tiene nada que digerir, toda la energía se va a la cabeza. Por eso los días de ayuno no se puede dormir bien. La energía no está en el estómago así que se libera en la cabeza. Cuando la energía se necesita en el estómago, la cabeza no puede recibirla porque la cabeza es algo secundario, el estómago es algo primario.

Hay cierta jerarquía en el cuerpo... lo primero es lo primero. El estómago es básico. El estómago puede existir sin la cabeza, pero la cabeza no puede existir sin el estómago. Así que el estómago es básico, fundamental; cuando el estómago necesita energía la saca de todas partes.

Ahora ni siquiera podía dormir tres horas. Sus ojos estaban apagados, muertos; su cuerpo había perdido toda fuerza y viveza, y tenía un ligero temblor. Tomando su mano, podía sentir cómo temblaba todo su cuerpo. El cuerpo no había descansado durante meses. Y él pensaba que se estaba volviendo espiritual. Estos disparates se han mantenido durante el tiempo suficiente como para volverse respetables. Cuando algo se mantiene durante el tiempo suficiente se vuelve respetable; simplemente porque ha estado ahí durante mucho tiempo.

De manera que escucha a tu cuerpo, a tus necesidades corporales. Escucha a tu mente, escucha las necesidades de tu mente. No las evites. Entra en esas necesidades, explora esas necesidades amorosamente. Si quieres transcender tu cuerpo y tu mente algún día hazte amigo de ellos. Hacerse amigo es muy esencial. Ésa es la visión de la vida del Tantra: hazte amigo de las energías de la vida. No te vuelvas su antagonista.

Ahora los *sutras*. Los *sutras* tienen una gran importancia. Le dice Saraha al rey:

Como consciencia elevada enseñan lo que experimentan en el interior.

A lo que les encadena lo llamarán liberación.

Una baratija de cristal coloreada de verde para ellos es una esmeralda de incalculable valor.

Engañados, no conocen la diferencia entre una gema y lo que ellos piensan que debería ser.

Está hablando de los llamados *mahatmas*, los llamados *yoguis*, de la misma manera que yo hablo una y otra vez de los llamados santos. Saraha está diciendo:

Como consciencia elevada, enseñan lo que experimentan en el interior.

Pues bien, ésta es una gran frase. Tiene que ser descodificada. Primero: la suprema experiencia de la realidad no es en absoluto una experiencia, porque cuando experimentas algo siempre hay dualidad: el que lo experimenta y lo experimentado. Así que no puede haber ninguna experiencia suprema en el sentido de que tú mismo lo experimentas, no. ¿Cómo vas a experimentarte a ti mismo? Estarías dividido en dos, entonces entraría la dualidad sujeto-objeto.

El Tantra dice: sea lo que sea lo que tú sepas, debes saber que tú no eres eso. Ésta es una gran frase, una visión muy penetrante. Si ves algo, debes saber bien que tú no eres esa cosa, porque tú eres el que lo ve. Tú nunca puedes ser lo visto. Tú no puedes ser reducido a objeto. Tú eres subjetividad, pura subjetividad, irreducible subjetividad; no hay no hay manera de transformarte en objeto, en cosa. No puedes ponerte a ti enfrente de ti mismo, ¿puedes? No puedes ponerte a ti enfrente de ti mismo, porque, sea lo que sea lo que pongas enfrente, no serás tú. Tú siempre serás el de enfrente de donde se pongan las cosas.

Saraha dice: la verdad no es una experiencia; no puede serlo. La verdad es un experimentando, no una experiencia. Es un sabiendo, no un conocimiento. Hay una gran diferencia. Tú experimentas una cosa cuando está separada de ti. No puedes experimentarte a ti mismo del mismo modo. Así que el Tantra ha acuñado una palabra nueva: «experimentando». En sánscrito tenemos dos palabras: *anubhav* y *anubhuti*. *Anubhav* significa experiencia; *anubhuti* significa experimentando. No hay nada que experimentar. No hay nada en frente de ti, tan sólo hay vacío; pero tú estás ahí, plenamente ahí, sin nada que obstruya. No hay objeto... pura subjetividad: sólo el recipiente, no el contenido. La película se ha parado... sólo la pantalla, la pantalla completamente en blanco... Pero no hay nadie que mire a esta pantalla blanca: tú eres la pantalla blanca. De ahí la nueva palabra *anubhuti*, experimentando.

En inglés no hay dos palabras diferentes, así que tengo que usar «experimentando». Para mostrar la diferencia: la experiencia se convierte en un objeto, experimentando es un proceso, no un objeto. El conocimiento es un objeto; sabiendo es un proceso. El amor es un objeto; amando es un proceso.

Y el Tantra dice: tu núcleo central consiste en procesos, no en cosas. Hay sabiendo, no conocimiento, hay amando, no amor. ¡No existen los nombres, sólo los verbos! Ésta es una profunda visión de la realidad. Sólo verbos. Cuando dices: «eso es un árbol» estás afirmando una cosa muy errónea: eso es un árbol-ando, no un árbol, porque está creciendo, no es una cosa estática. Cuando dices: «eso es un río», simplemente fíjate en lo que estás diciendo; un disparate. Es un río-endo, se está moviendo, es dinámico. No es igual ni un solo instante, así que, ¿por que lo llamas «río»? Ni siquiera una piedra es una piedra, también es un proceso.

La existencia no consiste en cosas, sino en eventos. No le digas a una mujer: «te amo». Simplemente dile: «estoy en un estado de amando». El amor no es una cosa; tú no puedes amar, sólo puedes estar en estado de amando.

Hay lenguas budistas en las que todas las cosas existen en un proceso. Cuando por primera vez la Biblia se tradujo en ciertos países budistas (Birmania, Tailandia), los misioneros cristianos estaban desconcertados, no podían encontrar una palabra para Dios. Porque está bien llamar al río, río-endo y al árbol, árbol-ando, y al hombre, hombre-ando y a la mujer mujer-ando; está bien. Pero no se puede hacer con Dios; ¡él es! En Dios no existe proceso. Pero en bírmano todas las palabras son verbos. Todos los verbos expresan un proceso. Pero decir que Dios es un «proceso» era muy duro para los cristianos, muy difícil. Dios es...siempre igual, eternamente igual. A Dios nunca le ocurre nada.

Los budistas dicen que si a Dios nunca le ocurre nada, entonces está muerto; ¿cómo va a estar vivo? La vida es donde ocurren las cosas. La vida está ocurriendo. Y decirlo acerca de la experiencia suprema... está bien decirlo acerca de la realidad mundana. Puedes decir: «esto es una silla», y no hay por qué preocuparse mucho de ello; es simple. Ahora bien, decirlo con todas las cosas: «esto es una silla-ndo y eso es un árbol-ando» crearía dificultades en la expresión. Pero respecto a la realidad suprema uno debería estar alerta.

Saraha dice:

Como consciencia elevada, enseñan lo que experimentan...

Pues bien, si lees los libros de Pundit Gopi Krishna verás que dice que la *kundalini* es la experiencia suprema. No puede ser. Saraha no estaría de acuerdo, se reiría de Pundit Gopi Krishna.

Si tú experimentas cierta energía subiendo por tu espina dorsal, tú eres el que lo nota. La espina dorsal es algo separado, así que la *kundalini* subiendo por ella también es algo separado, ¿cómo vas a ser tú eso? Yo puedo ver esta mano, y por el simple hecho de ver la mano me he separado de ella. Yo no puedo ser esta mano. Yo estoy usando esta mano, pero estoy separado de esta mano. Puede que yo esté dentro de la mano, pero yo no puedo ser la mano.

La *kundalini* no es una experiencia espiritual. Una experiencia espiritual es simplemente el momento en el que no hay nada que experimentar. Entonces todas las experiencias se disuelven, estás sentado solo en tu pureza. A eso no puedes llamarlo experiencia.

Por eso Saraha dice: esos llamados *yoguis* y santos van diciendo que han alcanzado una consciencia elevada. ¿Y qué han alcanzado? A algunos les ha subido la *kundalini*, otros han visto una luz azul en el interior, y cosas así. Algunos han visto visiones (unos ha visto a Krishna, otros han visto a Mahoma, otros han visto a Mahavira y otros han visto a la madre Kali), pero no es más que imaginación.

Toda experiencia es imaginación.

La palabra imaginación es preciosa; viene de «imagen». Toda experiencia no es otra cosa que imágenes flotando en tu consciencia. Cuando en tu consciencia no flota nada (recuerda, cuando "nada" flota en tu consciencia), cuando tu consciencia está simplemente ahí sin contenido, esa pureza de ausencia de contenido es lo que el Tantra llama experiencia real. No puedes decir que se trate una experiencia; no lo es, por su propia naturaleza. Cuando observas al que observa, ¿cómo vas a llamarlo observación? Cuando conoces al que sabe, ¿cómo vas a llamarlo conocimiento?

Así que lo primero que dice es: *como consciencia elevada, enseñan lo que experimentan en el interior.*

Y lo segundo que hay que recordar es que la distinción entre el interior y el exterior es falsa. Está bien en cierto plano; tú estás viviendo en el exterior, así que hay que decirte que vayas hacia dentro. Pero el interior y el exterior son dos caras de la misma moneda. Un día habrá que decirte que abandones ambas; tal como has abandonado el exterior, ahora abandona el interior también. Sé transcendental; ni afuera ni adentro.

El interior está tan afuera como el exterior: ésa es la visión del Tantra. ¿Qué es el interior? Yo os estoy mirando, vosotros estáis fuera. Entonces cierro los ojos y veo la *kundalini*; ¿es eso el interior? Todo lo que puedo ver es el exterior, está fuera de mí, no puede estar "en" mí. Luego veo una luz azul; eso está fuera. Es cierto que estoy viéndolo con los ojos cerrados; está más cerca de mí; pero todavía afuera. A vosotros os estoy viendo con los ojos abiertos, vosotros estáis afuera. Por la noche veo un sueño, y vosotros entráis en mi sueño: ¿estáis entonces vosotros dentro? También estáis fuera, aunque mis ojos estén cerrados; pero os estoy viendo como os veo ahora mismo. Todo lo que se ve está fuera. El que ve no está ni dentro ni fuera.

Por eso Saraha dice: esa gente primero habla de sus experiencias exteriores y luego empieza a hablar de sus experiencias interiores.

Precisamente el otro día discutimos esto: haces el amor con una mujer; esa mujer está fuera. Pues bien, la energía, el fuego de tu sexualidad, se eleva muy alto en ti, llega hasta tu garganta, hasta *vishuddha*, hasta el *chakra* de la garganta. Y allí tu empiezas a masturbarla con la lengua vuelta hacia dentro. ¿Tú lo llamas interior? Es exterior. Es tan exterior como cuando estabas haciendo el amor con la mujer.

El Tantra es una visión tan grande, tan profunda, que dice: uno tiene que abandonar el exterior y también tiene que abandonar el interior. Uno tiene que estar en tal estado que pueda decir: «yo no soy ni fuera ni dentro, ni extrovertido ni introvertido, ni hombre ni mujer, ni cuerpo ni mente». Uno tiene que llegar a un punto en el que pueda decir: «yo no estoy ni en *samsara*, ni en *nirvana*». Ése es el punto, la puerta de todas las dualidades, el centro exacto de todas las dualidades.

A lo que les encadena lo llamarán liberación.

Ahora esa será una nueva cadena, puede que un poco más bonita que las otras cadenas (puede que las cadenas exteriores estén hechas de hierro y ésta esté hecha de oro), pero una cadena es una cadena. Esté hecha de hierro o de oro no hay ninguna diferencia; te encadena.

Ahora esta nueva cadena se convertirá en tu cautiverio. La *kundalini* elevándose, visiones espirituales, visiones cósmicas; ahora éstas serán tus cadenas. Ahora las anhelarás, las desearás. Antes deseabas dinero, ahora desearás esas experiencias espirituales. Antes deseabas poder, ahora desearás *siddhis,* poderes espirituales; pero el deseo permanece, y el deseo es la cadena. Sólo en el no-deseo hay liberación.

> *Una baratija de cristal coloreada de verde para ellos es una esmeralda de incalculable valor.*
> *Engañados, no conocen la diferencia entre una gema y lo que ellos piensan que debería ser.*

Si no sabes, si no estás alerta y atento, puedes ser engañado. *Una baratija de cristal coloreada de verde...* y tú puedes pensar que es una esmeralda. Sí, el color es el mismo, puede que la forma sea la misma, hasta puede que pesen lo mismo, pero aun así el valor es diferente, y la cuestión es el valor.

Sí, la gente tiene poder en el mundo exterior. Por un lado están los presidentes, los ministros que tienen cierta clase de poder, y por otro están los *yoguis*, los *mahatmas* que tienen otra clase de poder: el del mundo interior, pero ninguno de ellos es comparable a la esmeralda real. El exterior era una baratija de cristal y el interior también es una baratija de cristal: coloreada, tallada de la misma forma, del mismo peso como si fuera la cosa espiritual. Pero no lo es.

La espiritualidad es el cielo puro en el que no existen las nubes. Así que un hombre verdaderamente espiritual no puede proclamar ninguna experiencia espiritual, porque todas las experiencias espirituales son baratijas de cristal coloreadas de verde; no son esmeraldas.

A eso se debe que Buda permaneciera en silencio. Cuando la gente le preguntaba: «¿te has realizado?» él se quedaba callado. Cuando la gente le decía: «¿conoces a Dios?» no decía nada, simplemente sonreía o reía. ¿Por qué? ¿Por qué lo evitaba?... La gente necia creía que lo evitaba porque no sabía, creía que lo evitaba porque no había tenido la experiencia. Lo evitaba *porque* lo había experimentado. Lo evitaba porque sabía que no sería bueno hablar acerca de ello; eso sería un sacrilegio.

No se puede hablar acerca de la verdad. Podemos hablar del camino, pero no podemos hablar acerca de la verdad. Podemos hablar de la forma de llegar a ella, pero no podemos decir qué es cuando la alcanzamos.

Saraha está diciendo: todos aquellos que proclaman experiencias son fraudulentos:

Engañados, no conocen la diferencia entre una gema y lo que ellos piensan que debería ser.

Toman el cobre por oro.
Apresados en el pensamiento discursivo,
creen que esos pensamientos son la realidad suprema.
Anhelan los placeres experimentados en sueños.
Llaman al perecedero cuerpo-mente suprema bendición eterna.

Toman el cobre por oro... Lo básico, lo objetivo, para ellos es subjetivo. Todavía no se conoce al que sabe.

Ellos han conocido algo diferente y lo han entendido mal: ellos creen que han conocido al que sabe. Pueden haber conocido la *kundalini*, pueden haber conocido ciertas visiones espirituales (grandes visiones de poesía, grandes visiones de esplendor y grandeza, grandes visiones psicodélicas) pero:

Toman el cobre por oro.
Apresados por el pensamiento discursivo,
creen que esos pensamientos son la realidad suprema.

Y estos supuestos santos y *mahatmas* están apresados en la lógica, *apresados por el pensamiento discursivo...* siempre están debatiendo; incluso siguen intentando demostrar que Dios existe.

En el cristianismo se han desperdiciado dos mil años en demostrar que Dios existe. ¿Cómo vas a demostrar que Dios existe? Y si no se puede demostrar tampoco se puede negar. La lógica es una espada de dos filos, la lógica es una puta. Si puede probar que Dios existe, se puede probar que Dios no existe.

Pues bien, los grandes argumentos que estos supuestos santos han estado dándole al mundo es que el mundo necesita un creador, porque, ¿cómo puede existir el mundo sin un creador? Parece una idea atractiva, por lo menos para mentes infantiles; parece una idea atractiva para mentes inmaduras. ¿Cómo es posible que pueda haber una existencia tan vasta sin un creador? Alguien debe haberla creado. Pero con un pequeño pinchazo esa lógica desaparece, el globo explota. Alguien puede preguntar: «¿entonces quién creó al creador?» Es la misma lógica. Si dices que el mundo necesita un creador, entonces también tu creador necesitará un creador, y puedes seguir y seguir así, *ad nauseam*. Puedes seguir y decir que el número uno creó el mundo, y que el número dos creó al número uno, y el número tres creó al número dos... puedes seguir y seguir. Pero la pregunta suprema se mantendrá igual: ¿quién creó al primero, al original?

Si aceptas que el original no fue creado, entonces, ¿por qué armar tanto jaleo? ¿Por qué no decir que el mundo no ha sido creado? Si Dios puede ser no creado, ¿qué hay de malo entonces en decir que el mundo no ha sido creado? Eso parecería más razonable, en lugar de entrar en esa tonta lógica que no conduce a ninguna parte.

Fíjate en los argumentos que se han utilizado en favor de Dios: son todos tontos y estúpidos. Por eso no puedes convencer de tu Dios ni a un sólo ateo. Aquellos que ya están convencidos, sí, están convencidos, pero ésa no es la cuestión. No puede convencer ni a una mente escéptica; tus argumentos no servirán de nada. De hecho tus propios argumentos te pondrán en dificultades a ti mismo.

¿Qué está diciendo Saraha? Saraha está diciendo: un hombre que conoce su realidad interna sabe que no hay otra prueba que darse cuenta de ella. Él no cree en los pensamientos discursivos, que no ofrecen ninguna lógica para ella, porque es ilógica, está más allá de las razones. Es así. Puedes experimentarla o puedes dejarlo, pero no hay forma de demostrarla ni de negarla. Ambos, teísmo y ateísmo carecen de sentido. La religión no tiene nada que ver con ellos; la religión es una experiencia de aquello que es. Llámalo como prefieras llamarlo: llámalo Dios, llámalo *nirvana*, llámalo XYZ, lo que sea, eso no importa; pero la experiencia es. El Tantra cree en la experiencia; el Tantra no es cerebral, es existencial.

Toman el cobre por oro... y creen que este Dios demostrado con argumentaciones es su Dios. Entonces hacen imágenes de Dios, y luego las adoran; adoran su propio silogismo. ¿Qué hay en vuestras iglesias, templos y mezquitas? Nada más que silogismo. El mundo necesita un creador, así que tú crees en un creador. Eso es una creencia, y las creencias son falsas. La creencia es algo casero. Sí, consuela, da cierta seguridad, cierta comodidad. Creer que alguien se está haciendo cargo del mundo es muy práctico, de otra forma a uno le entra el miedo: nadie que se preocupe de él, en cualquier momento algo podría ir mal. Te da confianza.

Es casi como si estuvieras en un avión y tú creyeras que el piloto está ahí y que está haciéndose cargo de las cosas. ¡Y vas a la cabina del piloto y de repente descubres que allí no hay nadie! ¿Qué ocurriría? Hace tan sólo un momento estabas tomando té y hablando, y sentías interés por la mujer que estaba sentada a tu lado y cuyo cuerpo estabas intentando rozar, y todo lo demás... De repente todo ha desaparecido: ¡el piloto no está ahí! Hasta ese momento todo había sido práctico, pero ahora te pondrías nervioso, empezarías a temblar; perderías todo interés en hombres y mujeres, y en la comida y la bebida, ¡todo se habría terminado! Tu respiración se alteraría, tu presión sanguínea se alteraría, tu corazón se empezaría a agitar y empezarías a transpirar... ¡en un avión con aire acondicionado!

Es práctico saber que en la cabina hay un piloto que lo sabe todo y que todo va bien; Dios se hace cargo. Puedes seguir siendo tal como eres. Él es "el Padre", conoce a todo el mundo. Ni siquiera una hoja cae sin que sea su voluntad, así que todo está bien. Eso es práctico. La mente es muy astuta. Este Dios es parte de la mente astuta.

Saraha dice: la creencia no es la verdad, y la verdad nunca es una creencia. La verdad es un experimentando.

> *Creen que esos pensamientos son la realidad suprema.*
> *Anhelan los placeres experimentados en sueños.*

Estos *son* placeres experimentados en sueños.

> *Llaman al perecedero cuerpo-mente suprema bendición eterna.*

Algunas veces tú eres engañado por el cuerpo, y algunas veces, si te las arreglas para prescindir del cuerpo, entonces te engaña la mente, que es más engañosa. Los tres primeros *cha-*

kras pertenecen al cuerpo. Los tres siguientes pertenecen a la mente. Y el séptimo está más allá de unos y otros.

Normalmente la gente indulgente permanece en los tres primeros, los *chakras* inferiores, se atascan ahí. Esos tres primeros *chakras* (*muladhara*, *swadhishthan* y *manipura*) son de la Tierra. Son *chakras* terrenales, son atraídos por la gravedad, son atraídos hacia abajo. Los tres siguientes *chakras*: *anahata*, *vishuddha* y *agya*, son celestiales; la gravedad no les afecta. Ellos están bajo otra ley, la llamada ley de levitación, son atraídos hacia arriba. Éstos son parte de la mente; el cuerpo es atraído hacia abajo, la mente es atraída hacia arriba. Pero tú no eres ninguna de las dos cosas; tú eres el séptimo, que no es ni cuerpo ni mente.

Así que la gente indulgente vive en los tres primeros *chakras*, y la gente que reprime los tres primeros *chakras* empieza a vivir en los tres *chakras* siguientes. Pero crean un mundo de sueños... Es casi como cuando un día ayunas, y por la noche sueñas que has sido invitado por la reina de Inglaterra, se está dando un gran banquete en tu honor y tú estás comiendo toda clase de manjares; todas las cosas que siempre habías querido comer pero que el médico te había prohibido. Ese sueño fue creado por el ayuno, pero ese sueño no puede alimentarte. Por la mañana estarás tan hambriento como antes; más aún. Pero este sueño ayuda un poco. ¿Cómo ayuda? Te ayuda a continuar durmiendo. De otra forma tu hambre te despertaría una y otra vez, estarías despertándote todo el tiempo. Este sueño es un truco de la mente. La mente dice: «no hay necesidad de despertar; no hay necesidad de caminar en la oscuridad y buscar el frigorífico. Simplemente duerme bien. Mira, ¡la reina te ha invitado! hay tantas clases de comida sobre la mesa, ¿por qué no comes?»; y tú empiezas a comer. Es un truco de la mente, te ayuda a seguir durmiendo.

Ha ocurrido muchas veces... tu vejiga está llena y empiezas a soñar que estás en un cuarto de baño. Eso ayuda; no es que descargues la vejiga pero te mantiene engañado y puedes seguir durmiendo. Tus creencias, tu imaginación, tus sueños, tus templos, tus iglesias, tus *gurudwaras* te ayudan a mantenerte dormido. Son tranquilizantes.

Llaman al perecedero cuerpo-mente eterna bendición suprema... Algunas veces piensan que la bendición suprema está en el cuerpo, y empiezan a imaginarse que la *kundalini* se está elevando... luz, y mil y una visiones y experiencias. Ten cuidado con esas visiones.

Una persona realmente orientada a la espiritualidad no se interesa por ningún contenido de la consciencia. Le interesa la propia consciencia.

Creen que con el símbolo EVAM se alcanza la autoclaridad.
Para las diferentes situaciones que demandan los cuatro sellos
llaman a lo que han imaginado espontaneidad,
pero eso es mirar a los reflejos de un espejo.

A través de los *mantras*, a través de los sonidos, uno puede alcanzar cierta tranquilidad mental. Sí, a través de la meditación trascendental uno puede alcanzar cierta ilusión. Repetir ciertos sonidos continuamente te calma; pone cierto ritmo en tu mente, es rítmico. Si repites: «Om, Om, Om», o «Evam, Evam, Evam», o cualquier *mantra*... «Cocacola» vale; si repites: «Cocacola, Cocacola, Cocacola», muy amorosa y respetuosamente, eso ayudará. También puedes poner una botella de Coca-Cola enfrente de ti y poner unas flores y unas frutas a su alrededor; ayudará. Tienes que crear cierto ambiente... puedes quemar algunos inciensos frente a la botella de Coca-Cola y repetir el *mantra*. Si lo haces durante bastante tiempo, seguramente te sentirás bien. Te has autohipnotizado, te has sugestionado con algo; te has sugestionado con la idea de que la tranquilidad está llegando, que el silencio está llegando, que la felicidad está llegando. No es otra cosa que autosugestión, una autosugestión muy indirecta.

Emile Coué propuso las sugestiones directas. Piensa: me estoy volviendo mejor, me estoy volviendo más sano, me estoy volviendo más feliz; sugestiones directas. Emile Coué era un hombre occidental; más honrado, más sincero y directo. Maharishi Mahesh Yogi sugiere que repitas: Om, Om, Ram, Ram; eso es algo indirecto, más propio de una mente oriental; no directa, sino indirecta. Pero ya se han dado todas las sugestiones; si repites este *mantra* dos veces al día, veinte minutos por la mañana y veinte minutos por la tarde, te volverás más sano, estarás más en silencio, te volverás más feliz... esto y aquello. Se promete todo; hasta tu salario se incrementará. Te irán ascendiendo y todo el mundo cooperará contigo en tus ambiciones.

Eso es lo que, indirectamente, se está dando. Y entonces tú no estás interesado en el *mantra*, tú estás interesados en esas cosas: salud, riqueza, poder, prestigio, silencio, alegría; estás interesado en esas cosas. Tú repites el *mantra* con ese interés. Pero cada vez que repites «Om», piensas que esas cosas van a suceder. Y estos *mantras* funcionan sólo hasta el punto en el que crees en ellos; si no crees, no funcionan. Si no crees, Mahesh Yogi diría: «¿Cómo van a funcionar? Tienes que creer en ellos, sólo así funcionan».

La verdad funciona sin tu fe; la verdad no necesita fe por tu parte. Solo la no-verdad funciona a través de la fe. La no-verdad necesita la fe de tu parte, porque sólo si crees puedes crear una actitud mental, una autosugestión, un clima en el que funcione.

Creen que con el símbolo EVAM se alcanza la autoclaridad.

Y Saraha está diciendo que eso es absurdo. Repitiendo cierto sonido no se alcanza ninguna claridad, sólo te nublas más.

No es que te vuelvas más inteligente y consciente, sino que te vuelves más dormido. Por supuesto que dormirás mejor, ésa es la parte buena del asunto. Y no es por casualidad que la meditación trascendental de Mahesh Yogi haya tomado importancia en los Estados Unidos, porque los Estados Unidos son un país que está sufriendo tremendamente de insomnio. La gente no puede dormir, necesita algún truco para dormir, y la meditación trascendental puede ayudar a dormir bien. Y yo no estoy en contra de la meditación trascendental si sólo la estás usando para dormir bien; yo estoy enteramente a favor del buen dormir. Pero recuerda, no puede conducirte a ningún otro terreno, no puede convertirse en tu viaje espiritual; sólo es un consuelo.

Para las diferentes situaciones que demandan los cuatro sellos...

Estos cuatro sellos tienen que ser entendidos. El Tantra habla de cuatro sellos, cuatro *mudras*. Para alcanzar lo supremo, una persona pasa a través de cuatro puertas, tiene que abrir cuatro cerrojos. A esos cuatro cerrojos se les llama los cuatro sellos, los cuatro *mudras*. Son muy importantes.

El primer *mudra* se llama *karma mudra*. Es la puerta más exterior, la misma periferia de tu ser. Es tan exterior... justo como la acción, por eso se llama *karma mudra*. *Karma* significa acción. La acción es la capa más externa de tu ser, es tu periferia; lo que tú haces es tu periferia. Amas a alguien, odias a alguien, matas a alguien, proteges a alguien; lo que haces es tu periferia. La acción es la parte más externa de tu ser.

El primer sello se abre volviéndote total en todas tus acciones... *total* en todas tus acciones. Sea lo que sea que hagas, hazlo totalmente, y surgirá un gran gozo; no por repetir algún *mantra* sino haciéndolo totalmente. Si estás enfadado, sigue completamente enfadado; aprenderás mucho de la ira total. Si realmente estás completamente enfadado y plenamente consciente de tu ira, un día la ira desaparecerá. Estar enfadado ya no tendrá sentido; lo has entendido, ahora se puede abandonar.

Cualquier cosa que se ha entendido se puede abandonar fácilmente. Solo las cosas no entendidas siguen colgando a tu alrededor. Así que sé total, sea lo que sea. Intenta ser total y estar alerta: éste es el primer cerrojo que hay que abrir.

Recuerda siempre, el Tantra es muy científico. No dice: repite un *mantra*. Dice: sé consciente en tu acción.

El segundo sello se llama *gyana mudra*; un poco más profundo que el primero, un poco más interno que el primero: como el saber. La acción es lo más exterior, el saber es un poco más profundo. Puedes ver lo que yo estoy haciendo, pero no puedes ver lo que estoy sabiendo, el saber interno. La acción puede ser vista, el saber no puede verse, es interno. El segundo sello es el del saber: *gyana mudra*.

Ahora empieza a saber lo que realmente sabes y deja de creer en cosas que realmente tú no sabes. Alguien te pregunta: «¿existe Dios?» y tú respondes: «sí, Dios existe». Recuerda, ¿realmente lo sabes? Si no lo sabes, por favor no digas que lo sabes. Di: «no lo sé». Si eres sincero, sólo dices lo que sabes y sólo crees en lo que sabes, el segundo cerrojo se habrá roto. Si continúas sabiendo cosas, creyendo en cosas que realmente no sabes, el segundo cerrojo no se romperá jamás. El saber falso es el enemigo del saber verdadero. Y todas las creencias son saber falso; simplemente crees en ellas. Y vuestros supuestos santos siguen diciendo: primero cree, luego sabrás.

El Tantra dice: primero *sabe*, luego aparece la creencia. Pero esa es una clase de creencia completamente diferente; es confianza. Tú *crees* en Dios, al sol le *conoces*. El sol sale, no necesitas creer en él; simplemente está ahí, lo sabes. En Dios crees. Dios es falso; *vuestro* Dios es falso.

Hay otro Dios; el Dios que llega a través del saber. Pero lo primero que hay que solucionar es abandonar todo aquello que no sabes pero que crees que sabes. Siempre has creído y siempre has llevado la carga. Deja la carga. De cada cien cosas te descargarás por lo menos de noventa y ocho; te descargarás. Sólo quedarán unas cuantas cosas que realmente sabes. Sentirás una gran libertad; tu cabeza no será tan pesada. Y con esa libertad y esa ligereza pasas el segundo *mudra*. Se rompe el segundo cerrojo.

El tercer *mudra* se llama *samaya mudra*. *Samaya* significa tiempo. La primera capa, la más externa, es la acción; la segunda capa es el saber, y la tercera capa es el tiempo. Los conocimientos han desaparecido, tú sólo estás en el ahora; sólo ha quedado lo más puro del tiempo. Obsérvalo, medita sobre ello. En el momento-ahora no hay conocimientos. Los conocimientos son siempre del pasado. En el momento-ahora no hay conocimientos, está absolutamente libre de conocimientos. En este mismo momento, mirándome, ¿qué sabes tú? No se sabe nada. Si empiezas a pensar que sabes esto y aquello, eso se vendrá del pasado. Eso no vendrá de este momento, no vendrá de ahora. Los conocimientos son, o bien del pasado, o bien una proyección hacia el futuro. El ahora es puro, libre de conocimientos.

Así que el tercero es *samaya mudra*; estar en este momento. ¿Por qué Saraha lo llama *samaya*, tiempo? Normalmente tú piensas que el pasado, el presente y el futuro son tres divisiones del tiempo. Ésa no es la comprensión del Tantra. El Tantra dice: sólo el presente es tiempo. El pasado es memoria, el futuro es imaginación. Sólo el presente es tiempo; el pasado no existe, ya se ha ido. El futuro no existe; todavía no ha llegado. Sólo existe el presente.

Estar en el presente es estar realmente en el tiempo. De otra forma estás o en la memoria o en los sueños, y ambos son fal-

sos; ilusiones. Así que el tercer sello se rompe estando en el ahora. Primero, sé total en tu acción; se rompe el primer sello. Segundo, sé honrado en tu saber; se rompe el segundo sello. Ahora,
manténte simplemente aquí-ahora; se rompe el tercer sello.

Y el cuarto sello se llama *mahamudra*, el gran gesto... el más
interno, como el espacio. Ahora ha quedado el espacio más puro.
Acción, saber, tiempo y espacio; ésos son los cuatro sellos. El
espacio es tu núcleo más interno, el eje de la rueda, el ojo del
huracán. En tu más interno vacío hay espacio, firmamento.
Ésas son las tres capas: la primera capa es de tiempo, luego la
segunda es de saber, luego la tercera es de acción. Ésos son los
cuatro sellos que hay que romper. Recitando un *mantra* no va
a ocurrir. No te engañes a ti mismo. Se necesita un gran trabajo para entrar en la realidad.

Creen que con el símbolo EVAM se alcanza la autoclaridad.
Para las diferentes situaciones que demandan los cuatro sellos...

La claridad no se alcanza sin romper esos cuatro sellos. La
claridad sólo se alcanza cuando has entrado en tu espacio puro.

...ellos llaman a lo que se han imaginado espontaneidad,
pero eso es mirar reflejos en un espejo.

Sí, puedes crear un espejo recitando un *mantra*, y puedes
ver cosas en el espejo. Es como mirar en una bola de cristal, no
tiene mucho valor. Es como mirar al lago y creer que la luna
está ahí; la luna no está ahí, sólo se refleja ahí. Es mirar en el
espejo y creer que *tú* estás ahí; tú no estás ahí. No seas infantil;
los niños pequeños hacen eso. ¿Has visto alguna vez a un niño
al que se le pone por primera vez delante de un espejo? Intenta entrar en el espejo... agarra el espejo e intenta encontrar un
camino por el que entrar y encontrarse con el niño que está allí.

Cuando descubre que no puede, intenta pasar por detrás del espejo: puede que haya una habitación y que el niño esté allí sentado. Eso es lo que estamos haciendo constantemente.

La mente es un espejo. Sí, repitiendo un *mantra* de meditación trascendental puedes hacer ese espejo muy, muy claro. Pero mirando al espejo no lo conseguirás. De hecho hay que abandonar el espejo, hay que tirarlo. Tienes que moverte hacia dentro. Y eso es muy práctico: primero la acción, luego el saber, luego el tiempo, luego el espacio.

> *Como bajo el poder de la ilusión un rebaño de ciervos se apresurará a por agua sin darse cuenta de que se trata de un espejismo,*
> *así tampoco los ilusos calman su sed; están apresados con cadenas y las encuentran agradables*
> *diciendo que últimamente todo es real.*

Éste es el último *sutra*.

Saraha dice: mirando al espejo estás mirando a un espejo. Estás soñando. Estás ayudando a que se cree una ilusión a tu alrededor, estás cooperando con un sueño.

> *Como bajo los poderes de la ilusión un rebaño de ciervos se apresura a por agua sin darse cuenta de que se trata de un espejismo, así tampoco los ilusos calman su sed, están apresados con cadenas...*

Estamos engañados por los reflejos que están ocurriendo en nuestra mente.

He oído una bonita historia...

Un hombre que quería caminar por las montañas galesas levantó su campamento en el *pub* de un pequeño pueblo. Sentía que la tarde era aburrida. Porque no pasaba nada, y la conversación del *pub* era mayormente acerca de ovejas y acerca de Gales.

Le preguntó al casero cómo hacer para encontrarse con las muchachas del pueblo, y el hombre se quedo sorprendido.

–Mire, hombre, esto es Gales. Nosotros no podemos tener prostitutas; la iglesia jamás lo permitiría.

El visitante parecía triste y el casero continuó:

–Por supuesto somos humanos como en cualquier parte, pero lo que usted menciona se mantiene oculto.

Siguió explicándole que arriba, en la montaña, por la parte de atrás había cuevas bien amuebladas y con todas las comodidades. Lo que el forastero debería hacer era subir a la montaña al anochecer y gritar: «¡Tuu-tuu!», y si la muchacha devolvía el "tuu-tuido", se podrían negociar los términos. Si ella estaba ya comprometida no habría respuesta.

Aquella tarde el inglés "tuu-tuó" de una cueva a otra pero sin suerte alguna; finalmente decidió regresar y emborracharse. Pero al pie de la montaña encontró una cueva reciente. «¡Tuu-tuu!» gritó él. «¡Tuu-tuu! ¡Tuu-tuu!» le contestaron muy claramente.

Entró a toda prisa en la cueva y le atropelló un tren.

Eso es un espejismo: tú imaginas, fantaseas, luego empiezas a ver. Y entonces cualquier excusa será buena. Cuando un hombre está sediento en un desierto, perdido, la sed le quema por dentro como una llama y sólo piensa en agua (sólo en agua y en nada más), y seguramente empezará a ver agua en alguna parte. Él lo proyectará; su deseo es tan intenso que lo proyectará. Empezará a ver lagos ilusorios, pensará que ha venido una brisa fresca. Pensará que ha visto unos pájaros volando, pensará incluso que ha visto algunos árboles verdes; no sólo árboles verdes, sino su reflejo en el agua. Y acudirá corriendo.

Así es como hemos estado corriendo durante millones de vidas... "tuu-tuando" de una cueva en otra. Y no te das cuenta de que cada vez que vas no encuentras ningún agua, nunca se te ha calmado la sed. Pero nunca aprendes.

El mayor problema del hombre es que no aprende. Amas a un hombre o una mujer, creías que tu sed se saciaría, y no se ha saciado. Pero no aprendes nada, te diriges hacia otra cueva. No tienes dinero y piensas que si tuvieras diez mil rupias todo iría bien. Y esas diez mil rupias también aparecen, pero no has aprendido nada. Para entonces empiezas a pensar: «¿cómo voy a ser feliz a no ser que tenga cien mil rupias?». Aparecen también esas cien mil rupias, pero todavía no has aprendido nada; ahora crees que a no ser que tengas un millón de rupias, no puedes ser feliz. Y así sigues y sigues... de una cueva a otra, de un nacimiento a otro, de una muerte a otra. El hombre parece casi incapaz de aprender. Sólo aquellos que aprenden, saben.

Empieza a aprender. Estáte un poco más alerta; deja que cada experiencia te dé algún saber. Ya has preguntado muchas veces por muchas cosas y no ha sucedido nada. Deja ya de preguntar. Ya has deseado muchísimas cosas y cada deseo te ha conducido a la frustración. ¿Todavía sigues deseando? Hiciste lo mismo ayer y anteayer y el día anterior, y también seguirás haciendo lo mismo hoy y mañana; y de eso no se saca nada. Y tú sigues moviéndote igual y haciendo lo mismo una y otra vez.

Aprender es volverse religioso. La palabra discípulo es preciosa, significa: alguien que es capaz de aprender. Viene de una raíz que significa «aprender»; un discípulo es aquel que es capaz de aprender.

Convertíos en discípulos... discípulos de vuestra propia vida. La vida es realmente tu maestra. Y si no puedes aprender de la vida, ¿de dónde vas a aprender? Si hasta el gran maestro de la vida es derrotado por ti y no puede enseñarte nada, ¿quién podrá entonces enseñarte algo?

Este universo es una universidad. Cada momento es una lección, cada frustración es una lección. Cada vez que fracasas, ¡aprende algo! Poco a poco entra el rayo de la sabiduría. Uno se vuelve alerta centímetro a centímetro, uno se vuelve capaz de no repetir los mismos errores centímetro a centímetro. En el momento en que empiezas a aprender, empiezas a acercarte a Dios.

Y no confíes en las sabidurías pequeñas, no creas que ya has llegado. Un pequeño aprendizaje algunas veces satisface demasiado a la gente... luego se para, luego deja de moverse. Se trata de un gran viaje, de un viaje sin fin. Cuanto más aprendas, más serás capaz de aprender. Cuanto más aprendas, más te darás cuenta de lo mucho que te queda por aprender. Cuanto más sabes, más intenso se vuelve el misterio. Cuanto más sabes, sientes que sabes menos. Con la sabiduría se abren nuevas puertas. Con la sabiduría se revelan nuevos misterios.

Así que no te sientas satisfecho con un poco de conocimiento. No te dés por satisfecho hasta que Dios no se te revele. Deja que haya un gran descontento espiritual.

Sólo aquellos que son lo bastante afortunados para sentir este divino descontento (de que nada menos que Dios les satisfacerá), sólo aquellos llegarán. Nadie más.

4. LA CONFIANZA
NO PUEDE SER TRAICIONADA

¿Por qué siempre me intereso por mujeres casadas?

¿Cómo puedo tomar la ayuda de la mujer exterior
para estar unido con la mujer interior?

¿Por qué la gente prescinde de ti?
Yo puedo ver su estupidez; ¿por qué no pueden verla ellos?

¿Por qué a través de los tiempos el sexo ha sido un tabú?

Primera pregunta:

Querido Osho, ¿por qué yo siempre me intereso por muje-
res casadas?

Eso no tiene nada de especial, es un mal muy común que
alcanza casi proporciones epidémicas. Pero hay razones para
ello. Millones de personas, hombres y mujeres, se interesan
más por las personas casadas. Primero: que la persona que no
esté casada muestra que todavía nadie la ha deseado, mientras
que la persona que está casada muestra que alguien la ha deseado. Y tú eres tan imitativo que ni siquiera puedes amar lo

tuyo. Eres tan esclavo que sólo puedes seguir amando a una persona cuando otro ya la está amando. Pero si la persona es soltera y nadie está enamorada de ella, entonces sospechas. Puede que la persona no merezca la pena, si no, ¿por qué tendría que estar él o ella esperándote? La persona casada ejerce una gran atracción sobre el imitador.

En segundo lugar, la gente ama menos (de hecho, no sabe lo que es el amor), pero compite más. Un hombre casado... y tú te interesas, o una mujer casada... y tú te interesas, porque ahora hay una posibilidad de competir. Se puede dar el combate triangular. La mujer no es fácilmente asequible; habrá un combate.

De hecho tú no estás interesado en la mujer. La mujer ahora es sólo una mercancía por la que puedes luchar y probar tu temple. Puedes desplazar al marido y sentirte muy bien... es una cuestión de ego, no es una cuestión de amor. Pero recuerda, una vez que hayas logrado desplazar al marido dejarás de estar interesado en la mujer. Tú estabas interesado en la mujer casada; ¿cómo vas a estar interesado en la mujer *no casada?*; empezarás a buscar pelea en alguna otra parte. Harás que siempre sea un triángulo. Eso no es amor.

Bajo la palabra amor se esconden celos, competición, agresión, violencia. Tú quieres probarte a ti mismo, quieres medirte con el hombre: Mira, te he quitado la mujer. Una vez que le has quitado a la mujer no estarás en absoluto interesado en ella, porque ella no era el objeto deseado; el objeto deseado era un cierto tipo de victoria.

He oído...

Un prominente hombre de negocios perdió a su mujer y el funeral se convirtió en un acontecimiento público. Todos los dignatarios del país asistieron y casi todos parecían estar afligidos. Había también un desconocido y parecía al más triste de todos. Antes de que el funeral se acabara se derrumbó por completo.

El afligido marido preguntó:

–¿Quién es ese desconocido que está llorando?

–¡Ah! –susurró alguien– ¿No le conoce? Era el último amante de su mujer.

El marido se acercó al hombre que sollozaba, le dio unos golpecitos en la espalda y le dijo:

–Tranquilo hombre, tranquilo. Seguramente me volveré a casar.

Ten cuidado. Enamorarse de un hombre casado o de una mujer casada es una enfermedad. Busca razones. No es amor, hay alguna otra cosa funcionando detrás de tu mente, en tu inconsciente.

Otra cosa: la mujer casada no es fácilmente asequible. También eso origina deseo. La fácil disponibilidad mata el deseo. Cuanto más inalcanzable, cuanto más inaccesible sea la mujer, mayor será el deseo; porque puedes soñar con ella. Pero de hecho no hay muchas posibilidades de que eso jamás se convierta en una realidad. Es muy fácil sentirse romántico con una mujer casada; puedes jugar con tu fantasía. No es fácilmente asequible para ti. No te interesan las mujeres solteras porque no dejarían mucho espacio para el romanticismo; si a ti te interesan, ellas están dispuestas, no queda ningún espacio. No existe esa larga, larga espera.

Mucha gente no está interesada en el amor sino en la espera; dicen que la espera es mucho más bonita que el amor. En cierto modo así es, porque mientras estás esperando, estás simplemente proyectando, estás soñando. Claro que tu sueño es tu sueño y puedes hacerlo tan bonito como quieras. La mujer real va a acabar con todos tus sueños. La gente tiene miedo de la mujer real. Y una mujer casada se vuelve más irreal que real.

Lo mismo pasa con un hombre casado; está muy lejos. Realmente no hay muchas posibilidades de que entable una relación amorosa contigo.

He oído...

Un joven fue a ver a un anciano muy sabio, y el joven preguntó:

—Señor, tengo mal de amores. ¿Puede usted ayudarme?

El hombre sabio pensó y respondió:

—Sólo hay una cura para el amor: el matrimonio. ¡Y si el matrimonio no puede curarlo, nada podrá curarlo! Si te casas te curarás; ¡nunca más volverás a pensar en el amor!

Sí, el matrimonio es un remedio tan seguro, tan absoluto, que si no puede curar tu amor, entonces nada podrá curarlo. Entonces eres incurable. Enamorarse de una mujer casada está bien porque no hay posibilidad de cura; te mantienes enfermo de amor.

Hay personas que disfrutan enormemente su mal de amores: sollozando, llorando, esperando, fantaseando, poetizando, leyendo, escribiendo poesía, pintando, haciendo música; todos sustitutos. La mujer real es peligrosa. La mujer real sólo parece musical desde lejos, te acercas y es una mujer *real*. No es un hechizo, una ficción; habrá que aceptar su realidad. Y cuando una mujer se acerca a ti, no sólo es que ella sea real, sino que además también te baja a ti de tu torre de marfil a la tierra.

En todas las culturas del mundo la mujer es representada como la Tierra y el hombre es representado como el cielo. La mujer es más terrena; ella gravita hacia la Tierra. Ella es más terrena que el hombre, más práctica, más pragmática que el hombre. A eso se debe que no se encuentren grandes poetas mujeres, que no se encuentren grandes pintores mujeres o grandes compositores, no. Ellas no vuelan tanto por el cielo. Se agarran a la tierra, penetran en la tierra con sus raíces y se mantienen como árboles robustos. El hombre es más como un pájaro. Cuando el hombre se casa, la mujer le hace poner los pies en la tierra, en el mundo práctico. A los poetas no les gusta estar casados. Quieren mantenerse siempre enamorados, no quieren curarse de esa enfermedad.

.La gente se enamora de una mujer casada; ése es un punto intermedio, un ardid. Puede creer que está enamorada y a la vez puede eludirlo. El amor origina grandes miedos porque es un desafío, un gran desafío. Tendrás que crecer. No puedes permanecer pueril e inmaduro; tendrás que apechugar con las realidades de la vida. Vuestros supuestos grandes poetas son casi siempre muy infantiles, gente inmadura, viviendo todavía en el mundo de fantasías de la niñez. No saben lo que es la realidad, no permiten que la realidad penetre en sus sueños.

Una mujer es un seguro destructor de ficciones. Ella no es ficticia, ella es un hecho, una realidad. Así que si quieres creer que estás enamorado y quieres evitar el amor, lo mejor, lo seguro es enamorarse de una mujer casada o de un hombre casado. Eso es muy truculento, es una decepción, una autodecepción.

Las mujeres tienen miedo de enamorarse de un hombre libre, porque con el hombre libre o la mujer libre hay implicación; una implicación de veinticuatro horas al día. Con una mujer casada la implicación no es tan grande. Puede darte algunos besos robados, te puedes encontrar con ella en alguna esquina oscura, siempre con miedo a que el marido pueda aparecer, a que alguien os pueda ver. Siempre con el corazón en vilo, siempre con prisas, pero no llegas a conocer a la mujer tal como es en su vida cotidiana. Tú sólo llegas a conocer su cara pintada, sólo llegas a conocer su representación, no su realidad.

Cuando una mujer sale de su casa preparada para ir a la compra, no es la misma mujer. Es casi una persona diferente: ahora es una mujer arreglada, ahora está actuando. Las mujeres son grandes actrices. En la casa no parecen tan hermosas; cuando salen de la casa de repente se vuelven tremendamente hermosas, alegres, divertidas, encantadoras. De nuevo se vuelven pequeñas y sonrientes muchachitas enamoradas de la vida. Sus caras son diferentes, radiantes: sus ojos son diferentes, su maquillaje, su actuación...

Viendo a una mujer en la playa o en el mercado estás viendo un tipo de realidad completamente diferente. Vivir con una mujer las veinticuatro horas del día es muy mundano, tiene que ser así. Pero si realmente amas a una mujer te gustará conocer su realidad, no su ficción, porque el amor sólo puede existir en la realidad. Y el amor tiene la capacidad suficiente para conocer la realidad y a la vez amarla. Para conocer todos sus defectos y a la vez amarla. El amor es una fuerza tremenda.

Cuando estás las veinticuatro horas con una persona, hombre o mujer, llegas a conocer todos sus defectos: todo lo bueno y todo lo malo, todo lo bonito y todo lo feo, todo lo que es como un rayo de luz y todo lo que es como la noche oscura. Llegas a conocer a la persona por completo. El amor es lo bastante fuerte como para amar al otro conociendo todos los defectos, limitaciones y flaquezas a las que un ser humano está inclinado. Pero el amor ficticio no es lo bastante fuerte. Sólo puede amar a una mujer sobre la pantalla de cine. Sólo puede amar a una mujer en una novela, sólo puede amar a una mujer en poesía. Sólo puede amar a una mujer como a una estrella distante, lejana. Sólo puede amar a una mujer que no sea real.

El amor es una dimensión completamente diferente: es enamorarse de la realidad. Sí, la realidad tiene defectos, pero esos defectos son retos para crecer. Cada defecto es un reto para transcenderlo. Y cuando dos personas están realmente enamoradas, se ayudan a crecer entre sí. Se miran en el otro, se convierten en espejos para el otro, se reflejan el uno en el otro. Se ayudan entre sí, se sostienen entre sí. En los buenos y en los malos tiempos, en los momentos de felicidad y en los momentos de tristeza, van juntos, están implicados. Eso es la implicación. Si yo sólo estoy contigo cuando tú estas feliz y no cuando estás infeliz, eso no es implicación; eso es explotación. Si yo estoy contigo sólo cuando estás fluyendo y no lo estoy cuando no estás fluyendo, entonces no estoy contigo en absoluto. Entonces yo no te amo. Yo sólo me amo a mí mismo, sólo amo mi placer. Cuando tú eres agradable, bien; cuando te vuelvas doloroso me desharé de ti. Eso no es amor, eso no es implicación, eso no es compromiso. Eso no es respeto por la otra persona.

Es muy fácil amar a la mujer de otro porque él tiene que sufrir la realidad y tú disfrutas de la ficción; es una buena división de tareas. Pero es inhumana. El amor humano es un gran encuentro. Y sólo es amor si de él surge el crecimiento; si no, ¿qué clase de amor es ese?

Los amantes se intensifican entre sí, en todos los sentidos. Los amantes alcanzan la cumbre más alta de la felicidad cuando están juntos, y también alcanzan las más profundas simas de tristeza cuando están juntos. Su campo de felicidad y tristeza se vuelve inmenso: eso es el amor. Si estás solo, aunque sufras y llores tus lágrimas no tendrán mucha profundidad. ¿Lo has observado? Si estás solo, serán superficiales. Cuando lloras junto con alguien existe cierta profundidad, una nueva dimensión para tus lágrimas.

Solo puedes reír, pero tu risa será superficial. De hecho será algo insano; sólo los locos se ríen a solas. Cuando te ríes con alguien hay una profundidad en ello, hay algo sano en ello. Solo te puedes reír, pero la risa no llegará muy al fondo; no puede llegar. Juntos, va al mismo núcleo de tu ser. Dos personas juntas, juntas en todos los climas (día y noche, verano e invierno), en todos los humores, crecen.

El árbol necesita todos los climas y todas las estaciones. Sí, necesita el verano de calor ardiente y el invierno helado. Necesita la luz del día, el sol cayendo sobre él, y necesita el silencio de la noche para poder cerrarse en sí mismo y ponerse a dormir. Necesita silencio, días alegres y gozosos, y también necesita días nublados. Crece a través de toda esa dialécticas.

El amor es una dialéctica. Solo no puedes crecer. Recuerda siempre cuando estés enamorado no eludir el compromiso, no eludir la implicación. Entra en ello totalmente. No te quedes en la periferia dispuesto a escapar si las cosas se ponen complicadas.

Y el amor también es un sacrificio. Tienes que sacrificar mucho... tu ego. Tienes que sacrificar tu ambición, tienes que sacrificar tu intimidad, tienes que sacrificar tus secretos; tienes que sacrificar muchas cosas. Por eso estar en un amor romántico no necesita sacrificio. Pero cuando no hay sacrificio no hay crecimiento.

El amor te cambia casi por completo; es un nacimiento nuevo. Nunca serás la misma persona que eras antes de amar a una mujer o a un hombre. Has pasado a través del fuego, estás purificado. Pero se necesita coraje.

Tú preguntas: «¿por qué siempre me intereso por mujeres casadas?». Porque no eres valiente. Quieres eludir la implicación. Lo quieres barato, no quieres pagar un precio por ello.

Segunda pregunta:

Misericordioso maestro, ya no es hacer el amor... Siento que estoy en un templo y tú me rodeas por todas partes. En este momento soy consciente; nunca antes de conocerte lo había sido. Todo es diferente cada vez; para mí y para la otra mitad. Agradecértelo en ese momento nunca es adecuado. Y aun así volvemos a caer. ¿Cómo podemos despegar? ¿Cómo puedo tomar la ayuda de la mujer exterior para estar unido con la mujer interior en mí?

La pregunta es de Anand Kul Bhushan. Lo primero: nunca pienses en la mujer como «la otra mitad»; no lo es, tampoco lo eres tú. Tú eres completo, ella es completa. Ella es un individuo y tú eres un individuo. Tú eres completo y ella es completa. Esa vieja actitud de que la mujer es la otra mitad ha demostrado ser un gran desastre. En cuanto empiezas a poseer (es una clase de posesión), empiezas a destruir la individualidad del otro, estás destruyendo algo de inmenso valor. No es creativo. Nunca pienses en la mujer como la otra mitad; ¡no lo es!

Dos amantes son como dos pilares de un templo: así es como Kahlil Gibran lo dice. Sostienen el mismo techo, pero están separados, no están juntos. Si los dos pilares del templo se acercan mucho, el templo se derrumbará, el techo no tendrá apoyo en absoluto. Fíjate en estos pilares de este auditorio Chuang Tzu: están separados; sostienen el mismo techo. Así deberían ser los amantes: separados, individuales, y a la vez sosteniendo algo en común.

La esposa no es la mitad del marido ni el marido es la mitad de la esposa. Ni el marido se rinde a la esposa ni la esposa se rinde al marido; ambos se rinden al dios amor. Recuérdalo; lo contrario ha demostrado ser realmente paralizador. Ciertamente el hombre no ha sufrido mucho... porque la idea de que la mujer es la otra mitad es del hombre. No piensa que él mismo también sea la otra mitad. El hombre se mantiene entero, la mujer se convierte en la otra mitad.

Por eso la mujer tiene que tomar el nombre del marido cuando se casa, el marido no. Ella desaparece, es destruida; ella ya no es una mujer, es una esposa. La esposa es una institución. El hombre sigue siendo el hombre que era antes. Se le añade algo al hombre, pero se le quita algo a la mujer. Eso es feo.

El otro día estuve leyendo este precioso poema de una mujer:

No me hables acerca de tu amor,
le conozco muy bien.
Lo he sentido en tu mirada,
sentido el azote del látigo,
y peor,
de tu lengua.
No me hables de tu amor;
es tan fluido...
me ha ahogado a mí y lo mío
en su ardiente intensidad.
Ya quedan pocas partes en mí sin cicatrices;
el calor de tu amor lo tiene todo, pero consumió mi cerebro.
La seguridad de tu amor me ha hecho huérfana,
el regalo de tu amor me ha marcado como una bastarda.
El testimonio de tu amor me ha encarcelado,
tu canción de amor me ha dejado sin voz;
ya no cantaré más.
Yo ya no existo.
Tú me has amado hasta el olvido.

Déjame repetirlo: «tú me has amado hasta el olvido».

Entonces ese amor no ha demostrado ser un gran amor; ese amor es una forma sutil de dominación. Y cuando la dominación aparece, desaparece el amor. Cuando la posesión aparece, desaparece el amor.

Por favor, no poseas a un hombre o una mujer. La posesión, la posesividad no es amor. Recuerda, la mujer tiene que permanecer *intacta* como individuo. No hay que destruir su libertad, hay que respetar su libertad; lo que sea que eso signifique. Ésta es la visión del Tantra: signifique lo que signifique (incondicionalmente) su libertad tiene que permanecer intacta. Si realmente la amas también amarás su libertad, y ella amará tu libertad. Si amas a una persona, ¿cómo puedes destruir su libertad? Si confías en una persona, también confías en su libertad.

Un día vino a mí un hombre que realmente estaba en un lío, era muy desgraciado. Me dijo:

—Me voy a suicidar.

Yo le pregunté:

—¿Por qué?

Él respondió:

—Yo confiaba en mi mujer y ella me ha traicionado. Confiaba en ella plenamente, y ella estaba enamorada de otro hombre, y yo nunca me había enterado de nada hasta ahora. Encontré ciertas cartas.. así que investigué, e insistí, y ahora ella ha confesado que ha estado enamorada todo el tiempo. Me voy a suicidar.

Le volví a preguntar:

—¿Has dicho que confiabas en ella?

Él contesto:

—Sí, yo confiaba en ella y ella me ha traicionado.

—¿Qué entiendes tú por confianza? Alguna noción errónea acerca de la confianza... Parece ser que la confianza también es política. Confiabas en ella para que ella no te traicionara. Tu confianza era una treta; ahora quieres hacerla sentirse culpable. Eso no es confianza.

Él se quedó muy perplejo. Dijo:

—Si esto no es confianza, ¿qué es para ti la confianza? Yo confiaba en ella incondicionalmente.

Yo le dije:

—Si yo estuviera en tu lugar, confianza debería significar para mí que confío en su libertad y que confío en su inteligencia y que confío en su capacidad de amar. Si ella se enamorara de otro, también confiaría en eso. Ella es inteligente, puede escoger. Ella es libre, puede amar. Yo confío en su entendimiento.

¿Qué entiendes tú por confianza? Cuando confías en su inteligencia, su entendimiento, su consciencia, confías. Y si ella descubre que quiere enamorarse de alguien, eso es perfectamente correcto. Aunque tú sientas dolor, ése es tu problema, no el suyo.

Y si sientes dolor, no es a causa del amor, es a causa de los celos. ¿Qué clase de confianza es esa, que tú dices que ha sido traicionada? Tal como yo entiendo la confianza, ésta no puede ser traicionada. Por su propia naturaleza, por su propia definición, la confianza no puede ser traicionada. Si la confianza puede ser traicionada, entonces no es confianza.

Piensa en ello. Si amo a una mujer, confío en su inteligencia infinitamente, y si en algún momento quiere amar a algún otro, esto es perfectamente correcto. Yo siempre he confiado en su inteligencia; debe estar sintiéndolo así. Ella es libre; no es mi otra mitad, es independiente. Y sólo cuando dos personas son individuos independientes puede haber amor. El amor sólo puede fluir entre dos libertades.

Yo entiendo la pregunta de Kul Bhushan. Ha usado esas palabras «otra mitad» inconscientemente. Yo he visto su amor por su esposa, he visto el amor de su mujer hacia él. Ellos no son la mitad del otro, en absoluto; es tan sólo el hábito inconsciente de usar ciertas palabras. Pero yo quería aclararlo.

Segundo: «ya no es hacer el amor...».

Cuando el amor crece profundamente se convierte en otra cosa. Cuando el amor no crece se convierte en otra cosa. El amor es algo muy delicado. Si no crece, se vuelve amargo, se envenena; se convierte en odio. Puede caer incluso más bajo que el odio; se puede convertir en indiferencia, que es lo más lejano al amor.

El amor es una energía caliente. También el odio es caliente. Pero la indiferencia es fría, helada. Puedes pensar en el amor, el odio y la indiferencia en esta escala. Justo entre el odio y el amor hay un punto cero; exactamente igual que en un termómetro; bajo él hay frío, sobre él hay calidez. El amor es cálido. Ese punto cero es el odio; bajo él te vuelves más frío aún, más frío, puedes llegar a ser congelante: la indiferencia. Si el amor no crece, empieza a caer hacia abajo, porque tiene que moverse.

El amor es energía, y la energía se mueve. Si se mueve, pronto descubrirás que ya no es amor; se ha convertido en meditación, se ha convertido en oración. Se convierte, finalmente, en la suprema experiencia de Dios.

El amor es el templo de Dios.

Así que la gente que vive indiferente no puede conocer a Dios. La indiferencia es el verdadero ateísmo. La gente que vive de una forma fría... Hasta la justicia lo entiende. Si alguien ha sido asesinado en caliente la justicia no se lo toma tan en serio; si alguien ha sido asesinado a causa de la pasión, la justicia le pone atenuantes. Entonces el asesino no tiene que ser castigado tan severamente. Fue un acto de pasión; ocurrió en un ataque de ira repentino.

Pero la justicia es muy dura cuando hay un asesino frío y calculador. El asesino frío es el hombre más peligroso. Lo prepara todo con detalle; piensa, planea, evalúa, calcula. Él se mueve de una forma muy mecánica y eficiente; es muy diestro en su trabajo. No tiene corazón, es simplemente frío.

El corazón frío es el corazón muerto. El corazón frío es el corazón muerto, seco, fosilizado. Si el amor no sube más alto, irá más abajo. Recuerda: no puede permanecer estático, ése es un punto que hay que entender. El amor no puede permanecer estático; o baja o sube, pero se mueve. Si realmente quieres vivir una vida cálida, ayuda a crecer al amor.

Dos personas se enamoran... Si su amor no empieza a convertirse inmediatamente en amistad, más tarde o más temprano vendrá el divorcio. Del amor debería nacer la amistad; si no crecerá la enemistad. Algo tiene que ocurrir. El amor es una apertura. Empieza a crecer inmediatamente como amistad; si no crecerá la enemistad. Algo tiene que crecer.

El amor es fértil. Si no plantas semillas de hermosas flores, crecerán malas yerbas, pero algo tiene que crecer. Cuando el amor va realmente profundo, se convierte en oración. Entonces toda su calidad es no-sexual, entonces su calidad es no-sensual. Entonces sientes cierta reverencia por el otro; no será en absoluto lujuria sexual, sino algo reverencial. En presencia del otro empiezas a sentir algo divino, algo sagrado. Tu amada o tu amado se convierte en tu diosa o tu dios.

«Ya no es hacer el amor... Siento que estoy en un templo contigo por todo alrededor –correcto, estás bendecido–. En este momento soy consciente; nunca antes de conocerte lo había sido». Cuanto más se vaya convirtiendo el amor en oración, más consciencia irá apareciendo, como si de su sombra se tratara. Ésta es mi insistencia: si la consciencia ocurre, el amor viene; viene como si fuera su sombra. Si el amor ocurre, entonces viene la consciencia como si fuera su sombra. O creces en amor, o creces en meditación, pero el resultado final es el mismo. Ambos vienen juntos: intentas uno y viene el otro. Depende de ti.

Si te sientes más en armonía con el amor, entonces el amor es tu camino: el camino del devoto, *bhakta*. Si te sientes más en armonía con la consciencia, entonces, el camino de la meditación, *dhyana*. Éstos son los únicos caminos básicos; todos los demás caminos son combinaciones de estos dos. Si crece el amor, te irás volviendo más y más consciente a cada momento. Cuanto más se eleve, más elevada será tu visión de las cosas.

«Agradecértelo en ese momento nunca es adecuado... »

No puede serlo, y no hace falta. De hecho, muchas veces cuando decimos gracias, no lo sentimos. Alguien te pasa la sal en la mesa y tú dices "gracias"; ¿lo sientes? No lo sientes, es sólo una formalidad. Entre un maestro y un discípulo no debería haber formalidades; no hace falta, yo no te estoy pasando la sal.

«Gracias» es un amaneramiento occidental; en Oriente es casi imposible. Yo nunca le he dado las gracias a mi padre, no puedo. ¿Cómo puedo darle las gracias a mi padre? No le he dad las gracias a mi madre. Tengo que agradecérselo todo a mi madre, pero no le he dado las gracias. ¿Cómo podría? Incluso simplemente decir "gracias" sería demasiado inadecuado, demasiado embarazoso. Sería demasiado formal, faltaría amor. Es mejor mantener silencio acerca de ello. Ella comprende.

Entre un maestro y un discípulo no hay formalidades posibles, toda formalidad será siempre inadecuada. Pero no hace falta. Yo comprendo, Kul Bhushan. Puedo ver tu corazón lleno de gratitud. Sólo puede ser dicho en silencio. Puede ser dicho sin decirlo; si intentas decirlo, nunca parece adecuado.

«Agradecértelo en ese momento nunca es apropiado. Y aún así volvemos a caer. ¿Cómo podemos despegar? ¿Cómo puedo tomar la ayuda de la mujer exterior para estar unido con mi mujer interior?»

Caer es natural. El pasado es enorme y el momento presente es muy pequeño. La atracción del pasado es tan enorme, y esta consciencia es como una hoja recién brotada en un árbol: reciente, joven, delicada, vulnerable. Y el pasado es como un gran Himalaya: rocas, rocas y rocas. Esa hojita y ese gran Himalaya de rocas... esa hoja tiene que combatir contra ese gran Himalaya de pasado de miles de vidas vividas mecánicamente, vividas inconscientemente. Pero aun así esa hojita demostrará ser más fuerte que todo ese Himalaya de rocas, rocas y rocas. ¿Por qué? Porque esa hoja está viva... viva con amor, encendida con amor. Esta hoja es la hoja de la consciencia. Vencerá.

Pero muchas veces sentirás que has caído; eso es natural. No te preocupes por ello, no te sientas culpable por ello. Siempre que te acuerdes, empieza a crecer de nuevo. Mantén siempre esa nueva hoja en tu consciente. Vuelca toda tu consciencia en esta nueva visión que está creciendo en ti. Al principio esos momentos serán escasos y distantes entre sí. Pero aunque ese momento en el que el amor ha dejado de ser amor para transformarse en oración sólo llegue de vez en cuando, será un momento Tantra. No te preocupes por las oscuras noches, no debes preocuparte. Ve de día a día, recuerda de día a día.

Habrá noches; algunas veces noches muy largas. Imagínate que esas noches son tan sólo túneles de oscuridad. Al final hay luz, en el otro extremo hay luz; entre medias está el túnel de oscuridad. Y eso también es bueno porque prepara tus ojos para ver más claramente la luz del día. Da descanso, relaja. No pienses en términos de una noche a otra con el día simplemente entre ellas, no. Aunque los momentos sean muy pocos y distanciados entre sí (aunque sean momentos muy cortitos), son preciosas joyas brillantes. Piensa en esos momentos. Puede que un momento ocurra hoy y que el siguiente momento ocurra dentro de un año. No te preocupes por ese año, eso es irrelevante; deja que tus ojos estén enfocados desde ese momento hasta este momento. Todo ese año no es más que un túnel entre un día y otro, de una luz a otra, de un momento de amor a otro, de una consciencia a otra. Poco a poco las caídas serán menos, y pronto desaparecerán. Pero no hay necesidad de sentirse culpable, no hay necesidad de sentirse arrepentido por ello. Es natural, acéptalo.

«¿Cómo puedo tomar la ayuda de la mujer exterior para estar unido con mi mujer interior?»

No pienses en el "cómo"; si hay amor, sucederá. El amor no es un "cómo", el amor es no es un saber hacer. Simplemente ama sin ninguna razón en absoluto. Simplemente ama con reverencia, con respeto. Simplemente ama: viendo en el otro no el cuerpo sino el alma, viendo en el otro no la mente sino la no-mente. Si puedes ver la no-mente en tu mujer, también podrás encontrar fácilmente tu mujer interior. Entonces la mujer exterior es simplemente un medio, vía mujer exterior, serás arrojado de vuelta a tu mujer interior. Pero si la mujer exterior es solamente un cuerpo, entonces estarás bloqueado. Si la mujer exterior es solamente un alma, un vacío, sólo un cero, un pasillo, entonces no hay nada que te bloquee; tu energía regresará y encontrará a tu propia mujer interior.

Toda mujer u hombre puede servir de ayuda desde el exterior para encontrar la mujer y el hombre interior. Pero no tiene un "cómo". Lo que se necesita es reverencia. Piensa, medita en términos de la divinidad del otro. El otro es divino; deja que esa actitud prevalezca, deja que te rodee ese ambiente. ¡Y sucederá! Ya está en camino.

Tercera pregunta:

Querido Osho, ¿por qué la gente prescinde de ti? Desde que tomé sannyas puedo ver su estupidez clarísimamente.
¿Por qué no pueden verla ellos?

No seas demasiado duro con la gente. Además no es asunto tuyo. Si ellos no quieren verlo, ésa es su decisión y su libertad. Ni si quiera lo llames estupidez, o empezará a surgir en ti el sutil ego de que tú puedes ver y ellos no, de que tú eres inteligente y ellos son estúpidos. No, eso no está bien.

Ocurrió una vez...

Mahoma fue a la mezquita a rezar su oración matinal y se llevó con él a un joven que nunca antes había ido a la mezquita. Mientras regresaban (era una mañana de verano y la gente todavía dormía), mientras regresaban, el muchacho le dijo a Mahoma:

–Hazrat, mira todos esos pecadores durmiendo todavía. ¿Acaso es hora de dormir? ¡Es hora de rezar! –Y ésta era la primera vez que él mismo había ido a rezar.

¿Sabes lo que Mahoma le contestó? Mirando al cielo, dijo:

–Lo siento.

El muchacho preguntó:

–¿A quién le estás diciendo eso?

Él contestó:

–A Dios. Además tendré que regresar a la mezquita... y por favor, esta vez no me acompañes. Habría sido mejor que siguieras sin haber ido nunca a la mezquita; he cometido un error trayéndote. Habría sido mejor que tú también estuvieras durmiendo; por lo menos no habrías adquirido este ego. Ahora resulta que por haber ido a rezar una vez, tú ya eres un santo y los demás son pecadores. Y al haberte traído yo, mi propia oración se ha estropeado, así que regreso. Y por favor, no vengas nunca más. Por lo menos yo no te voy a traer conmigo.

Y regresó a orar y a pedir el perdón de Dios. Se puso a llorar, y las lágrimas le caían por las mejillas.

Hace unos días tomaste *sannyas* (o unas semanas) ¿Y tú crees que los demás son estúpidos? Eso no está bien, eso no está nada bien. De hecho un *sannyasin* es uno que deja de interferir en la vida de los demás. Eso es una interferencia, esa actitud. ¿Por qué? Si ellos no quieren verme, si no quieren escucharme, si no quieren comprender lo que está pasando aquí, ésa es su libertad. No son estúpidos, ésa es simplemente su libertad; tienen que ser ellos mismos.

Adquiriendo esas actitudes es como nace el fanatismo; entonces un día puedes convertirte en un fanático, entonces puedes obligarles a venir... «Tendrás que venir». Tendrás que obligarles por compasión. Eso es lo que la religión ha estado haciendo a través de los siglos: mahometanos matando hindúes, hindúes matando mahometanos, cristianos matando mahometanos, mahometanos matando cristianos. ¿Para qué? Por compasión. Dicen: «te pondremos en el camino correcto. Os estáis desviando, no podemos permitir que os desviéis».

Libertad significa libertad *total*. Libertad también significa también desviarse. Si no le permites a una persona desviarse, ¿qué clase de libertad es esa entonces? Si le dices a un niño: «eres libre sólo para hacer lo correcto y no lo incorrecto, y yo voy a decidir lo que es correcto y lo que es incorrecto», ¿qué clase de libertad es ésa? ¿Quién eres tú para decidir lo que es correcto? Deja que cada uno decida por sí mismo.

Es muy fácil adquirir tales actitudes. Por eso, a través de los siglos, ha ocurrido esa tontería: millones de personas han sido asesinadas en nombre del amor, en nombre de Dios. ¿Cómo ha sido posible? Los cristianos creían que estaban cumpliendo con una gran tarea, porque pensaban: «a no ser que vayas a través de Jesús, nunca llegarás a Dios». Si te fijas en su lógica, parece muy, muy compasiva. Si ése es realmente el caso (que sólo puedes llegar a Dios a través de Jesús) entonces todos aquellos que estaban quemando, asesinando, y castigando a otras personas era realmente grandes santos.

Pero ése es el problema. Los mahometanos piensan que sólo puedes llegar a través de Mahoma; Mahoma es el último profeta, Jesús ya está pasado de moda. Dios ha mandado otro mensaje; mejorado; ha salido una nueva edición. Así que, ¿por qué preocuparse de Jesús ahora que ha llegado Mahoma? Ciertamente el último debería ser el mejor, así que tienes que llegar a través de Mahoma. Ahora hay un solo Dios y un solo profeta de Dios, y ése es Mahoma. Y si no les escuchas están dispuestos a matarte: simplemente por amor, por tu propio bien.

Y escucha a los hindúes; dicen que todo eso no tiene sentido, que la primera edición es la mejor, los Vedas. ¿Por qué?:
porque Dios no puede cometer errores, así que no puede mejorar. ¡Lo mejor es lo primero! Él no puede cometer errores, así
que, ¿cómo va a mejorar? Lo primero es lo último, el alfa es el
omega. Dios lo ha dado una vez y por todas; entonces, para
qué esas nuevas ediciones? Son para gente estúpida que no puede entender el original. Si puedes entender los Vedas no hace
falta entender la Biblia ni el Corán; no tienen ninguna importancia. Lo primero fue lo mejor; Dios confió en que el hombre
entendería. Pero cuando se dio cuenta de que el hombre era
muy tonto, de que sólo unos pocos sabios podían entender, entonces tuvo que rebajarse un poco. No se trata de una mejora,
es simplemente rebajarse al nivel del hombre, así que nos dio
la Biblia. Pero todavía no lo entendían, así que nos dio el Corán. Todavía no lo entendían así que nos dio al Guru Grantha.
Así es como el hombre ha ido cayendo.

En el concepto hindú la perfección estaba en el pasado;
desde entonces el hombre ha estado cayendo, y ésta es la época
más estúpida. El hombre no ha estado evolucionando, ha estado
retrocediendo. No se trata de una evolución, dicen los hindúes,
se trata de una involución. Así que cuanto más nuevo sea el libro, más ordinario tiene que ser porque está ideado para la gente ordinaria. La gente perfecta vivía en tiempos de los Vedas.

Ahora hay trescientas religiones en el mundo, cada una de
ellas proclamando ser la verdadera y todas dispuestas a matar
a la otra. Están constantemente agarrándose de la garganta.
Algo básico ha ido mal. Esto es lo que ha ido mal: tú me estás
pidiendo que te permita ser un fanático. No, por lo menos conmigo eso no va a pasar; por lo menos mientras yo esté aquí.
Los demás son libres de hacer lo que quieran, de ver como quieran, de interpretar como quieran. Tú no eres quién para tomarles
por estúpidos. Ellos tienen su propia mente, y esto es hermoso.

Un niño negro vino a casa pintado de blanco y diciendo:

–Los niños de la escuela me han pintado todo de blanco.

–Su madre le pegó por meterse en líos.

Cuando el padre llegó a casa preguntó:

–¿Qué ha pasado? –Así que la madre le contó que los niños habían pintado a Sam de blanco en la escuela. Y el padre le dio otra tunda por no haberse defendido.

Poco después se oyó una vocecita:

–Sólo he sido blanco durante dos horas ¡y ya odio a los jodidos negros!

Y tu sólo has ido de naranja durante unas cuantas semanas... Por favor ten paciencia, sé inteligente y respetuoso con los demás, con su libertad, con su persona, con su forma de ser, con su estilo.

Cuarta pregunta:

Querido Osho, ¿por qué el sexo ha sido tabú en todas la sociedades a través de los tiempos?

Es una pregunta muy complicada, pero también muy importante; merece la pena entrar en ella. El sexo es el instinto más poderoso en el hombre. El político y el sacerdote han comprendido desde el principio que el sexo es la energía que más mueve al hombre. Tiene que ser restringida. Tiene que ser recortada; si al hombre se le permite libertad total en el sexo, no sería posible dominarle: sería imposible esclavizarle.

¿No has visto hacerlo? Si quieres uncir a un toro a un carro, ¿qué puedes hacer? Lo castras, destruyes su energía sexual. Y ¿te has fijado en la diferencia entre un toro y un buey? ¡Qué diferencia! Un buey es un fenómeno pobre, un esclavo. Un toro es una hermosura; un toro es un fenómeno glorioso, un gran esplendor. Fíjate en un toro andando, cómo camina, ¡como un emperador! Y fíjate en un buey tirando de un carro... Lo mismo se le ha hecho al hombre: el instinto sexual ha sido restringido, recortado, castrado. El hombre ya no vive como el toro, vive como el buey. Y cada hombre está tirando de mil y un carros.

Mira y veras que detrás de ti hay mil y un carros, y tú estás uncido a ellos. ¿Por qué no puedes uncir a un toro? El toro tiene demasiada fuerza. Si ve una vaca pasando al lado, os tirará a ambos, a ti y al carro, y se irá a por la vaca. No le preocupará quién seas tú ni te escuchará. Sería imposible controlar a un toro.

La energía sexual es la energía de la vida; es incontrolable. Y a los políticos y a los sacerdotes tú no les interesas, lo que les interesa es canalizar tu energía en ciertas direcciones. Por eso hay cierto mecanismo tras ello; esto hay que entenderlo.

La represión sexual, hacer del sexo un tabú, son los propios cimientos de la esclavitud humana. Y el hombre no puede ser libre hasta que el sexo no sea libre. El hombre no puede ser *verdaderamente* libre a no ser que se le permita un crecimiento natural a su energía sexual.

Éstas son las cinco tretas a través de las cuales se puede transformar al hombre en un esclavo, en un fenómeno feo, en un inválido. La primera es: si quieres dominar al hombre manténle tan débil como te sea posible. Si el sacerdote o el político quieren dominarte, tienen que mantenerte lo más débil posible. Sí, en ciertos casos, se permiten las excepciones: cuando se necesitan los servicios para combatir a nuestro enemigo; sólo entonces, de otra forma no. Al ejército se le permiten muchas cosas que a otros no se les permiten. El ejército está al servicio de la muerte, está permitido tener poder. Está permitido ser lo más poderoso posible; es necesario matar al enemigo.

Los demás son destruidos. Son obligados a mantenerse débiles de mil y una formas. Y la mejor manera de mantener débil a un hombre es no dándole plena libertad al amor. El amor es un alimento. Ahora los psicólogos han descubierto que si a un niño no se le da amor se encoge en sí mismo y se vuelve débil. Puedes darle leche, puedes darle medicinas, puedes darle de todo... simplemente no le des amor, no le abraces, no le beses, no le sostengas cerca del calor de tu cuerpo, y el niño empezará a volverse más y más y más débil. Tiene más posibilidades de morir que de sobrevivir. ¿Qué ocurre? ¿Por qué? Con sólo abrazarle, besarle, darle calor, de alguna manera el niño se siente alimentado, aceptado, amado, necesitado. El niño empieza a sentirse valioso, el niño empieza a sentir que su vida tiene cierto significado.

Ahora desde la misma infancia los nutrimos deficientemente, no les damos el amor necesario. Luego obligamos a los muchachos y a las muchachas a no enamorarse hasta que no se casen. A los catorce años de edad se vuelven sexualmente maduros. Pero puede que la educación dure más tiempo; diez años más, veinticuatro, veinticinco años; para entonces estarán acabando sus carreras, sus *masters*, así que tenemos que obligarles a no amar.

La energía sexual alcanza su auge alrededor de los dieciocho años. Nunca el hombre volverá a tener esa potencia, y nunca una mujer volverá a tener un orgasmo tan grande como los tiene cuando está alrededor de los dieciocho años. Pero les obligamos a no hacer el amor. Les obligamos a tener dormitorios separados (a los niños y las niñas se les mantiene separados) Y justo entremedias se levanta todo un mecanismo de policía, magistrados, tutores, consejeros, maestros, directores. Todos están ahí, justo entremedias, impidiendo que los niños vayan adonde están las niñas, impidiendo que las niñas vayan adonde están los niños. ¿Por qué? ¿Por qué se tiene tanto cuidado? Están intentando acabar con el toro y crear un buey.

Para cuando tienes dieciocho años estás en la cima de tu energía sexual, de tu energía de amor. Para cuando te hayas casado, a los veinticinco, veintiséis, veintisiete... la edad ha ido subiendo y subiendo; cuanta más cultura tiene un país, más se espera, porque hay más que aprender; hay que encontrar un empleo; esto y aquello. Para cuando te casas estás casi empezando a declinar en tu potencia.

Entonces amas, pero el amor no se pone nunca realmente caliente; nunca llega al punto en el que la gente se evapora, el amor se mantiene templado. Y cuando no se te ha permitido amar totalmente no puedes amar a tus hijos porque no sabes cómo. Si tú no has conocidos las cimas del amor, ¿cómo vas a enseñar a tus hijos? ¿Cómo puedes ayudar a tus hijos a llegar a sus cimas? Por eso a través de los tiempos al hombre se le ha negado el amor para que permaneciese débil.

La segunda: mantener al hombre tan ignorante y confundido como sea posible para poder engañarle fácilmente. Y si quieres crear cierta idiotez (lo cual es obligatorio para el sacerdote y el político y su conspiración), entonces lo mejor es no permitirle al hombre entrar en el amor libremente. Sin amor la inteligencia del hombre decae. ¿No lo has observado? Cuando te enamoras, de repente todas tus capacidades están en su cima, en su crescendo. Hace tan sólo un momento parecías aburrido, encuentras a tu mujer... y de repente una gran alegría entra en erupción en tu ser, te enciendes. Cuando la gente está enamorada funciona a su máximo nivel. Cuando el amor desaparece o cuando no hay amor, funcionan a su nivel mínimo.

Las personas más inteligentes, más notables, son las personas más sexuales. Esto tiene que ser entendido, porque la energía del amor es básicamente inteligencia. Si no puedes amar de alguna forma estás cerrado, frío; no puedes fluir, mientras que, enamorado, uno fluye. Mientras que, enamorado, uno siente tal confianza en sí mismo que puede tocar las estrellas. Por eso la mujer se convierte en una gran fuente de inspiración, al igual que el hombre. Cuando una mujer es amada se vuelve inmediatamente más hermosa, ¡instantáneamente! Hace tan sólo un momento era simplemente una mujer normal... y el amor la ha inundado, está empapada de una nueva energía, una nueva aura surge a su alrededor. Camina más graciosamente, una danza ha entrado en sus pasos. Sus ojos tienen una tremenda belleza ahora, su cara está radiante, es luminosa. Y lo mismo le ocurre al hombre.

Cuando las personas están enamoradas actúan en su nivel óptimo. No les permitas el amor y se mantendrán en su nivel mínimo. Cuando se mantienen en su nivel mínimo son estúpidas, son ignorantes, no les importa saber. Y cuando las personas son ignorantes, estúpidas e ilusas, pueden ser fácilmente engañadas. Cuando las personas son sexualmente reprimidas, empiezan a anhelar la otra vida; piensan en el cielo, en el paraíso, pero no piensan en crear su paraíso aquí, ahora.

Cuando estás enamorado, el paraíso es aquí, ahora. Entonces no te preocupas, entonces, ¿quién va al sacerdote? Entonces, ¿a quién le preocupa si hay un paraíso? Tú ya estás ahí, ya no te interesa. Pero cuando tu energía sexual es reprimida, empiezas a pensar: «Aquí no hay nada. El ahora está vacío. Entonces debe haber alguna meta en algún lugar...». Vas al sacerdote y preguntas acerca del cielo, y él pinta bonitos cuadros del cielo.

El sexo se ha reprimido para que tú te intereses en la otra vida. Y cuando la gente se interesa por la otra vida, naturalmente no se interesa por *esta* vida. Y el Tantra dice: Esta vida es la única vida. La otra vida se esconde en *esta* vida. No está en su contra, no está lejos de ella; está en ella. Entra en ella.

¡Eso es!

Entra en ella y encontraras también la otra. Dios se esconde en el mundo, ése es el mensaje del Tantra. Un gran mensaje, soberbio, incomparable.

Dios se esconde en el mundo, Dios se esconde en el aquí-ahora.

Si amas, te será posible sentirlo.

El tercer secreto: mantén al hombre tan asustado como te sea posible. Y la manera más segura es no permitirle amar, porque el amor destruye el miedo... «el amor destierra el miedo». Cuando estás enamorado no tienes miedo. Cuando estás enamorado puedes luchar contra todo el mundo, cuando estás enamorado te sientes infinitamente capaz de cualquier cosa. Pero cuando no estás enamorado te da miedo la más mínima cosa. Cuando no estás enamorado te interesas más por la seguridad. Cuando estás enamorado te interesas más en aventuras, en explorar.

A la gente no se le ha permitido amar porque ésa es la única forma de mantenerla con miedo. Y cuando tiene miedo y tiembla, siempre está de rodillas, inclinándose ante el sacerdote y ante el político. Es una gran conspiración en contra de la humanidad. Es una gran conspiración en contra de *ti*. Tu político y tu sacerdote son tus enemigos, pero simulan ser sirvientes públicos. Dicen: «estamos aquí para serviros, para ayudaros a conseguir una vida mejor. Estamos aquí para crear una buena vida para vosotros». Y ellos son los destructores de la propia vida.

La cuarta: mantén al hombre tan desgraciado como puedas; porque un hombre desgraciado está confuso, un hombre desgraciado no tiene autoestima, un hombre desgraciado se autocondena. Un hombre desgraciado siente que debe haber hecho algo mal. Un hombre desgraciado no tiene base; le puedes empujar de acá para allá, puede ser transformado en un madero a la deriva muy fácilmente. Y un hombre desgraciado está siempre dispuesto a ser mandado, a ser ordenado, a ser disciplinado, porque sabe: «Por mí mismo sólo soy un desgraciado. Puede que alguien pueda disciplinar mi vida». Es una víctima dispuesta.

Y la quinta: mantén al hombre tan alienado de los demás como sea posible, para que no se puedan unir para algún propósito que el sacerdote y el político no aprueben. Mantén a las personas separadas entre sí. No les permitas demasiada intimidad. Cuando la gente está separada, sola, alienada de los demás, no se puede unir. Y hay mil y un trucos para mantenerla separada.

Por ejemplo: si vas dándole la mano a un hombre (tú eres un hombre y vas de la mano con un hombre, cantando por el camino) te sentirás culpable porque la gente podría empezar a miraros: ¿sois maricas, homosexuales, o algo así? A dos hombres no se les permite ser felices juntos. No se les permite ir de la mano, no se les permite abrazarse; se les condena como homosexuales. Surge el miedo.

Si tu amigo viene y te toma de la mano, miras alrededor: ¿hay alguien mirando o no? Y tienes prisa por soltar su mano. Os dais la mano tan de prisa... ¿lo has observado? Simplemente os tocáis las manos, las agitáis y ya está: no os dais la mano, no os abrazáis. Tenéis miedo.

¿Recuerdas que tu padre te haya abrazado alguna vez? ¿Recuerdas a tu madre abrazándote después de haber llegado a ser sexualmente maduro? ¿Por qué no? Se ha creado el miedo. ¿Un hombre joven abrazándose con su madre? Puede que surgiera algo de sexo entre ellos, alguna idea, alguna fantasía. Se ha creado el miedo: el padre y el hijo, el padre y la hija, no; el hermano y la hermana, no; el hermano y el hermano, ¡no!

La gente es mantenida en cajas separadas con grandes paredes a su alrededor. Todo el mundo es clasificado, y hay mil y una barreras. Sí, un día, después de veinticinco años de todo este entrenamiento, se te permite hacer el amor con tu mujer. Pero el entrenamiento ya ha entrado muy profundamente en ti, y de repente no sabes qué hacer. ¿Cómo amar? No has aprendido el lenguaje.

Es como si a una persona no se le hubiera permitido hablar durante veinticinco años. Escucha bien: no se le ha permitido decir ni una sola palabra durante veinticinco años y de repente le sacas al escenario y le dices: «danos un gran discurso». ¿Qué ocurriría? Se caería de espaldas en ese mismo momento. Puede que se desmayara, puede que se muriera... veinticinco años de silencio y ahora de repente se espera de él que dé un gran discurso. No es posible.

Eso es lo que está ocurriendo: veinticinco años de anti-amor, de miedo, y de repente se te permite legalmente; se saca una licencia, y ya puedes amar a esta mujer. Ésta es tu esposa, tú eres su marido, y tienes permiso para amarla. ¿Pero a dónde se van a ir esos veinticinco años de entrenamiento erróneo? Estarán ahí.

Sí, "amarás"... harás un esfuerzo, un gesto. No será explosivo, no será orgásmico: será muy pequeñito. Por eso después de hacer el amor con una mujer te sientes frustrado. El noventa y nueve por ciento de las personas se quedan frustradas después de hacer el amor, más frustradas aún de lo que lo estaban antes. Y sienten: «¿Qué?... ¡No hay nada! ¡No es verdad!».

Primero el sacerdote y luego el político han hecho que no te sea posible amar, y luego vienen y predican que no hay nada en el amor. Y ciertamente su sermón parece verdad, sus sermones están en perfecta armonía con tus experiencias. Primero crean la experiencia de la futilidad, de la frustración, luego... su enseñanza. Y ambos juntos parecen lógicos, como hechos de una sola pieza.

Ésta es una gran artimaña, la mayor que haya sido planeada sobre el hombre. Estas cinco cosas se pueden manejar a través de una sola cosa, la cual es el tabú del amor. Es posible cumplir todos estos objetivos impidiendo de alguna forma que la gente se ame entre sí. Y el tabú ha sido formado de una forma tan científica... Este tabú es una gran obra de arte; se ha necesitado una gran destreza y una gran astucia, es realmente una gran obra de arte. Este tabú hay que entenderlo.

Primero: es indirecto, está oculto. No es aparente, porque siempre que el tabú sea demasiado obvio, no funcionará. El tabú tiene que estar muy oculto para que no sepas cómo funciona. El tabú tiene que estar tan oculto que ni siquiera puedas imaginarte que algo en contra suya es posible. El tabú tiene que ir al inconsciente, no al consciente. ¿Cómo hacerle tan sutil y tan indirecto? Su truco es: primero enseñar que el amor es grande para que la gente nunca piense que los sacerdotes y los políticos están en contra del amor. Enseña que el amor es grande, que el amor es lo correcto, y luego no permitas ninguna situación en la que pueda ocurrir el amor, no permitas la ocasión. No des ninguna oportunidad, y enseña que la comida es magnífica, que comer es un gran placer («come tanto como puedas») pero no des nada de comer. Mantén a la gente hambrienta y sigue hablando acerca del amor.

Así que todos los sacerdotes hablan del amor. Cantan grandes alabanzas al amor, casi tanto como a Dios, e impiden cualquier posibilidad de que ocurra. Directamente alábalo, indirectamente corta sus raíces. Ésa es la obra maestra.

Ningún sacerdote habla acerca de cómo han hecho el daño. Es como si le dijeras a un árbol: «ponte verde, florece, disfruta», y le vas cortando las raíces para que no pueda estar verde. Y como el árbol no se pone verde puedes quejarte al árbol diciéndole: «¡Escucha! No escuchas, no nos sigues. Te estamos diciendo todos: "ponte verde, florece, disfruta, danza"»... y mientras tanto vas cortándole las raíces.

El amor se niega tanto... y el amor es la cosa más insólita del mundo, no debería ser negado. Si un hombre puede amar a cinco personas debería amar a cinco personas. Si un hombre puede amar cincuenta mujeres debería amar a cincuenta mujeres. Si un hombre puede amar a quinientas mujeres debería amar a quinientas mujeres. El amor es tan insólito que cuanto más lo extiendas, mejor.

Pero hay grandes artimañas. Tú estás enfocado hacia una esquina estrecha, muy estrecha: sólo puedes amar a tu esposa, sólo puedes amar a tu esposo, puedes amar sólo esto, sólo puedes amar eso; son demasiadas condiciones. Es como si hubiera una ley que dijera que sólo puedes respirar cuando estás con tu esposa, que sólo puedes respirar cuando estás con tu marido. Entonces la respiración se haría imposible, morirías. Y ni siquiera te será posible respirar cuando estés con tu esposa o con tu marido. Tienes que respirar las veinticuatro horas del día. Cuanto más respires, más podrás respirar cuando estés con tu esposo.

Sé cariñoso.

Luego hay otro truco: hablan acerca del amor «elevado» y destruyen el inferior. Y dicen que el inferior tiene que ser negado: el amor corporal es malo, el amor espiritual es bueno. ¿Has visto alguna vez un espíritu sin un cuerpo? ¿Has visto alguna vez una casa sin cimientos? Lo inferior son los cimientos de lo elevado. El cuerpo es tu morada, el espíritu vive en el cuerpo, con el cuerpo. Tú eres un espíritu hecho cuerpo, un cuerpo hecho alma. Estás unido. Lo inferior y lo elevado no están separados, son uno... peldaños de la misma escalera.

Esto es lo que el Tantra quiere dejar claro: no hay que negar lo inferior, lo inferior tiene que ser transformado en lo elevado. Lo inferior es bueno. Si tú estás atascado en lo inferior la culpa es tuya, no de lo inferior. No hay nada malo en los peldaños inferiores de una escalera. Si estás atascado en ellos, *tú* eres el que está atascado: es algo en ti. Muévete.

El sexo no es erróneo, *tú* eres erróneo si estás atascado en él. Sube hacia arriba. Lo elevado no está en contra de lo inferior; lo inferior hace posible que lo elevado exista.

Y estas tretas han creado muchos otros problemas. Cada vez que estás enamorado, de alguna forma te sientes culpable; surge una culpabilidad. Cuando hay culpabilidad no puedes entrar plenamente en el amor; la culpabilidad te lo impide, te mantiene expectante. Incluso haciendo el amor con tu esposa o tu marido hay culpabilidad: sabes que eso es pecado, sabes que estás haciendo algo malo. Los santos no lo hacen, tú eres un pecador. Así que no puedes entrar plenamente ni siquiera a pesar de que amar (superficialmente) a tu esposa esté permitido. El sacerdote está oculto detrás de ti en tus sentimientos de culpabilidad; desde allí te manipula, mueve tus hilos. Cuando surge la culpabilidad empiezas a sentir que estás haciendo algo malo; pierdes autoestima, pierdes respeto por ti mismo.

Y surge otro problema: cuando hay culpabilidad empiezas a aparentar. Las madres y los padres no permiten que los hijos sepan que ellos hacen el amor; aparentan, aparentan que no existe el amor. Cuando el niño se dé cuenta de que son apariencias perderá toda la confianza, se sentirá traicionado, engañado. Y los padres y las madres dicen que sus hijos no les respetan. Tú eres la causa, ¿cómo van a respetarte? Has estado engañándoles de todas las formas posibles, no has sido sincero, has sido mezquino. Les has estado diciendo que no se enamoraran («¡ten cuidado!») y tú estabas haciendo el amor todo el tiempo. Y llegará el día, antes o después, en el que se darán cuenta de que ni siquiera su padre, ni siquiera su madre ha sido sincera con ellos; así que ¿cómo van a respetarte? La culpabilidad primero crea apariencias, luego las apariencias crean la alienación entre la gente. Ni siquiera el hijo, tu propio hijo, se sentirá en armonía contigo. Hay una barrera: tus apariencias. Y cuando sabes que todo el mundo está aparentando... Un día, te darás cuenta de que simplemente estás aparentando, y que los demás están haciendo lo mismo. Cuando todo el mundo está aparentando, ¿cómo puedes relacionarte con los demás? Cuando todo el mundo es falso, ¿cómo puedes relacionarte? ¿Cómo puedes ser amistoso cuando en todas partes hay fraude y engaño? Te sientes muy, muy dolido con la realidad, te vuelves muy amargo, ves la realidad solamente como un taller del diablo.

Y todo el mundo tiene una cara falsa, nadie es auténtico. Todo el mundo lleva máscara, nadie muestra su cara original. Te sientes culpable, sientes que estás aparentando, y sabes que todo el mundo está aparentando, que todo el mundo se siente culpable, y que todo el mundo se ha transformado en una fea herida. Ahora es muy fácil esclavizar a esa gente: convertirla en oficinistas, jefes de estación, maestros, recaudadores, inspectores de hacienda, ministros, gobernadores, presidentes. Ahora es muy fácil confundirles. Les has confundido desde sus raíces. El sexo es la raíz, de ahí el nombre *muladhara*. *Muladhara* significa energía de la propia raíz.

He oído...

Era su noche de bodas y la altiva Lady Jane estaba cumpliendo sus obligaciones maritales por primera vez.

–Querido –le preguntó al novio–, ¿esto es lo que la gente común llama hacer el amor?

–Sí, querida, eso es –contestó lord Reginald, continuando con lo que estaba haciendo.

Al rato lady Jane exclamó indignada:

–¡Es demasiado bueno para la gente común!

A la gente común no se le ha permitido realmente hacer el amor: es demasiado bueno para ella. Pero el problema es que cuando envenenas a toda la gente común, tú también te envenenas. Si envenenas el aire que respira la gente común, también se envenenará el aire que respira el rey; no puede estar separado, es todo uno. Cuando el sacerdote envenena a la gente común, al final, él también se envenena. Cuando el político envenena el aire de la gente común, al final, él también respira ese mismo aire; no hay otro.

Un cura y un obispo estaban en las esquinas opuestas de un vagón de tren en un largo viaje. Al entrar el obispo, el cura guardó su *Playboy* y empezó a leer la *Gaceta episcopal*. El obispo le ignoró y continuó haciendo el crucigrama del periódico. Prevaleció el silencio.

Al rato el cura intentó entablar una conversación. Y cuando el obispo empezó a rascarse la cabeza constantemente y a tararear, lo volvió a intentar.

–¿Puedo ayudarle, señor?

–Quizá. hay una palabra que no me cuadra. Tiene cuatro letras, las tres últimas son o, ñ, o, y la definición es: "esencialmente femenino".

–Señor –dijo el cura tras pensar un rato–, creo que se trata de "moño"

–¡Claro, claro! –dijo el obispo–. ¿Tiene usted una goma de borrar, joven?

Cuando reprimes en la superficie, todo va a lo profundo del inconsciente. Está allí; el sexo no ha sido destruido; sólo ha sido envenenado. No puede ser destruido; es la energía de la vida. Se ha contaminado y puede ser purificado. Ése es todo el proceso del Tantra: un gran proceso de purificación.

Los problemas de tu vida pueden ser reducidos básicamente a problemas sexuales. Puedes ir resolviendo todos tus otros problemas, pero nunca podrás resolverlos porque no son los verdaderos problemas. Pero si resuelves tus problemas sexuales, todos demás los problemas desaparecerán porque has resuelto la base.

Pero tú tienes mucho miedo a verlo. Es sencillo, si puedes poner a un lado tus condicionamientos. Es muy sencillo, es tan simple como esta historia...

Una solterona frustrada era una peste para la policía; llamaba continuamente diciendo que había un hombre bajo su cama. Finalmente la mandaron a un hospital psiquiátrico, pero seguía diciéndole a los médicos que había un hombre bajo su cama. Le dieron la droga más moderna y de repente declaró que estaba curada.

–¿Quiere usted decir, señorita Rustifan, que ahora no ve a un hombre bajo su cama?

–No. Ahora veo dos.

Un médico le dijo a otro que realmente sólo había una clase de inyección que curaría su mal, al que él llamaba "virginidad maligna": ¿por qué no la metemos en un dormitorio con Dan el grandón, el carpintero del hospital?

Llamaron a Dan el grandón, le dijeron cuál era el mal de ella, y que podría estar encerrado con ella durante una hora. Él dijo que no le llevaría tanto tiempo, un grupo ansioso se reunió a escuchar. Se oía: «¡No, para, Dan! ¡Mamá no me perdonará jamás!».

–Deja de chillar, esto se debería haber hecho hace mucho tiempo. ¡Debería haberse hecho hace años!

–¡Así es como lo haces, a la fuerza, bruto!

–Solamente estoy haciendo lo que tu marido habría hecho, si hubieras tenido uno.

No pudiendo esperar más, los médicos entraron.

–¡La he curado! –dijo el carpintero.

–¡Me ha curado! –dijo la señorita Rustifan.

Había serrado las patas de la cama.

Algunas veces la cura es muy simple, y tú vas haciendo mil y una cosas... Y el carpintero hizo bien, cortó las patas de la cama y se acabó. ¿Dónde va a esconderse el hombre ahora? El sexo es la raíz de casi todos tus problemas. Tiene que ser así por los miles de años de envenenamiento. Hace falta una gran purificación. El Tantra puede purificar tu energía sexual. Escucha el mensaje del Tantra, intenta entenderlo. Es un gran mensaje revolucionario. Va en contra de todos los sacerdotes y políticos. Va en contra de aquellos envenenadores que han asesinado la alegría de la Tierra simplemente para poder transformar (reducir) al hombre a esclavo.

Reclama tu libertad.

Reclama tu libertad de amar.

Reclama tu libertad de ser, y entonces la vida ya no es un problema.

Es un misterio.

Es un éxtasis.

Es una bendición.

5. DE LA NADA A LA NADA

La no-memoria es la verdad de la convención, y la mente que se ha convertido en no-mente es la verdad suprema.
Esto es plenitud, éste es el bien más elevado. Amigos, de este bien más elevado haceos conscientes.

En la no-memoria es absorbida la mente; justo esto es emocionalmente perfecto y puro,
impoluto por el bien o el mal mundano como un loto al que no le afecta el lodo del que crece

y a la vez, con certeza, deben todas las cosas ser vistas como si fueran un hechizo mágico...
Si sin distinción puedes aceptar o rechazar el samsara o el nirvana, resuelta es tu mente, libre de la mortaja de la oscuridad.
En ti habrá auto-ser, más allá del pensamiento y auto-originado.

Este mundo de apariencia ha formado su radiante comienzo que nunca llega a ser; sin pautas, ha descartado las pautas.
Como tal es continua y única meditación; es no-mentación, inmaculada contemplación, y no-mente.

Una antigua escena... Debe haber sido una mañana como ésta. Los árboles danzaban y los pájaros cantaban. Y la casa del gran místico de aquellos días, Udallaka, celebraba el regreso de su hijo, Swetketu, de la casa del maestro a donde había sido enviado a estudiar.

Swetketu vino. El padre lo recibió en la puerta, pero sentía que algo faltaba; faltaba algo en Swetketu y había algo presente que no debería estar presente; una sutil arrogancia, un ego sutil. Aquello era lo último que el padre podía esperar.

En aquellos viejos tiempos la educación era básicamente la educación del no-ego. Se mandaba un estudiante a la universidad a vivir con el maestro para que pudiera disolverse a sí mismo y saborear la existencia. Habían llegado rumores de que Swetketu se había convertido en un gran erudito. Había rumores de que había sido el primero de su promoción. Pero ahora había vuelto y Udallaka no estaba contento.

Sí, había traído las mejores notas que la universidad podía conceder. Había aprobado todos los exámenes, había conseguido la más alta graduación, y venía cargado de conocimientos. Pero faltaba algo, y los ojos del padre estaban llenos de lágrimas. Swetketu no podía entenderlo. Le dijo:

–¿Te pasa algo? ¿Por qué estás triste?

Y el padre le dijo:

–Una pregunta: ¿has aprendido que uno, aprendiendo todo lo que se sabe, y olvidando que todo conocimiento es fútil, absurdo, tan sólo una carga; no se ayuda, sino que se hace daño?

Swetketu contestó:

–He aprendido todo lo que se enseñaba allí. He aprendido historia, filosofía, matemáticas, he aprendido los Vedas, lenguaje, arte, esto y aquello...

Y el padre escuchó los nombres de todas las ciencias de aquellos días. Pero el descontento del padre seguía igual. Éste le dijo:

–¿Pero has aprendido que uno, aprendiendo todo lo que se puede aprender?

El hijo estaba un poco molesto. Dijo:

–He aprendido todo aquello que mis maestros me podían enseñar. He aprendido todo lo que pueda haber escrito en los libros. ¿De qué estás hablando? ¡"Ese uno"!... No seas misterioso y dímelo exactamente. ¿A qué te refieres?

Naturalmente había cierta arrogancia. Había llegado con la idea de que ahora él lo sabía todo. Puede que creyera (como le ocurre a todos los estudiantes) que su padre no sabía nada. Debe haber llegado con la idea de que ahora él era un gran sabio. Y sin embargo, su padre no se sentía feliz, y además hablaba de algo misterioso: el uno.

El padre dijo:

–¿Ves el árbol aquél, el de allá? Ve allí y trae una semilla de ese árbol.

Se trataba de un árbol *nayagrod*. El hijo trajo la semilla del árbol, y el padre le preguntó:

–¿De dónde surge el árbol?

Y el hijo contestó:

–De esta pequeña semilla, por supuesto.

–¿Ese gran árbol... de esta semilla tan pequeñita? Abre la semilla y mira de donde sale el árbol; ese gran árbol.

Y abrió la semilla, pero allí no había nada. En la semilla había vacío. Y el padre le volvió a preguntar:

–¿Puedes ver el vacío del cual ese árbol surge?

Y el hijo le contestó:

–Puedo imaginármelo, pero no puedo verlo. ¿Cómo se va a ver la nada?

Y el padre le dijo:

–Ese es el uno del que yo estoy hablando. Es de la nada de donde sale todo, es de esa creativa vacuidad de donde todo nace y en lo que un día uno vuelve a disolverse. Regresa y aprende vacuidad, regresa y aprende *sunya*. Regresa, aprende esta vacuidad, porque es el origen de todo: la fuente. Y la fuente también es la meta, el principio también es el final. Ve y aprende estas cosas básicas, fundamentales. ¡Todo lo demás que has aprendido es basura! Olvídalo; no es más que memoria, mente. Aprende no-mente. Todo que has aprendido son conocimientos. Aprende sabiduría, aprende consciencia, aprende comprensión. Lo que has aprendido es objetivo, pero no has penetrado en tu núcleo interno.

Se pensaba que el mundo era un gran árbol. Y éstos son los cuatro pasos en el Tantra. El vacío es el primer paso; el vacío es la semilla. La semilla no es otra cosa que el recipiente de esa vacuidad creativa; contiene esa vacuidad creativa. Cuando la semilla se abre en la tierra, esa vacuidad empieza a germinar transformándose en un árbol.

Esa nada (lo que los físicos llaman no-materia), esa nada es la fuente. De esa nada nace el árbol. Luego brotan las flores, los frutos, y mil y una cosas. Pero todas las cosas vuelven a convertirse en una semilla y la semilla cae a la tierra y de nuevo se convierte en esa vacuidad.

Éste es el círculo de la existencia: de la nada a la nada, de ninguna parte a ninguna parte. En medio de las dos ningunas partes está el sueño, *samsara*. En el medio de las dos nadas están todas las cosas. De ahí que se diga que son sueños; de ahí que se les llame *maya*; de ahí que se diga que solamente son pensamientos, fantasías. Éste es el árbol del Tantra.

La no-mente es el comienzo de todo y el final de todo. De la no-mente surge lo que el Tantra llama la inoriginación; de la inoriginación surge la no-memoria; de la no-memoria surge la memoria. Éste es el árbol del Tantra.

No-mente, nada, significa que todo es potencial, que nada es todavía real. Todo es posible, probable, pero nada ha ocurrido. La existencia está profundamente dormida en la semilla, en reposo; en estado de reposo, en el estado del ser inmanifesto. Recuérdalo, porque sólo así te será posible entender estos *sutras*. Estos *sutras* son de una gran importancia, porque entendiéndolos puedes entrar en tu propia mente y buscar la no-mente.

Primer estado: la no-mente; todo es potencial, nada es real.

Segundo estado: inoriginación; todavía nada se ha vuelto subs-tancial, pero las cosas se están preparando para hacerse substan-ciales. En cierta forma es igual que el primero, pero con una pequeña diferencia: en el primero todo está en absoluto repo-so; el reposo es absoluto, puede que no ocurra nada en millo-nes de años. En el segundo todavía no ha ocurrido nada, pero las cosas están listas para suceder en cualquier momento; el potencial está listo para explotar en substancial. Es como un corredor que está listo para empezar a correr al oír el pistoleta-zo. Está al límite, está justo al borde de la línea, completamen-te preparado: en cuanto se dé la señal, empezará a correr.

Inoriginación significa que todavía no se ha originado nada, pero que algo se está gestando. La inoriginación es como el estado de embarazo. El niño ya está en el vientre, puede lle-gar en cualquier momento, si bien es cierto que todavía no ha venido; así que en ese sentido no es similar al primer estado.

El tercer estado se llama no-memoria. El niño ha nacido, pero todavía no tiene conocimientos: no-memoria.

Imagínate el primer día de la vida de un niño. Abrirá los ojos, verá estos grandes árboles, pero no reconocerá que son verdes. ¿Cómo va a reconocer que son verdes? Nunca antes ha conocido el verde. Ni siquiera reconocerá que son árboles. Verá los árboles, pero no podrá reconocerlos porque no los ha conocido antes. Su percepción será pura, impoluta de memo-ria; de ahí que a este estado se le llame no-memoria.

Éste es el estado al que se refieren los cristianos cuando hablan de Adán viviendo en el jardín del Edén: sin conoci-mientos, todavía no habían probado el fruto del árbol de la sa-biduría. Este es el estado en el que viven todos los niños al principio de sus vidas. Durante algunos meses el niño ve, oye, toca, saborea, pero no surge ningún reconocimiento, no se forma ninguna memoria. A eso se debe que sea muy difícil recordar los primeros días de tu vida. Si intentas recordar, puedes llegar fácilmente hasta los cinco años. Un poco más de esfuerzo: a los cuatro; un poco más de esfuerzo (que ya es un gran esfuerzo) y puedes llegar a los tres. Entonces de repente hay un espacio en blanco, ya no puedes recordar. ¿Por qué no? Estabas vivo. De hecho estabas tan vivo como nunca jamás lo volverás a estar. Esos tres primeros años fueron los más vivos de tu vida. ¿Por qué no está ahí la memoria de ellos? ¿Por qué no puedes penetrar en ellos? Porque no había reconocimiento. Había impresiones, pero no había reconocimiento.

Por eso el Tantra llama a este estado no-memoria. Ves, pero viendo no se crea el conocimiento. No recoges nada. Vives momento a momento; te deslizas de un momento a otro sin llevar a cuestas el primer momento al siguiente. No tienes ningún pasado, cada momento surge absolutamente fresco. Es por eso por lo que los niños son tan vivos y tan frescos, y sus vidas están tan llenas de alegría, de gozo, de asombro. Cualquier cosa les hace muy felices, con cualquier pequeño incidente se emocionan tremendamente, se extasían. Están constantemente sorprendidos: pasa un perro a su lado y ya están sorprendidos. Un gato entra en la habitación y ya están sorprendidos. Traes una flor, y el color es impresionante... Viven en un mundo psicodélico; todo es luminoso. Sus ojos están claros, todavía no se ha acumulado el polvo; sus espejos reflejan perfectamente. Éste es el estado de no-memoria, el tercer estado.

Y luego viene el cuarto estado: la memoria. El estado de mente. Adán ya ha comido el fruto de la sabiduría; ha caído. Ha entrado en el mundo. En el tránsito de la no-mente a la mente está el mundo. La no-mente es *nirvana*; la mente es *samsara*. Si quieres volver de regreso a esa pureza original, a esa inocencia primal, a esa primordial pureza de consciencia, tendrás que volver hacia atrás. Y habrá los mismos pasos: la memoria tendrá que disolverse en la no-memoria. De ahí la insistencia en todas las meditaciones en que hay que abandonar la mente, en que hay que abandonar los pensamientos.

Ve del pensamiento al no-pensamiento, luego del no-pensamiento a la inoriginación, de la inoriginación a la no-mente... y la gota cae al océano, de nuevo eres lo infinito, de nuevo eres lo eterno.

La no-mente es eternidad; la mente es tiempo.

El otro día hablé de los cuatro *mudras*: *karma mudra*, el gesto de acción, *gyana mudra*, el gesto del conocimiento, *samaya mudra*, el gesto del tiempo puro, y *mahamudra*, el gran gesto. El gesto del espacio. También ellos están conectados con estos estados.

El primero, *karma mudra*, es la memoria. El Tantra dice: todo lo que tú crees que es acción no es otra cosa que memoria. De hecho la acción nunca ha ocurrido. Es un sueño a través del cual tú has mirado, es tu proyección. La acción no ocurre, no puede ocurrir por la propia naturaleza de las cosas. La acción no es más que un sueño mental, y tú lo proyectas.

Así que el primero, *karma mudra*, es exactamente paralelo a la memoria. El día que abandonas la memoria vas más allá de la acción. También entonces las cosas ocurren a través de ti, pero tú ya no eres el hacedor, tú ya no eres el que las hace; el ego desaparece. Las cosas fluyen a través de ti, pero tú no eres el que las hace. Los árboles no tratan de crecer; el crecimiento ocurre, pero los árboles no están tratando de crecer. La flores se abren, pero esto no implica ningún esfuerzo. Los ríos fluyen, pero no se cansan. Las estrellas se mueven, pero no se preocupan. Las cosas están ocurriendo, pero no hay un hacedor.

El segundo estado es *gyana mudra*, el gesto del conocimiento. Simplemente observas, simplemente sabes, tú no haces nada. Las cosas ocurren, tú solamente eres un observador; no te identificas como hacedor.

Luego el tercero, *samaya mudra*. Entonces, poco a poco, incluso el que sabe va dejando de ser necesario; no hay nada que saber. Primero desaparece la acción, luego también desaparece el conocimiento. Entonces hay un puro ahora; el tiempo simplemente fluye en su pureza. Todo *es:* no hay que hacer nada ni hay nada que saber. Tú simplemente eres un ser; el tiempo va fluyendo a tu lado, a ti no te molesta, a ti no te perturba. Todos los deseos de hacer o de saber han desaparecido.

Sólo hay dos clases de deseos: el inferior, que es hacer algo y el elevado, que es saber algo. El inferior necesita el cuerpo para hacer, el elevado sólo necesita la mente para saber; pero ambos son deseos. Ambos se han ido, ahora estás solo. Las cosas se mueven, el tiempo fluye, todo sigue sucediendo. Tú no eres ni el hacedor ni el sabedor.

Y luego el cuarto gesto: el *mahamudra*, el gran gesto. Ya ni siquiera tú existes. Primero se abandona la acción, luego se abandona el conocimiento, más tarde se abandona el tiempo... y al final hasta tú desapareces. Luego hay silencio. Eso es el silencio. Lo que tú llamas silencio no es silencio. Tu silencio es tan sólo un lejano reflejo, es un silencio muy pobre. Algunas veces te sientes un poco relajado y la mente no gira tan rápidamente como de ordinario; la mente está un poco relajada, sientes silencio. Pero eso no es nada.

El silencio aparece cuando la acción ha desaparecido, cuando el conocimiento ha desaparecido, cuando el tiempo ha desaparecido... y tú también. Finalmente tú desapareces. Un día, de repente, descubres que no eres: un día, de repente, descubres que todo ha desaparecido, que no queda nada. En esa nada (el gran gesto) eres infinito.

En el primero, en el *karma mudra*, hay pensamientos; y naturalmente con los pensamientos vienen el pasado y el futuro, porque los pensamientos son o bien del pasado o bien del futuro. Y con los pensamientos, la ansiedad, la tensión, la angustia.

En el segundo, el *gyana mudra*, la memoria se disuelve en la no-memoria: sin pasado, sin futuro; sólo ahora. La mente duerme, todavía no está muerta, puede volver a despertarse. Así que muchas veces ocurre el *gyana mudra* y se pierde. Eso es lo que quiere decir ganar y perder meditación. En el segundo caso la mente no es destruida, simplemente se va a dormir. Se echa una siesta, eso es todo. Luego regresa de nuevo, algunas veces con una venganza; regresa con una energía tremenda, por supuesto; ¡ha descansado! Así que después de cada meditación profunda descubrirás que la mente gira más, ahora tiene más energía; ha descansado y ha regresado más activa. En el segundo *mudra*, *gyana*, la mente se duerme pero todavía no ha desaparecido; pero puedes probar el sabor de la no-mente por un momento. Durante un segundo, el rayo puede entrar, te emocionas. Y ese sabor crea confianza; ahí es donde surge la confianza.

La confianza no es una creencia, es un sabor. Cuando has visto esa luz, aunque sólo sea por instante, no puedes volver a ser el mismo hombre otra vez. Puedes perderlo, pero te hechizará. Puede que no vuelvas a conseguirlo, pero tampoco podrás olvidarlo nunca, siempre estará ahí. Y siempre que tengas tiempo y energía empezará a llamar a tu puerta.

Este estado puede suceder muy fácilmente estando en presencia de un maestro; lo que está pasando aquí es un contacto a un nivel elevado. Este segundo estado, *gyana mudra*, puede ocurrir en la presencia de un hombre que haya alcanzado el cuarto estado, el estado de no-mente.

De ahí que a través de los tiempos haya habido buscadores intentando encontrar un maestro. ¿De dónde probar el sabor? No puedes probarlo a través de los libros; los libros sólo te darán creencias. ¿De dónde tomar la experiencia viva? Y tú no puedes tener esa experiencia viva porque tú no sabes qué es exactamente, en qué dirección moverte, qué hacer. Y la duda siempre está ahí... quizá ni exista... quizá tan sólo sea el sueño de unos cuantos locos. Y *son* una pequeña minoría: un Buda, un Cristo, un Saraha, son una pequeña porción de la humanidad. La gran mayoría vive sin tales experiencias. ¿Quién sabe?, puede que esas personas estuvieran locas. ¿Quién sabe?, puede que esas personas sufrieran cierta perversión. ¿Quién sabe?, puede que esas personas no fueran más que un engaño, un fraude; puede que estuvieran engañando a la gente. O puede que no sean un engaño... puede que sean personas honradas, pero que se estén engañando a sí mismas. Puede que se hayan autohipnotzado a sí mismos, puede que hayan creado una alucinación. O puede que lo hayan soñado, puede que sean soñadores, y buenos soñadores...

Hay buenos soñadores y malos soñadores. Malos soñadores son aquéllos cuyos sueños siempre son en blanco y negro; planos, bidimensionales. Buenos soñadores son aquéllos cuyos sueños son tridimensionales, siempre en color. Estos soñadores tridimensionales se convierten en poetas. ¿Recuerdas haber tenido alguna vez un sueño en color? Muy raramente una persona ve sueños en color; normalmente son en blanco y negro. Si ves tus sueños en color, entonces es posible que seas poeta, pintor; de otra forma no. ¿Quién sabe?, esos místicos son grandes soñadores y sueñan en tres dimensiones, así que sus sueños parecen completamente reales. Y naturalmente se han dado a sus sueños con tanta devoción que es posible que se hayan obsesionado con ellos y que en realidad no exista nada parecido...

Esta duda persiste, esta duda persigue a todo buscador. Es natural, no hay nada de que preocuparse. ¿Cómo abandonar esta duda? Las escrituras simplemente dicen: «abandónala y cree». ¿Pero *cómo* abandonarla? Puedes creer, pero en el fondo la duda se mantendrá.

San Agustín tiene una oración que solía rezarle a Dios todos los días: «Dios, yo creo. Yo creo plenamente. Pero ten cuidado, ten compasión de mí para que la duda no vuelva a surgir de nuevo». ¿Pero por qué? Si la creencia es plena, entonces, ¿de dónde surge esta duda? ¿De dónde sale esta oración? «Yo creo –dice san Agustín–, pero tú ten cuidado de mi descreencia». Pero la descreencia está ahí. Puede que la hayas reprimido... puede que la hayas reprimido por egoísmo, por la codicia de Dios, por la codicia y los deseos del otro mundo; pero está ahí, y te va corroyendo el corazón. No puedes abandonarla a no ser que te suceda alguna experiencia.

¿Pero cómo puede suceder la experiencia? Las escrituras dicen, a no ser que creas, la experiencia no sucederá. Ahora bien, éste es un fenómeno muy complejo. Dicen que la experiencia no te sucederá a no ser que creas. ¿Y cómo va a ocurrir la experiencia?; porque no puedes creer a no ser que la experiencia suceda. Sólo la experiencia puede originar creencia; una creencia sin duda, una confianza sin duda.

Esta confianza sin duda sólo es posible si estás en la presencia de alguien a quien le haya sucedido. En su presencia, algún día, sentado en silencio, sin saber, sin intentar, sin desear, sucede. Es como un destello de luz... y toda tu vida se transforma. Eso es lo que significa conversión. Te conviertes, te transformas, entras en un plano nuevo.

La presencia de alguien que vive en un plano más elevado que tú, te alza. Inconsciente, a pesar de ti mismo, eres arrastrado. Una vez que lo has probado viene la confianza. Y cuando hay confianza puedes entrar en el tercero y en el cuarto *mudra*. La presencia del maestro puede guiarte sólo hasta el segundo *mudra*, *gyana*. Sí, puede darte un poco de sabiduría, una pequeña cata de su ser.

Cuando Jesús estaba partiendo, repartió el pan y le dijo a sus discípulos: «comedlo, soy yo», sirvió el vino y dijo: «bebedlo, es mi sangre, soy yo». Esto es muy simbólico, es una metáfora. Esto es *gyana mudra*. Jesús estaba diciendo: puedes saborearme, puedes beberme. Todo discípulo es un caníbal. Come al maestro, absorbe al maestro; eso es lo que quiere decir comer. ¿Qué haces cuando comes algo? Lo digieres, lo absorbes. Se convierte en tu sangre, en tus huesos, en tu médula, se convierte en tu consciencia. Eso es comer.

¿Qué haces con un maestro? Comes su presencia, comes su onda, y la digieres. Y, poco a poco, se convierte en *tu* consciencia. El día que su consciencia se convierte en la tuya, tú te conviertes en un *sannyasin*, no antes. Antes de eso, *sannyas* es formal. Antes de eso, *sannyas* es tan sólo el comienzo hacia ese fenómeno. Sin ser *sannyasin* será muy difícil que esto ocurra, porque con *sannyas* te vuelves vulnerable y abierto. Si estás abierto y vulnerable, algún día, en algún momento, las cosas encajan. En algún momento tu energía está en tal estado que el maestro puede tirar de ella. En algunos momentos te acercas mucho. En algún momento de amor, en algún momento de gozo, en alguna celebración, te acercas al maestro, ¡y puedes engancharte! Y con sólo un vislumbre, con una sola gota de ese néctar que baje por tu garganta, te conviertes.

Ahora sabes. Ahora te conoces a ti mismo, ahora no hace falta creer. Ahora, aunque todo el mundo diga que Dios no existe, no importa: podrás luchar contra el mundo entero porque tú *sabes*. ¿Cómo vas a negar tu propio conocimiento? ¿Cómo vas a negar tu propia experiencia?

Esa pequeña gota es más poderosa que el mundo entero.

Esa pequeña gota es más potente que todo tu pasado.

Millones de vidas no son nada comparadas con esa pequeña gota.

Pero esto sólo puede suceder cuando estás cerca. La gente viene a mí y me pregunta: «¿Por qué *sannyas*? ¿No podemos estar aquí sin tomar *sannyas*?». Sí, puedes estar aquí todo el tiempo que quieras, pero no estarás cerca. Puedes sentarte justo a mi lado. Puedo darte la mano; no servirá de nada. La vulnerabilidad por tu parte, la apertura por tu parte...

Tan sólo hace unos días un joven me preguntaba:

—¿Cuál es la razón fundamental para llevar túnicas ocres, *mala*, camafeo? ¿Cuál es la razón?

—No hay ninguna —le dije yo—. Es absurdo.

Se quedó perplejo. Dijo:

—Pero si es absurdo, ¿entonces por qué lo impones?

Y yo le contesté:

—Precisamente por eso.

Si yo te digo algo que sea racional y tú lo haces, eso no te entregaría a mí, eso no sería el gesto. Si algo es racional y estás convencido de su racionalidad y lo sigues, entonces estás siguiendo a tu razón, no a mí. Si algo es racional y se puede demostrar racionalmente, científicamente, y lo sigues, no eres vulnerable a mí, no estás disponible para mí. Eso no serviría de nada; todavía estarías siguiendo a tu razón. Por eso todos los maestros a través de los tiempos han desarrollado unas cuantas cosas absurdas. Son simplemente simbólicas. Simplemente muestran que sí, que estás preparado y no preguntas por la razón. Estás dispuesto a ir con este hombre y si él tiene algunas ideas excéntricas, también las admites. Esto afloja tu cabeza, tan sólo te hace un poquito más abierto.

La iluminación puede suceder en cualquier color; no hace falta que sea el naranja, puede ocurrir en cualquier color. Puede suceder sin ningún camafeo, puede suceder sin ningún *mala*. ¿Pero entonces por qué? El "por qué" es lo absurdo. La razón es que no tiene sentido. Es simplemente un gesto por tu parte de que estás dispuesto a entrar en algo aunque sea absurdo. Estás dispuesto a ir más allá de tu razón, ése es su sentido.

Éste es un pequeñísimo comienzo, pero los pequeños comienzos pueden acabar en grandes finales. Cuando el Ganges sale del Himalaya no es más que un hilillo de agua; puedes retenerlo con las manos, es un fenómeno pequeñísimo. Pero para cuando alcanza el océano es tan vasto y tan enorme que te ahogarías en él; ya no puedes retenerlo.

Esto es un pequeño gesto (vestir de naranja y llevar el *mala* con el camafeo), algo muy absurdo, un pequeño gesto, el comienzo de algo. Amas tanto a una persona que estás dispuesto a hacer algo absurdo por ella, eso es todo. Esto te hace vulnerable a mí, y puedes coger el sarampión más fácilmente.

La verdad es infecciosa, y tienes que estar disponible a ella. La duda es algo así como una vacuna: protege. La razón protege. Protegido, nunca irás a ninguna parte. Protegido, solamente morirás. Protegido, estás en la tumba. Desprotegido, estás disponible a Dios.

Estar en la cercanía del maestro... El fenómeno puede ocurrir un día, eres alzado; de repente tienes alas, una pequeña cata del sabor de la libertad y del cielo. Y luego... luego puedes hacer las cosas por ti mismo.

Entonces el tercer *mudra*, *samaya*, se hace posible. Entonces puedes empezar a mirar en la dirección que se ha abierto hacia tu interior, y puedes empezar a moverte. Ahora sabes hacia dónde moverte, hacia dónde ir; ahora tienes cierta conexión intuitiva con ello, ahora tienes cierta maña. La religión no es una ciencia, la religión no es un arte, es una maña. Pero la maña viene a través de la cata, a través de la experiencia.

Samaya mudra es la inoriginación, es paralelo a la inoriginación: *anutpanna*. Entonces la mente no sólo está dormida, se ha abandonado. Pero en el segundo, la mente regresará; tan sólo está dormida. En el tercero, la mente no regresará fácilmente, pero todavía es posible regresarla. En el segundo regresará, sucederá; en *gyana mudra* regresará por sí sola. En el tercero, *samaya mudra*, si tú quieres hacer que regrese puedes hacerlo, pero si no, no regresará por sí sola.

En el cuarto, *mahamudra*, aunque quieras traerla de regreso, es imposible. Has ido más allá, has transcendido. Esta cuarta fase, que es el comienzo de la existencia, es la meta del Tantra. Tres cosas más, luego podemos entrar en el *sutra*...

De la memoria a la no-memoria necesitarás «consciencia uno». Tendrás que volverte más observador de los pensamientos, de los sueños, de los recuerdos que centellean, moviéndose a tu alrededor. Tendrás que enfocar más atención en los pensamientos. Los pensamientos son el objeto y tendrás que volverte muy consciente de ellos. Ésta es la primera consciencia: «consciencia uno».

Krishnamurti habla acerca de ello. Lo llama «consciencia sin elección». No elijas. Cualquiera que sea el pensamiento que esté pasando, no juzgues; tan sólo obsérvalo; tan sólo ve que se está moviendo. Si continúas observando, un día los pensamientos no van tan de prisa; han bajado de velocidad. Entonces algún día empiezan a llegar huecos; se va un pensamiento y no llega otro en un largo rato. Luego, después de algún tiempo, sencillamente desaparecen durante horas, y la carretera se queda vacía de tráfico.

Normalmente tú siempre estás en hora punta. Los pensamientos se atascan, un pensamiento sobre otro, carril tras carril. No hay sólo un carril, hay muchos carriles funcionando. Y el hombre al que llamáis pensador tiene más carriles que el hombre común. Si tienes algún conocimiento acerca del ajedrez, sabrás que los jugadores de ajedrez necesitan una mente de cinco carriles. Tienen que pensar en los cinco movimientos siguientes por lo menos: si él hace esto, ¿qué hará el otro...? De esta forma tiene que adelantarse a cinco movimiento por lo menos. A no ser que pueda retener esos cinco movimientos en la mente no podrá ser un buen jugador de ajedrez.

Aquéllos a los que llamáis pensadores tienen una mente de muchos carriles, una mente muy compleja, y en todos los carriles hay embotellamiento. Siempre hay mucha prisa en todas las direcciones, siempre es hora punta, hasta por la noche. Cuando estás dormido la mente sigue y sigue, sigue trabajando. Trabaja las veinticuatro horas del día, no pide vacaciones. Hasta Dios se cansó después de seis días y tuvo que descansar el domingo, pero la mente no necesita domingo. Sigue trabajando, trabajando y trabajando durante setenta u ochenta años. Es una locura. Sin descanso.

Tienes que haber visto alguna fotografía del *Pensador*, una escultura de Rodin. En Oriente nos reímos de esa escultura... ¡tan llena de ansiedad! El *Pensador* de Rodin... se puede ver su cabeza hasta en la escultura de bronce, se puede sentir su ansiedad; ése es el arte de Rodin. Puedes imaginarte cómo debe haber sido Aristóteles, o Bertrand Russell, o Friedrich Nietzsche; que Nietzsche se vuelva loco no es ninguna sorpresa. Tal como es, esta escultura de Rodin tiene que volverse loca algún día: pensando, pensando, pensando...

En Oriente no nos han importado mucho los pensadores, hemos amado a los nopensadores. Buda es un nopensador, al igual que Mahavira y Saraha; ellos son nopensadores. Y si piensan, sólo piensan para entrar en el nopensamiento. Utilizan el pensamiento como trampolín para saltar al nopensamiento.

El puente entre la memoria y la no-memoria es «consciencia uno»; es la consciencia del objeto. Desde la no-memoria a la inoriginación necesitarás una segunda consciencia: aquélla a la que Gurdjieff llama «recordarse a uno mismo». El trabajo de Krishnamurti se basa prácticamente en la «consciencia uno»; el trabajo de Gurdjieff se basa prácticamente en la «consciencia dos». En la consciencia uno observas al objeto, al pensamiento. Pones la atención en el objeto. En «consciencia dos» tu atención se duplica; va al objeto y al sujeto, a ambos. Tu flecha de consciencia tiene dos puntas. Por un lado tienes que ser consciente de los pensamientos, y por el otro tienes que ser consciente del pensador: el objeto subjetividad; ambos tienen que estar a la luz de la consciencia. El trabajo de Gurdjieff profundiza más que el de Krishnamurti. Él lo llama «recordarse a uno mismo».

Un pensamiento está pasando por tu mente; por ejemplo, está pasando una nube de ira. Puedes observar la nube de ira sin observar al observador, eso es «consciencia uno». Si observas la nube y al mismo tiempo recuerdas constantemente quién la está observando («yo estoy observando»), entonces se trata de «consciencia dos»: lo que Gurdjieff llama «recordarse a uno mismo».

De la memoria a la no-memoria la consciencia uno será útil. Pero desde la no-memoria puedes regresar de nuevo muy fácilmente a la memoria, porque la mente sólo se duerme. En la primera consciencia simplemente tranquilizas la mente, drogas la mente; la mente se duerme. Es un gran descanso y un buen comienzo, pero no el final; es necesario, pero no suficiente.

En la segunda consciencia, la mente cae en inoriginación, *anutpanna*: Ahora será muy difícil traerla de regreso. *Puedes* traerla de regreso, pero no regresará por sí sola. No es imposible traerla de regreso, pero no hace falta.

Con Gurdjieff el trabajo va aún más profundo. Y el Tantra dice que hay una tercera consciencia: «consciencia tres». ¿Qué es esta «consciencia tres»? Cuando te olvidas del objeto y del sujeto y sólo queda pura consciencia. No estás enfocado en nada; tan sólo una consciencia pura flotando que no está atenta a nada, solamente atenta, sin enfocar, sin concentrar.

En la primera te concentras en el objeto. En la segunda te concentras en el objeto y también en el sujeto. En la tercera abandonas toda concentración, simplemente estás alerta. Esta tercera te conduce al estado de no-mente.

Ahora los *sutras*:

La no-memoria es verdad de la convención
y la mente que se ha convertido en no-mente es la verdad suprema.

El Tantra divide la realidad en dos vertientes: a la primera la llama realidad hipotética, *vyavharika;* a la segunda la llama la realidad suprema, *parmarthika.* La realidad hipotética sólo tiene de realidad el nombre, se la llama realidad porque se parece a la realidad. Es sólo una costumbre; tiene un cierto toque de realidad.

Es casi como si alguien te enseñara un retrato mío y dijeras: «sí, es un retrato real». ¿Qué significa «un retrato real»? ¿Cómo puede un retrato ser real? La frase de que el retrato es real simplemente significa que se parece al original. El retrato en sí es irreal: todos los retratos son irreales, son solamente papel. ¿Cómo puedo estar yo en el papel?, ¿cómo voy a ser el papel?, ¿cómo voy a ser las líneas? Incluso una fotografía, por muy real que sea, tan sólo es una fotografía. Pero al decir: «Es una fotografía real», estamos diciendo que se parece al original.

He oído una anécdota...

Una mujer hermosa pero parlanchina vino una vez a ver a Pablo Picasso. Hablaba demasiado, y Pablo Picasso ya estaba aburrido, pero ella era muy rica, así que tampoco podía echarla. Era una buena cliente suya, así que tenía que escuchar. Y ella seguía y seguía y seguía.

Hasta que en cierto momento dijo:

—Precisamente el otro día vi un retrato tuyo en casa de un amigo mío. Era tan vivo y me gustó tanto que lo besé.

Picasso contestó:

—¡Espera! ¿Te devolvió el beso?

La mujer le dijo:

—¿Qué estás diciendo? ¿Te has vuelto loco? ¿Cómo me va a devolver el beso un retrato?

Picasso respondió:

–Entonces no era yo. ¡Seguro que no era yo!

Un retrato es real porque se parece. Es irreal porque es un retrato. A esto es a lo que el Tantra llama realidad *vyavharika*. *La no-memoria es la realidad de la convención...* es sólo a medias, se le llama realidad sólo convencionalmente. A la memoria la conoces; la no-memoria sucede algunas veces en la presencia de un maestro, mientras estás meditando u orando. Pero incluso la no-memoria es solamente una realidad hipotética; es una fotografía. Sí, se parece a la verdadera no-mente, pero sólo en apariencia. Todavía no es la verdadera no-mente.

Para hacerte consciente de esto y mantenerlo, el Tantra insiste una y otra vez en que la no-memoria no debe tomarse como una meta; es tan sólo un comienzo. Mucha gente se queda atascada cuando alcanza la no-memoria. Cuando tienen unos cuantos vislumbres de no-mente, piensan que han llegado. Es tremendamente hermoso, es muy vivo; en comparación con la memoria es el éxtasis. Pero en comparación con el verdadero estado de no-mente no es nada. Porque la memoria todavía está ahí, dormida, roncando; puede despertar en cualquier momento. La mente todavía está ahí esperando su oportunidad para regresar. Sí, el tráfico se ha parado por un momento, pero volverá a empezar.

Es bueno tener esos vislumbres porque te conducirán más lejos, pero no es bueno quedarse atascado. Eso es lo que sucede con las drogas (con el L.S.D., la marihuana, la mezcalina), eso es lo que sucede, este segundo estado, la no-memoria. Por un momento, bajo el impacto de las drogas, la memoria desaparece. Es un estado químicamente forzado; bajo el shock químico, la memoria desaparece.

Eso es lo que sucede con el electroshock. Sometemos a electroshock a las personas locas cuya memoria se ha convertido en tal carga para ellas que no pueden salir de ellas por sí solas. Las sometemos a electroshock o a un shock de insulina. ¿Por qué?: porque a través del shock (al pasar la energía eléctrica a través de sus circunvoluciones cerebrales les produce un shock) por un momento se quedan desarraigados. Pierden la pista, se les olvida lo que estaban pensando, lo que había ahí. Durante un momento se quedan deslumbrados por el shock y cuando regresan no pueden recordarlo. Por eso el electroshock ayuda. Pero el electroshock o las drogas no te dan la cosa real, sólo te dan una fotografía.

> *La no-memoria es la verdad de la convención*
> *y la mente que se ha convertido en no-mente es la verdad*
> [*suprema.*

Así que no te des por satisfecho hasta que no alcances la no-mente, el cuarto estado.

> *Eso es plenitud, dice Saraha, ése es el bien más elevado.*
> *Amigos, de ese bien elevado haceos más conscientes.*

Esta no-mente es plenitud, porque has llegado a la propia fuente de la vida y la existencia. Y a no ser que eso suceda, no habrá satisfacción ni plenitud. Eso es verdadero florecimiento, es un *sahasrar:* un loto de mil pétalos que ha florecido. Tu vida se libera en fragancia, celebración y dicha.

Eso es Dios. Ése es el bien elevado, el *summum bonum.* No hay nada más elevado que eso. Eso es *nirvana.*

Amigos, de este bien elevado haceos conscientes, dice Saraha. Recuerda, hay tres clases de consciencia: «consciencia uno», la del objeto, «consciencia dos», la del objeto y el sujeto, y «consciencia tres», pura consciencia. Entra en estos tres estados de consciencia para poder alcanzar el *summun bonum.*

Y le dijo al rey y a los otros que debieron haber acudido a escuchar su gran discurso: «amigos...». Él los llama amigos; esto hay que entenderlo. Desde el lado del maestro el discípulo es el amigo, pero desde el lado del discípulo no. Algunas veces algunos *sannyasins* me escriben; precisamente el otro día había una pregunta... Un *sannyasin* había escrito: «Osho, no puedo pensar en ti como mi maestro, sino que pienso en ti como en un amigo. ¿Hay algo malo en ello?». Nada por mi parte, está perfectamente bien. Pero por tu parte falta algo y te sentirás desconcertado. ¿Por qué es así?

Desde el lado del maestro vosotros sois amigos, porque él puede ver que tan sólo se trata de una cuestión de tiempo; aparte de eso ya habéis llegado. Es sólo una cuestión de tiempo, un día os habréis despertado. ¡Sois todos *budas*! desde el lado del maestro toda la existencia está ya iluminada. Las piedras, los árboles, las estrellas, los animales, los hombres y las mujeres; desde el lado de maestro toda la existencia está iluminada. Es sólo una cuestión de tiempo, y el tiempo es irrelevante. Estáis todos aquí. Vosotros no lo sabéis, eso es verdad, pero el maestro lo sabe.

El día que me conocí a mí mismo conocí el propio ser de la existencia. Desde entonces yo no he mirado a nadie como si no estuviera iluminado; no puedo, es imposible. Sí, vosotros no os dais cuenta del hecho, pero yo no puedo negarlo. Desde mi lado vosotros sois amigos; sois yo. Pero desde vuestro lado, si creéis que no me podéis aceptar como maestro, que sólo podéis considerarme como un amigo, depende de vosotros. Pero sabed que vosotros os lo perderéis.

¿Qué diferencia hay? Cuando aceptáis a alguien como amigo, significa que lo aceptáis como a un igual; un amigo es un igual a ti. Sí, vosotros sois amigos para mí porque yo os veo como iguales a mí, no hay diferencia. Pero si vosotros me veis a mí como un igual, entonces vuestro crecimiento se parará.

Cuando yo os veo como iguales a mí, os estoy elevando a mi ser. Cuando vosotros me veis a mí como un igual, me estáis rebajando a vuestro nivel. Simplemente ved la diferencia. Cuando yo digo que vosotros sois iguales a mí estoy intentando elevaros hacia mí. Cuando decís: «Osho, tú eres igual que nosotros», me arrastráis a vuestro nivel. Naturalmente no podéis arrastrarme a ninguna otra parte. Y ¿por qué es difícil aceptar a alguien como tu maestro? El ego... el ego quiere que me aceptes como amigo a toda costa.

Depende de ti, es tu elección. Si quieres que sea de esa forma, que lo sea; pero entonces yo no soy responsable si no te sucede nada. Entonces si no te sucede nada es tu responsabilidad, totalmente responsabilidad tuya, porque tú has creado la barrera. Yo puedo fluir hacia ti sólo cuando me miras hacia arriba, porque el fluir de la energía sólo es posible hacia abajo.

Yo no pierdo nada si me consideras un amigo, no pierdo nada aunque me consideres tu enemigo; eso no importa. Te lo perderás tú. Ambos, el que me considera su enemigo y el que me considera su amigo piensan en mí de la misma forma. El que me considera su enemigo me está poniendo a su nivel, y el que me considera su amigo está haciendo lo mismo. No son diferentes. Cuando miras hacia arriba puedes ser enganchado por la energía que va hacia arriba, puedes ser atraído.

Saraha dice:

Amigos, de este bien elevado haceos conscientes.

Desde la parte del maestro todo el mundo es un amigo. Los que creen que son amigos, son amigos; y los que creen que son enemigos, también son amigos.

En la no-memoria es absorbida la mente;
justo esto es emocionalmente perfecto y puro.

*Impoluto por el bien y el mal mundano como un loto al que
no le afecta el lodo del que crece.*

En la no-memoria es absorbida la mente... La memoria
observada es absorbida en la no-memoria. En la no-memoria
la mente empieza a desaparecer. Y cuando la mente empieza a
desaparecer, surge un tipo nuevo, una nueva cualidad de energía en ti: la energía del corazón. *Justo esto es emocionalmente perfecto y puro.* Entonces empieza a funcionar el corazón.
Cuando la mente se ha disuelto, la energía que estaba ocupada
en la mente se convierte en amor. Tiene que transformarse en
algo; la energía no puede ser destruida. Ninguna energía puede destruirse jamás, sólo se transforma; cambia de forma.

La mente toma casi el ochenta por ciento de tu energía, y
no te devuelve nada, no te retorna nada; simplemente toma el
ochenta por ciento de la energía. Es como un desierto. El río
continúa fluyendo y el desierto lo va absorbiendo, y nada regresa. Y el desierto ni siquiera se vuelve verde, ni siquiera crece la hierba, ni siquiera crecen árboles, ni siquiera forma un
pequeño lago; ¡nada! se mantiene seco y muerto y sigue em-
papándose de la energía de la vida. La mente es un gran explo-
tador. Ahí es donde tú estás perdido, en el desierto de la mente, en los páramos de la mente.

Saraha dice: cuando esto sucede (que la energía se disuelve
y tú alcanzas la no-memoria), de repente tu cualidad cambia
por completo. Te vuelves más amoroso; la compasión surge
en ti. La misma energía que antes se perdía en el desierto ahora se vierte en una tierra fértil. Y el corazón es la tierra de la
fertilidad.

*...justo esto es emocionalmente perfecto y puro.
Impoluto por el bien o el mal mundano...*

En el corazón no hay distinción entre el bien y el mal. El corazón no sabe de distinciones; todas las distinciones pertenecen a la mente. El corazón simplemente ama sin distinción. El corazón simplemente fluye sin ninguna categoría, sin ningún juicio. El corazón es inocente: *Impoluto por el bien o el mal... como el loto al que no le afecta el lodo del que crece.* Crece de la misma energía de la mente, del mismo lodo de los pensamientos, del pensar, de los deseos, de la codicia, pero es un loto. Crece del lodo, pero se mantiene impoluto por el lodo.

A la vez con certeza deben todas las cosas ser vistas como si fueran un hechizo mágico...

Si sin distinción puedes aceptar o rechazar samsara o nirvana, resuelta es tu mente, libre de la mortaja de la oscuridad.

En ti habrá auto-ser, más allá de los pensamientos y auto-originado...

...Saraha le dice al rey. ¡Le está dando una gran técnica! Escúchala, medita en ella e inténtala.

Vos, sabéis muy bien que habéis soñado millones de veces, pero en el sueño una y otra vez te olvidas de que es un sueño; de nuevo se convierte en realidad. ¿Qué clase de inconsciencia es ésta? Cada noche soñáis y cada mañana os dais cuenta de que era falso; no existía, tan sólo eran imágenes, tan sólo imaginación. De nuevo volvéis a ser unas víctimas. De nuevo volvéis a soñar y de nuevo volvéis a creer que vuestro sueño es real. ¿Por qué en los sueños no podéis daros cuenta de que son irreales? ¿Qué os impide verlo? Tanta experiencia de tantos sueños y tantas conclusiones, y todas sin excepción prueban una cosa: que los sueños no son reales. Esta noche de nuevo volveréis a ser una víctima; vendrá el sueño y volveréis a creer que es real, lo viviréis como si fuera real.

El Tantra desarrolla una técnica. La técnica es: mientras estás despierto, piensa que el mundo es un sueño. Por ejemplo, en este momento me estás escuchando a mí; piensa en ello como si fuera un sueño. Es más fácil pensarlo en este momento que en un sueño. En tus sueños me escucharás muchas veces, entonces será demasiado difícil; estarás durmiendo. En este momento es más fácil hacerlo. En este momento puedes pensar fácilmente que estás en un sueño: Osho es vuestro sueño, está hablando en vuestro sueño, estos árboles son árboles soñados, estas flores de *gulmohar* son flores soñadas, estos pájaros están cantando en vuestro sueño; todo es un hechizo mágico. Piénsalo mientras estás despierto. Sigue pensándolo durante al menos dos o tres meses y te sorprenderás: un día, por haberlo practicado, de repente en el sueño te darás cuenta de que el sueño se trata de un sueño. Y si los árboles reales, a través de la práctica, pueden parecen soñados, ¿qué decir de los árboles irreales? Parecerán más irreales.

Y el Tantra dice: incluso estos árboles son básicamente sólo un sueño; no son de verdad. ¿A qué se refiere el Tantra cuando dice realidad? Se refiere a aquello que permanece por siempre jamás. Aquello que viene y se va, es irreal. Lo que nace y muere es irreal. Ésta es la definición del Tantra de lo irreal: aquello que es momentáneo es irreal, aquello que es eterno es real.

Estos árboles no estaban aquí hace unos cuantos años y tampoco estarán aquí dentro de unos cuantos años. Nosotros no estábamos aquí hace unos cuantos años y tampoco estaremos aquí dentro de unos cuantos años. Así que se trata de un largo sueño. En la noche el sueño persiste durante una, dos o seis horas, y este sueño persiste durante sesenta o setenta años. Pero la duración del tiempo solamente no puede significar ninguna diferencia. No hay mucha diferencia entre que un sueño dure una hora o cien años, la diferencia es sólo de duración; pero el sueño desaparece.

¿Sabes cuántas personas han vivido en la Tierra? ¿Dónde están? Qué diferencia habría habido si no hubieran existido? Que hayan existido o no, no significa ninguna diferencia; han desaparecido todos. Aquello que aparece y desaparece es el sueño.

Saraha dice:

> *A la vez con certeza deben todas la cosas ser vistas como si fueran un hechizo mágico...*

Está dando una técnica. Mira a todas las cosas como si fueran un hecizo mágico, como si un mago te hubiera hipnotizado; todo es falso, lo estás viendo a través de la hipnosis.

> *Si sin distinción puedes aceptar o rechazar el samsara o el nirvana...*

Si tan sólo es un sueño no hay nada que aceptar ni rechazar. ¿A quién le importa entonces? Tú te preocupas demasiado porque crees que se trata de algo real. ¿Qué más da que seas pobre o rico? ¿Qué más da que seas guapo o feo? ¿Qué más da que seas respetado o no? Si todo es irreal, un mundo de sueños, un *maya*, entonces, ¿qué se puede escoger? ¿Y qué se puede rechazar? Entonces ambos, la aceptación y el rechazo, se caen. Entonces uno vive puramente, sin líos, sin molestias, sin descentrarse de ninguna manera. Entonces uno se serena, entonces todo está bien.

> *Si sin distinción puedes aceptar o rechazar el samsara o el nirvana, resuelta es tu mente...*

Entonces que aceptes o rechaces no significa ninguna diferencia. Entonces puedes renunciar al mundo o vivir en el mundo si sabes eso: que todo es sólo un sueño; si te mantienes en este clima de que todo es sólo un sueño...

¿Por qué le está diciendo Saraha esto al rey? Saraha está diciendo: Señor, vos vivís en el palacio, yo vivo en el cementerio; vos vivís con la gente guapa, yo vivo con la gente corriente, fea; vos vivís en la riqueza, yo vivo en la pobreza; vos vivís en la capital, yo vivo aquí en los crematorios... pero es lo mismo. Ese palacio es un sueño y estos crematorios son un sueño. Vuestra hermosa mujer es un sueño y mi arquera es un sueño, así que, ¿qué diferencia hay?

Si en el sueño te vuelves pobre o te vuelves rico, ¿hay alguna diferencia por la mañana? ¿Te pones muy contento por la mañana si en el sueño has sido muy rico? ¿Te sientes desgraciado por la mañana por haber sido un mendigo en el sueño? No importa; cuando estás despierto no importa.

Saraha dice: Señor, yo estoy despierto. La tercera consciencia ha sucedido; para mí todo es un sueño; el sueño y lo demás. Para mí todo es un sueño... un sueño dentro de un sueño dentro de un sueño. Ahora yo no hago ninguna distinción, he transcendido las distinciones. Ha surgido la no-mente. Así, que me respete o me insulte la gente (que crean que Saraha es un gran brahmín, un gran místico, un gran sabio, o que crean que es un pervertido, que está loco, que es un demente, que es un insensato) está perfectamente bien.

Esto es verdadero entendimiento. Entonces la opinión de nadie te puede distraer. Entonces nada puede distraerte: ni el éxito ni el fracaso, ni el respeto ni la humillación, ni la vida ni la muerte. Ése es el estado de no-distracción. Uno ha llegado a casa.

Entonces, una vez que la mente es resuelta... *libre de la mortaja de la oscuridad. En ti habrá auto-ser...* Yo he llegado a casa, dice Saraha. Mi auto-ser ha llegado, ahora tengo mi centro. Lo he perdido todo excepto una cosa: mi auto-naturaleza, mi auto-ser. Ahora conozco mis orígenes, ahora conozco la fuente de donde procedo, ahora conozco mi realidad.

...más allá de los pensamientos y auto-originado.

He ido más allá del pensamiento. Esas cosas no me distraen, señor. Todo está bien tal como es. Ésta es la actitud de un verdadero *sannyasin*: todo está perfectamente bien tal como es. Último *sutra*:

> *Este mundo de apariencia ha formado su radiante comienzo que nunca llega a ser; sin pautas, ha descartado las pautas.*
> *Como tal es una continua y única meditación; es no-meditación, inmaculada contemplación, y no-mente.*

Este mundo de apariencia ha formado su radiante comienzo que nunca llega a ser... Saraha dice: Éste mundo que estáis viendo nunca ha existido; sólo lo parece. Tal como un sueño aparece de la nada y regresa a la nada, así es este mundo.

Este mundo de apariencia ha formado su radiante comienzo que nunca llega a ser... Desde el mismo comienzo nada existe; tan sólo una onda en un lago silencioso... y la onda desaparece. Y no puedes atrapar la onda... exactamente igual que una onda de pensamiento, exactamente igual que una vibración.

...sin pautas, ha descartado las pautas.

Y no hay pautas en él. No es sólido; ¿cómo va a tener pautas? Es muy líquido, es muy fluido; no tiene pautas. Nadie sabe lo que está bien y lo que está mal. Nadie sabe quién es un santo y quién es un pecador. Nadie sabe qué es la verdad y qué es el pecado. No está bajo pautas.

Ésta es la comprensión del Tantra acerca del propio núcleo de la realidad: no está bajo pautas. Es un caos creativo. Finalmente, definitivamente, nada tiene que ser condenado y nada tiene que ser apreciado.

> *...sin pautas, ha descartado las pautas.*
> *Como tal es continua y única meditación...*

Éste es un hermoso sutra. Saraha dice: pero olvidaos de su realidad-irrealidad (*Como tal es continua y única meditación...* Esta experiencia que nos rodea... estos árboles, estos pájaros, este cuco que se vuelve loco) es continua y única meditación. Si puedes darte cuenta de ello, te puede ayudar a llegar a casa; es continua y única meditación.

> *...es no-meditación...*

No traigas tu mente aquí. Simplemente escúchalo, míralo, siéntelo. No traigas tu mente aquí.

> *...es no-meditación, inmaculada contemplación...*

Contempla, pero no a través de los pensamientos, simplemente a través de la transparencia. Observa, mira, sé; no a través del análisis, no a través de la lógica. Relaciónate a través del silencio; eso es inmaculada contemplación. Relaciónate a través del silencio, relaciónate a través del amor. Relaciónate... relaciónate con este cuco, relaciónate con el árbol, con el sol, no pienses en ellos. No te conviertas en un pensador...

> *...y no-mente.*

Así que al principio el mundo es un sueño, luego también considera un sueño al soñador. Primero el objeto es el sueño, luego el sujeto es el sueño. Cuando se abandonan ambos, objeto y sujeto, cuando desaparece el sueño y también el soñador, entonces hay no-mente.

Esta no-mente es el mismísimo origen de todo.

Esto es lo que Udallaka le estaba diciendo a su hijo. Le preguntaba:

–¿Has aprendido que uno, aprendiendo todo aquello que puede ser aprendido y olvidando que todo aquello que puede ser olvidado? ¿Has estudiado eso? ¿Has llegado a eso?

Y el hijo, que estaba molesto, le dijo:

–Lo he aprendido todo. ¿Pero de qué estás hablando? Mi maestro nunca habló de eso.

Así que Udallaka dijo:

–Entonces regresa, porque todo lo que te has traído es basura. ¡Regresa! En mi familia siempre hemos sido *verdaderos* brahmines.

Con "verdaderos" él quiere decir: Hemos conocido a *brahma*, hemos conocido la realidad; nosotros no somos sólo brahmines por nacimiento.

–Regresa. ¡Regresa inmediatamente!». La fiesta de bienvenida se paró, la música se paró. Con lágrimas... pero Udallaka mandó de regreso a su hijo. Había regresado de la casa del maestro después de muchos años y le mandaban regresar inmediatamente; ni siquiera un día de descanso.

Muy molesto, el hombre regresó al maestro. Le dijo:

–¿Pero por qué no me enseñaste eso de lo que habla mi padre? ¿Por qué? ¡Todos estos años desperdiciados! Y mi padre piensa que todo esto no vale para nada; no me conozco a *mí mismo*. Mi padre me dijo: «Si no te conoces a ti mismo, ¿de qué te sirven todos tus conocimientos? ¿Qué vas a hacer con tus conocimientos de los Vedas? Puedes recitar los Vedas, ¿pero qué vamos a hacer con eso? Y en mi familia –dijo mi padre– siempre hemos sido *verdaderos* brahmines. Regresa y

conviértete en un verdadero brahmín antes de que yo muera.
No regreses ha no ser que te hayas convertido en un verdadero
brahmín». Así que, señor, enséñemelo.

El maestro se rió. Dijo:

–Eso no puede ser enseñado. Sí puede ser atrapado, pero
no puede ser enseñado. Es por eso que no te lo he enseñado.
Pero si tú insistes, entonces se puede crear una situación.

Eso es lo que todos los maestros hacen: simplemente crean
una situación.

Esta comuna es una situación.

Yo no puedo enseñar la verdad, pero puedo crear una situación en la cual empecéis a capturar vislumbres de ella.

El estar yo aquí es una situación, el que yo os esté hablando constantemente es una situación. No es que yo pueda enseñar la verdad hablando; tan sólo se trata de una situación en la
que algún temblor pueda entrar en ti, en la que algunas veces
puedas coger una onda, y te emocione y te lleve lejos en un largo viaje hacia dentro.

Así que el maestro dijo:

–Puedo crear una situación. Y ésta es la situación: ocúpate
de todas las vacas del *ashram* –y había cuatrocientas vacas– y
llévatelas a lo más profundo del bosque. Llega tan lejos como
puedas, lo más lejos posible, hasta que seas inaccesible a cualquier otro ser humano. Y no regreses hasta que el rebaño haya
crecido hasta las mil cabezas. Esto llevará muchos años, pero
ve. Y recuerda, no veas a ningún ser humano. Las vacas serán
tus amigas y tu familia; puedes hablar con ellas si quieres.

Y Svetketu se internó en lo más profundo del bosque donde jamás había entrado ningún ser humano y vivió con sus vacas durante muchos años.

Esta historia tiene una inmensa belleza, pero claro, ¿de qué
vas a hablar con las vacas? Al principio debe haberlo intentado, pero poco a poco debió irse dando cuenta de que no tenía

sentido: las vacas simplemente te miran, sus ojos se mantienen vacíos. No hay diálogo. Sí, al principio, por la fuerza de la costumbre, puede que recitase sus Vedas, y las vacas seguirían constantemente comiendo su hierba. No les interesarían los Vedas y no le elogiarían por ser un gran sabio. Debe haber hablado de astrología y de las estrellas, pero a las vacas eso no les interesa. ¿Qué puedes hacer con una audiencia de vacas? Poco a poco dejó de hablar. Poco a poco empezó a olvidar. Poco a poco comenzó un gran desaprendizaje.

Pasaron los años. Y cuenta la historia que llegó el momento en que las vacas llegaron a mil. Pero para entonces Svetketu se había olvidado por completo de regresar. Realmente había olvidado contar; no había contado durante todos aquellos años.

Las vacas se pusieron muy intranquilas; el momento había llegado. Entonces una vaca se atrevió a decir:

–Escucha, ya somos mil, es la hora. El maestro debe estar esperando. Debemos ir a casa, es el momento de volver.

Así que cuando la vaca dijo que era el momento de volver, Svetketu las siguió.

Cuando llegó con aquellas mil vacas a la casa del maestro, el maestro salió a recibirlo y le dijo a sus otros discípulos:

–¡Mirad esas mil y una vacas!

Pero los discípulos dijeron:

–Sólo hay mil vacas, y es Svetketu.

El maestro dijo:

–Él ha desaparecido, él ya no está ahí. Es una vaca: es tan inocente... Mirad sus ojos.

Éste es el estado de no-mente. Y ésta ha sido la meta en Oriente: ese estado en el que no eres, y de hecho por primera vez eres.

A este estado de muerte y este estado de vida, a este estado de desaparición del ego y de lo falso, y de la aparición de lo real y lo auténtico, lo llamamos realización, Dios-realización, auto-realización. Éste es el estado al que Saraha llama auto-ser, más allá del pensamiento, más allá de la mente.

Tantra significa expansión. Es el estado en el que te expandes al máximo. Tus fronteras y las fronteras de la existencia ya no están separadas, son las mismas. Menos de eso no será satisfactorio.

Cuando te vuelves universal. Vienes a casa.

Cuando te vuelves todo, cuando te haces uno con el todo, cuando eres tan inmenso como el universo, cuando lo contienes todo; cuando todas las estrellas empiezan a moverse contigo y en ti nacen y desaparecen planetas; cuando tienes la expansión *cósmica*, entonces el trabajo ha concluido.

Has llegado a casa. Ésta es la meta del Tantra.

6. YO SOY SUFICIENTE SOLO

¿Qué ocurre cuando me hablas?

¿Estaba imaginando? ¿Cómo puedo confiar en lo que siento contigo?

¿Qué tienes tú que yo no tenga?

Tengo todo lo que podría querer y siento que mi corazón se está rompiendo.

¿Por qué siempre tengo miedo a la opinión de los demás?

Cuando me diste mi nombre... al servicio del amor.

¿Puede ser nociva la oración?

Primera pregunta; la pregunta es de Somendra:

Querido Osho, ¿qué le ocurre a mi voz cuando tú me hablas? ¿De qué va el juego?

Cuando realmente estás en comunión conmigo no puedes hablar. Si realmente me estás escuchando perderás la voz, porque en ese momento yo soy tu voz. La comunión que sucede entre tú y yo no es entre dos personas. No es una discusión, no es un debate, no es un argumentación, ni siquiera es un diálogo. La comunión sólo sucede cuando tú estás perdido, cuando tú no eres. En su punto más elevado ni siquiera es una relación "yo-tú". No es en absoluto una relación. Yo no soy, y también a ti te llega un momento en el que no eres. En ese momento dos ceros desaparecen el uno en el otro.

Ésa es la razón, Somendra: siempre que vienes a mí, pierdes la voz. Y no sólo te ocurre a ti, les ocurre a todos aquellos que realmente se están acercando a mí. ¿Cómo puedes acercarte a mí y mantener la voz? ¿Cómo puedes acercarte a mí y seguir siendo tú mismo? Tu voz es la voz de *tú*. Cuando el "tú" empieza a desaparecer, naturalmente, la voz también empieza a desaparecer.

En segundo lugar, no hay nada que decir. Cuando estás enamorado de mí, sabes que si hay algo que decir, yo lo sabré. Si yo no lo sé, entonces no merece la pena ser dicho, no hace falta; entonces debe ser irrelevante, pensamiento errante. No necesita ni ser pronunciado; sería un puro desperdicio de energía.

La mente va capturando mil y un pensamientos de todas partes, de todas las fuentes. Tus pensamientos no son tuyos; los pensamientos van saltando de una cabeza a otra; incluso sin hablar, incluso sin ser transmitidos, los pensamientos están constantemente saltando de una cabeza a otra. Tú los capturas, durante un momento eres poseído por los pensamientos y crees que son algo esencial. Cuando vienes a mí, todos esos pensamientos que has capturado de los demás de repente desaparecen.

Le ocurre a muchos *sannyasins*. Vienen preparados con muchas preguntas, y luego, simplemente sentándose frente a mí, se encuentran perdidos; esas preguntas desaparecen. Eso es significativo, es importante. Eso muestra que esas preguntas no eran tuyas, no eran *verdaderamente* tuyas. Cuando estés frente a mí (realmente frente a mí), cuando me estés mirando, sólo quedará aquello que es esencial; lo que no es esencial se irá. Algunas veces puede que desaparezcan todos tus pensamientos: no sólo perderás la voz, también perderás la mente. Y ésa es la única manera de estar al lado de un maestro. Sigue perdiendo la mente. Suelto, relajado, sin tensión. No hay nada que decir. Hay mucho que escuchar pero nada que decir.

Y después, en tercer lugar, todo está yendo magníficamente con Somendra. Sólo decimos algo cuando las cosas no van bien. He oído...

Una madre se quejaba a los médicos por su fracaso en hacer que su hijo de cinco años hablara. Los análisis revelaron el hecho de que el niño estaba muy sano y le dijeron que no se preocupara. Pero ella se preocupó. Un día, con las prisas, se le quemaron los cereales pero de todas formas los sirvió. El niño los probó, los escupió, y dijo:

−Dios, esto está horrible. Debes haberlo quemado.

Emocionada, ella dijo:

−¡Estás hablando! ¿Por qué no habías hablado antes?

Él la miró con desdén y contestó:

−¡Es que hasta ahora todo había estado bien!

Y hasta ahora todo ha ido bien con Somendra. No hay nada que decir.

Segunda pregunta:

Querido Osho, en una reciente visita al museo de Francfort, entré en una sala en la que únicamente había esculturas y tallas de Buda. Yo no siento ninguna fe en absoluto por los ídolos de piedra, pero me sorprendió sentir una corriente de energía muy fuerte en la sala, similar a lo que siento en estas lecturas. ¿Me lo estaba imaginando? Y si es así, ¿cómo puedo fiarme de lo que siento aquí contigo?

La pregunta es de Anand Samagra. Lo primero que hay que entender es que las estatuas de Buda no tienen nada que ver con Gautama Budha; te sorprenderá saber que todas son falsas. No se parecen a Buda en absoluto, pero tienen algo que ver con la budheidad; no tienen nada que ver con Gautama Budha como persona, tienen que ver con la budheidad.

Puedes entrar a un templo jaina y verás veinticuatro estatuas de veinticuatro *tirthankaras*, los fundadores del jainismo, y no te será posible encontrar ninguna diferencia entre ellos; todos son iguales. Para distinguirlos los jainas les ponen ciertos símbolos para saber quién es quién, porque todos son iguales. Así que si el símbolo de uno es una figura lineal, justo bajo los pies hay una pequeña figura lineal; así saben qué estatua es cuál. Si una tiene el símbolo de uno es una serpiente, entonces ya saben de quién se trata. Si esos símbolos estuvieran escondidos, ni siquiera un jaina podría distinguirlos: ¿De quién es esta estatua? ¿De Mahavira? ¿De Parswanatha? ¿De Adinatha? Y también te sorprenderá saber que son exactamente iguales a Buda; no hay diferencia.

Al principio, cuando Mahavira empezó a ser conocido en Oriente, pensaron que no era otra cosa que la misma historia de Buda, porque la estatua es la misma, la filosofía es la misma, el entendimiento es el mismo, la enseñanza es la misma. Así que era exactamente lo mismo, no había ninguna diferencia con Buda; pensaron que Mahavira era otro nombre de Buda. Y por supuesto ambos fueron llamados budas; "buda" significa "el despierto". Así que a Buda se le llamó Buda y a Mahavira también se le llamó Buda. Y a ambos se les llamó *jinas;* "jina" significa "el conquistador"», uno que se ha conquistado a sí mismo. A Buda se le conoce como "el jina" y a Mahavira también se le conoce como "el jina", así que pensaron que se trataba de la misma persona. Y la estatua lo demostraba claramente: eran absolutamente iguales. No son fotográficas, no representan a una persona; representan un determinado estado. Tendrás que entenderlo, así se aclarará.

En la India hay tres palabras muy importantes: una es *tantra,* de la cual estamos hablando, la otra es *mantra,* y la tercera es *yantra. Tantra* son técnicas para expandir tu consciencia. *Mantra* es encontrar tu sonido interno, tu ritmo interno, tu vibración interna. Una vez que has encontrado tu *mantra,* es de una gran ayuda: con una sola vez que recites el *mantra,* entras en tu vibración natural. Y la tercera es *yantra. Yantra* es una determinada figura que puede crear un determinado estado en ti. Una determinada figura, que si la miras, tiene que crear un determinado estado en ti.

¿No lo has observado? Mirando un cuadro de Picasso te sentirás un tanto incómodo. Concéntrate en un cuadro de Picasso durante media hora y te sentirás muy raro; algo se está volviendo loco. No puedes mirar un cuadro de Picasso durante media hora. Si tienes un cuadro de Picasso en tu dormitorio tendrás pesadillas, tendrás sueños muy peligrosos: serás hechizado por espíritus, torturado por Adolfo Hitler y cosas así; serás una víctima en un campo de concentración; cosas así.

Cuando observas algo, no sólo se trata de la figura exterior; cuando observas algo, la imagen crea una determinada situación en ti, Gurdjieff solía llamarlo «arte objetivo». Y tú lo sabes: cuando escuchas música pop, algo te ocurre; te sientes más excitado sexualmente. En el exterior no hay nada más que sonido, pero el sonido golpea en el interior, origina algo en ti. Escuchando música clásica te sientes menos sexual, menos excitado. De hecho con la buena música clásica casi te olvidas del sexo; estás en una tranquilidad, en un silencio, en una dimensión de tu ser completamente diferente. Existes en otro plano.

Observar una estatua de Buda es observar un *yantra.* La figura de la estatua, la geometría de la estatua, crea una figura en tu interior. Y esa figura en el interior crea una determinada vibración. Lo que te sucedió en el museo de Francfort, Samagra, no sólo fue imaginación; esas estatuas de Buda crearon una determinada vibración en ti.

Observa la estatua de Buda sentado tan silenciosamente en una postura de *yoga*: si continúas observando la estatua descubrirás que también dentro de ti está pasando algo así. Si estás en compañía de diez personas que están tristes, y tú eres la undécima, ¿durante cuánto tiempo puedes estar contento? Esas diez personas funcionarán como un *yantra*, un *yantra* de tristeza; más tarde o más temprano caerás en la tristeza. Si estás triste y vas a buscar compañía donde la gente está de bromas y risas, ¿durante cuánto tiempo puedes estar triste? Esas personas que se están riendo crearán risa en ti. Cambiarán tu enfoque, cambiarán tu marcha; empezarás a moverte en una dirección diferente. Esto sucede cada día, lo sepas o no.

¿Qué te sucede cuando observas una luna llena, o cuando escuchas a los pájaros y ves los árboles verdes? Algo verde empieza suceder dentro de ti. El verde es el color de la naturaleza, el color de la espontaneidad, el color de la vida; algo verde empieza a suceder dentro de ti. Los colores exteriores reflejan algo en el interior, vibran con algo en el interior, crean algo en el interior. Mirando a un árbol verde te vuelves más vivo... ¡te vuelves más joven!

Cuando vas al Himalaya y ves las montañas, las montañas nevadas... nieve eterna que nunca se ha derretido, la más pura nieve sobre la que haya caminado un hombre jamás, impoluta por la sociedad humana y el contacto humano; cuando miras a una cumbre del Himalaya, esa nieve inmaculada, virgen, crea algo virgen en tu interior. Una paz sutil empieza a expandirse en tu interior.

El exterior no es el exterior y el interior no es sólo el interior; están unidos juntos. Así que ten cuidado con lo que ves, ten cuidado con lo que escuchas, ten cuidado con lo que lees, ten cuidado con donde vas; porque todo eso te crea a ti.

Eso es lo que sucedió en Francfort. Las estatuas de Buda, todas esas estatuas a tu alrededor, creaban una geometría sutil. Te sorprenderá saber que ésa es la razón fundamental por la que se crearon las estatuas; no son ídolos, como tú crees. La idea cristiana, musulmana y judaica ha dado una noción del mundo muy errónea. No son ídolos, son muy científicos. No son objetos para adorar, son geometrías para ser absorbidas. Es una cosa completamente diferente.

En China hay un templo budista en el que hay diez mil estatuas de Buda; todas estatuas de Buda; donde sea que mires, la misma figura. En el techo hay la misma figura, en todos los lados hay la misma figura, en las paredes hay la misma figura. ¡Diez mil estatuas de Buda! ¡Imagínatelo, tú sentado con las piernas cruzadas en una postura de buda y además rodeado de diez mil budas! Esto crea una geometría. Buda te afecta desde todos los lados. Te rodea desde todos los rincones. Tú desapareces; tu geometría normal desaparece. Durante unos momentos asciendes a planos más elevados, a actitudes más elevadas.

Eso es lo que está sucediendo aquí. Mientras me escuchas (por mi presencia, por mis palabras, por tu actitud, por toda esa gente de naranja a tu alrededor) se crea algo. Es una situación, es un templo. Un templo es una situación; no se trata sólo de que estés sentado en una sala de discursos. Hay tanta gente escuchándome con tanto amor, con tanta gratitud, con tal silencio, con tal simpatía, con tal compenetración... este lugar es sagrado. Este lugar se convierte en un *tirtha;* un lugar sagrado. Cuando entras en este lugar vas sobre una ola, no necesitas hacer mucho esfuerzo. Puedes dejar que simplemente suceda. Serás transportado muy lejos, a la otra orilla.

Una persona que arreglaba matrimonios acordó con una familia traer a una muchacha que él pensaba que encajaría muy bien con el hijo. Después de cenar, cuando la muchacha se hubo marchado, la familia empezó a increpar al hombre que la había traído.

—¿Qué clase de profesional eres tú? ¡Es un monstruo! ¡Tiene un ojo en medio de la frente, la oreja izquierda alta, la oreja derecha baja, y el mentón totalmente hacia atrás!

El hombre interrumpió:

—¡Es sencillo, o te gusta Picasso o no!

La pintura moderna representa lo más feo de la existencia. Lo feo predomina por ciertas razones. Este siglo es uno de los más feos: dos guerras mundiales en cincuenta años, millones de personas muertas, destruidas... tal crueldad, tal agresión, tal violencia, tal locura. Este siglo es el siglo más de pesadilla. El hombre ha perdido la pista de su humanidad. ¡Las barbaridades que el hombre le ha estado haciendo al hombre! Naturalmente esta locura ha estallado en todas partes (en la pintura, en la música, en la escultura, en la arquitectura), en todas partes la fea mente humana ha creado fealdad.

La fealdad se ha convertido en un valor estético. Ahora los fotógrafos buscan algo feo. No es que la belleza haya dejado de existir; existe tanto como antes, lo que pasa es que se ignora. El cactus ha reemplazado a la rosa. No es que los cactus sean algo nuevo; han existido siempre, pero este siglo ha llegado a la conclusión de que las espinas parecen ser más reales que la rosa. La rosa parece un sueño; no pega con nosotros, de ahí que las rosas hayan sido expulsadas. El cactus ha entrado en tu estudio. Hace tan sólo cien años a nadie se le habría ocurrido traer un cactus a casa. Ahora, si eres moderno, tu jardín estará lleno de cactus. La rosa parece un poco burguesa; la rosa parece un poco pasada de moda; la rosa parece conservadora, ortodoxa, tradicional. El cactus parece revolucionario. Sí, el cactus es revolucionario; como Adolf Hitler, Josef Stalin, Mao Tse Tung, Fidel Castro. Sí, el cactus parece más cercano a este siglo.

El fotógrafo busca algo feo; fotografiará a un mendigo. No es que el mendigo no existiera antes, *existía*; él es real, ciertamente real, pero nadie se había dedicado a hacer arte con él. Nos sentimos humildes ante el mendigo, sentimos ganas de disculparnos ante el mendigo, sentimos que todavía existe algo que no debería existir; no queremos que haya mendigos. Pero este siglo insiste en buscar lo feo.

Todavía el sol penetra a través se las ramas de los pinos algunas mañanas. Los rayos penetrando en el pino crean tal red de belleza... Todavía existe, pero a ningún fotógrafo le interesa; eso ya no atrae. La fealdad atrae porque nos hemos vuelto feos. Lo que nos atrae muestra algo acerca de nosotros.

Buda es una rosa, ésa es la posibilidad más elevada. Y recuerda, no es exactamente una figura de Buda; nadie sabe qué aspecto tenía Buda. Pero ésa no es la cuestión. Eso no interesaba en esos días (por lo menos en Oriente no), no había ningún interés en absoluto por lo "real", interesaba lo supremamente real. No interesaba lo factual, interesaba la propia verdad.

Puede que Buda tuviera la nariz un poco larga, pero el artista pensó que una nariz un poco más pequeña estaría más a tono con la meditación, así que modificó esa larga nariz de Buda, y la hizo un poco más pequeña. Puede que Buda tuviera una gran barriga, ¿quién sabe? Los Budas japoneses tienen una gran barriga, pero los indios no tienen tanta barriga; diferentes actitudes.

En Japón creen que los meditadores deben respirar desde la barriga, desde el ombligo. Y cuando respiras desde la barriga, es normal que la barriga se haga un poco más grande. Entonces el pecho no es tan protuberante como la barriga, el pecho está relajado. Así que los Budas japoneses tienen la barriga grande. También eso se debe a una determinada razón: te indica que la respiración desde la barriga es la forma correcta de respirar. No tiene nada que ver con Buda; nadie sabe si tenía una gran barriga o no.

En la India las estatuas no tienen la barriga grande, porque el yoga indio no insiste en la respiración desde la barriga: la barriga tiene que estar metida dentro. También eso tiene otra razón determinada. Si quieres que la energía se eleve hacia arriba, entonces es mejor no respirar desde la barriga. Cuando se mete la barriga para dentro, la energía es aspirada hacia arriba más fácilmente; técnicas diferentes.

La respiración desde la barriga también es buena para determinados meditadores; es muy relajante. Pero entonces la energía no se puede mover de la misma forma que se mueve cuando se mete la barriga. Las estatuas indias de Buda tienen poca barriga; casi no tienen. Nadie conoce exactamente el aspecto que tenía Buda. En las estatuas tiene un aspecto muy femenino, muy redondeado; no parece masculino.

¿Has visto alguna vez alguna estatua con barba y bigote?: no. Las personas que pintaron a Jesús fueron más realistas. A las personas que pintaron a Buda no les importaba el realismo, les importaba la verdad suprema. No les importaba la apariencia de Buda, les importa la apariencia que un buda debería tener. Su énfasis no estaba en Buda, sino en la gente que miraría esas estatuas; en cómo esta estatua ayudaría a esas personas.

Por eso a Buda no se le pintó de viejo. Tiene que haberse vuelto viejo, vivió hasta los ochenta y dos años... estaba muy viejo, ciertamente, muy viejo y enfermo. Un médico tenía que estar con él constantemente. Pero no se ha pintado ninguna estatua de él estando viejo, enfermo, porque ésa no es la cuestión. Nosotros no estamos interesados en el cuerpo físico de

Buda, estamos interesados en su geometría interna; la cualidad interna de Buda es siempre joven, nunca es vieja. Y nunca está enferma, siempre está en un estado de buena salud; por su propia naturaleza no puede estar enferma. El cuerpo es joven, el cuerpo es viejo, el cuerpo se vuelve inútil, el cuerpo se muere. Buda no es nacido, nunca muere; Buda se mantiene eternamente joven. Mirando a una estatua joven vendrá a ti algo de juventud, sentirás algo fresco.

Pues bien, los indios hubieran preferido que Jesús nunca hubiese sido pintado, esculpido en la cruz. Eso es feo, triste. Aunque sea histórico no merece la pena recordarlo, porque todo aquello que tú creas que haya pasado, estás ayudando a que vuelva a suceder. No hay ninguna obligación para con los hechos: no le debemos nada al pasado, no hace falta recordar el pasado como fue. Está en nuestras manos elegir el pasado; elegir el pasado de tal manera que se pueda crear un mejor futuro.

Es verdad, Jesús fue crucificado, pero si hubiera sido crucificado en la India nosotros no lo habríamos pintado. Incluso en la cruz habríamos pintado algo totalmente diferente. Las pinturas occidentales son de Jesús en agonía, en pena; naturalmente, está siendo asesinado. Cuando observas, cuando te concentras, cuando meditas sobre Jesús te sientes triste.

No es una casualidad que los cristianos digan que Jesús nunca se rió. Y no es una casualidad que en la iglesia no puedas bailar, ni reír, ni estar contento. La iglesia es un asunto serio: tienes que estar muy serio... caras largas. De hecho, cuando Jesús está siendo crucificado allí, en el altar, ¿cómo puedes cantar y reír? En la India puedes reír y disfrutar. La religión es un regocijo, una celebración.

El quid de la cuestión es que la mente occidental es histórica y la mente oriental es existencial. El Occidente le da mucha importancia a los actos mundanos, el Oriente nunca le ha dado mucha importancia a la historia. Te sorprenderá saber que hasta que los occidentales no vinieron a la India, en la India no se conocía nada parecido a la historia. Nosotros nunca hemos escrito historia, nunca nos hemos preocupado de ello. A eso se debe que no sepamos cuándo nació ni cuándo murió Buda exactamente. Nunca hemos sentido mucho respeto por los hechos. Los hechos son mundanos: ¿qué importa que haya nacido en lunes, martes o jueves? ¿Qué importa? ¿Cómo importa? De hecho no importa en absoluto; cualquier día es bueno y cualquier año es bueno. Eso no es lo importante. Lo que importa es: ¿*quién* nació? ¿Quién era este hombre en su núcleo interno?

La historia se centra en la periferia, el mito se centra en el núcleo interior. La India no ha escrito historia sino mitología. Nosotros tenemos *puranas;* los *puranas* son mitología, no son historias. Son relatos poéticos, visiones místicas de cómo deberían ser las cosas, no de cómo son. Son visiones de lo supremo. Y Buda es la visión del *samadhi* supremo.

Aquellas estatuas de Buda que viste en el museo de Francfort son las estatuas del silencio interior. Cuando una persona esté en absoluto silencio estará en ese estado. Cuando todo esté tranquilo, sereno y calmado en el interior (cuando no se mueva ni un pensamiento, cuando no sople ni una leve brisa; cuando todo se haya parado), también te apetecerá sentarte como Buda. Te sucederá algo de la misma geometría. Se trata de arte objetivo; menos comprometido con la realidad de Buda y más comprometido con las personas que vengan a verlo y estén buscando budheidad. El énfasis es diferente: ¿qué le ocurrirá a aquellos que observen estas estatuas y se arrodillen ante ellas y mediten acerca de ellas?

En la India hay templos como el Khajuraho donde se ha esculpido toda clase de posturas sexuales. Muchas posturas son tan absurdas que ni siquiera al marqués de Sade o a von Sacher-Masoch se les hubieran ocurrido. Ni siquiera la persona más pervertida las hubiera imaginado. Por ejemplo, el hombre y la mujer sobre sus cabezas y haciendo el amor; no parece que alguien sea capaz de imaginarlo o de intentarlo. ¿Por qué pintaron estas imágenes? Son ejemplos de arte objetivo.

Esos templos de Khajuraho no eran templos ordinarios; eran una clase de terapia, existían como terapia. Siempre que alguien sufría alguna aberración sexual se le mandaba a Khajuraho. Tenía que observar y meditar acerca de todas esas cosas anormales, extrañas. Él tenía algo perverso en la mente; esa perversión estaba dentro del inconsciente. ¿Qué hace el psicoanálisis? Intenta traer las cosas del inconsciente al consciente, eso es todo. Y el psicoanálisis dice que una vez que algo ha pasado del inconsciente al consciente te relajas, te liberas de ello.

Pues bien, este Khajuraho era un gran psicoanálisis. Se trae un hombre anormalmente pervertido. Él ha reprimido su perversión; algunas veces emergen, pero él sigue reprimiendo. Él sabe que hay algo así como una herida, pero nunca ha podido mirarlo cara a cara. Se le trae a Khajuraho. Va despacio, meditando en cada imagen, en cada extraña postura. Y un día, de repente, una postura encaja con su perversión interna. De repente la represión sale desde la inconsciencia a la superficie, a la consciencia, y se relaja sin que haya ningún Freud o ningún Adler; el templo será suficiente. Durante unas semanas él puede permanecer allí. En aquellos días visitar un templo como Khajuraho era fundamental para todos los meditadores que realmente querían profundizar en la meditación.

Sobre las paredes del templo están todas esas estatuas; muy anormales, muy locas, muy pervertidas. Dentro del templo no hay ninguna pintura ni escultura sexual. Dentro sólo hay estatuas de Buda, de Shiva o de Krishna.

¿Qué significa esto? ¿Por qué fuera está lleno de sexo y dentro no hay nada? Es una técnica. Primero tienes que ir a la periferia para poder liberarte del sexo. Cuando una persona siente que las estatuas sexuales ya no la atraen (se sienta frente a ellas y no sucede nada en su interior, permanece calmada y tranquila, sin erección sexual, sin excitación; espera durante semanas y no siente sexualidad), entonces está habilitada para entrar en el templo.

Es simbólico. Ahora su sexualidad puede ir más allá. Estos templos eran templos Tantra, uno de los más importantes experimentos que se hayan llevado a cabo jamás. No son obscenos, no son pornográficos, son espirituales; un gran experimento de espiritualidad, un gran experimento para transformar la energía humana hacia niveles más elevados.

Pero primero la energía tiene que estar libre del nivel inferior. Y para liberarla sólo hay una forma: hacerla completamente consciente, traer todas las fantasías de la mente inconsciente al consciente.

Cuando el inconsciente está completamente descargado, eres libre. Entonces no tienes ningún bloqueo, entonces puedes moverte hacia dentro. Entonces puedes entrar en el templo, entones puedes meditar acerca de Buda, Shiva o Krishna.

No fue imaginación, Samagra. Sin saberlo te tropezaste con arte objetivo.

Tercera pregunta:

Querido Osho, ¿qué tienes tú que yo no tenga? (y no estoy hablando del ashram, el automóvil, la secretaria y todas esas cosas).

Tienes que estar hablando de «todas esas cosas», si no, ¿para qué mencionarlas siquiera? Su sola mención muestra la mente. Debes haber tenido miedo, la idea debe haber pasado por tu mente... Además yo no tengo ningún *ashram*, ningún automóvil, ninguna secretaria; de hecho yo no tengo nada. No se trata de tener. Ser... yo simplemente estoy aquí; mi riqueza es ser, no tener. Si el *ashram* está aquí es por vosotros, no por mí. Todo lo que hay aquí es por vosotros. No tiene nada que ver conmigo.

Yo soy suficiente solo.

Pero en alguna parte, en lo profundo de tu mente, debes estar muy apegado a las cosas. Cuando formulas una pregunta, recuerda, ésta muestra mucho de ti. Una pregunta no es sólo una pregunta, también es algo muy simbólico.

Unos cuantos hombres estaban discutiendo en la sala de fumadores acerca de quién había sido el inventor más importante. Uno pensaba que había sido Stevenson, que inventó el ferrocarril, otro que Edison, otro que Marconi, e incluso había uno a favor de los hermanos Wright. Finalmente uno se volvió hacia un hombre bajito que había estado escuchando toda la conversación pero que no había intervenido.

–¿Qué piensa usted, señor? –le preguntó.

–Bueno –replicó el hombre con una sabia sonrisa–, el hombre que inventó "el interés" no era ningún tonto.

Y en cada uno hay un judío oculto; el judío sólo piensa en dinero, intereses, cosas... tener.

Primero: cambia tu enfoque del tener al ser. Puedes tener el mundo entero y no te servirá de nada; seguirás siendo un mendigo. Y yo no te estoy diciendo que renuncies al mundo, estáte atento. Yo no estoy diciendo que renuncies al mundo; no saltes a la conclusión opuesta. Estoy diciendo que puedes tener todo el mundo y no tendrás nada. Eso es lo único que estoy diciendo. Yo no te estoy diciendo renuncia a ello... porque las mentes de aquellos que renuncian siguen enfocadas en el tener. Tú cuentas el dinero, ellos también cuentan el dinero. Tú dices: «tengo tantos miles de dólares», y ellos dicen: «he renunciado a tantos miles de dólares», pero el contar sigue. Tanto tú como ellos sois contables. Y la contabilidad es el mundo.

Saber quién eres tú es convertirse en un emperador. *Ser* es ser un emperador. *Tener* es ser pobre.

En el mundo hay dos clases de hombres pobres: los que tienen y los que no tienen. Pero ambos son pobres, porque los que tienen, no tienen nada, y los que no tienen, por supuesto, tampoco tienen nada. Ambos son pobres. Los que tienen están perplejos: «¿qué hacer ahora con ello?». Están atascados en ello; han desperdiciado toda su vida en conseguirlo, y ahora lo tienen ahí y no saben qué hacer con ello. No ha satisfecho nada, no ha aportado ninguna satisfacción, no ha causado ningún florecimiento. Todavía no han llegado a celebrar la vida. A través de ello no ha sucedido Dios. Nunca sucede a través del tener.

Tú preguntas: «¿qué tienes tú que yo no tenga...?».

Si insisten en hablar en términos de tener, entonces tú tienes más que yo. Tú tienes infinitamente más: egoísmo, ira, codicia, ambición, ego, y mil y una cosas más.

¿Qué tengo yo? Absolutamente nada. Exactamente, absolutamente nada. Si lo miras desde el punto de vista del tener, entonces yo soy el hombre más pobre, porque yo no tengo absolutamente nada. Pero si lo miras desde el punto de vista del ser, entonces soy el hombre más rico; porque cuando abandonas el ego no pierdes nada, tan sólo pierdes una enfermedad. Cuando abandonas el egoísmo no pierdes nada, tan sólo pierdes una enfermedad. Cuando abandonas la ira no pierdes nada, sino que ganas. Cada vez que abandonas cosas como esas que tú tienes, te vuelves más rico.

Cuando desaparece el egoísmo entra en existencia el compartir. Cuando desaparece la ira entra en existencia la compasión. Cuando desaparecen el odio, los celos, la posesividad, entra en existencia el amor.

Yo sólo me tengo a mí mismo. Pero ese yo se expresa a sí mismo en muchas, muchas dimensiones: en compartir, en amor, en compasión. Así que puedo decir que tú tienes más, mucho más, y a la vez diré que tú todavía no eres. Yo soy, y tú no eres.

Cuarta pregunta:

Querido Osho, ¿qué quieres decir cuando dices que el hombre es una máquina?

¡Que el hombre es una máquina! Tres escenas; la primera:

–¡Hola, Bernie, viejo amigo! –saludó Charlie, solemne en cierta forma–. Entremos al bar a celebrar el viejo hábito de fumarse un puro.
–¿De qué está hablando? –preguntó Bernie.
–Fíjate –continuó Charlie–, mi mujer quería que dejara de fumar. Y su sistema era que cuando yo sintiera ganas de fumar, en lugar del puro tomara una barra de caramelo.
–¿Lo hiciste? –preguntó Bernie.
–Sí, y por eso es por lo que lo estoy celebrando. He vuelto a los puros; lo de la barra de caramelo no funciona; créeme, lo intenté. Cada vez que quería fumar me compraba una barra de caramelo. ¿Pero sabes qué? ¡No podía mantenerla encendida!

Cuando yo digo que el hombre es una máquina quiero decir que el hombre funciona a través de los hábitos, no a través de la consciencia. Cuando digo que el hombre es una máquina quiero decir que el hombre funciona a través de su pasado, no a través de su espontaneidad.
Segunda escena...

Un hombre que trabajaba por la noche decidió dejarse las patillas hasta que su equipo favorito ganase la liga, para disgusto de su joven y bella esposa.

El día que su equipo ganó la liga dejó el trabajo, se afeitó, volvió a casa temprano y se metió en la cama. En la oscuridad tomó la mano de su esposa y se la pasó por su suavemente afeitada mejilla.

Ella se volvió ligeramente mientras sus dedos acariciaban la barbilla y dijo:

—¡Date prisa cariño! El viejo patillas debe estar a punto de llegar en cualquier momento.

Cuando digo que el hombre es una máquina, quiero decir que el hombre no se da cuenta del asunto, el hombre no mira al momento presente, el hombre no es sensible a la realidad. El hombre sigue viviendo en las viejas ideas, el hombre vive a través de los hábitos.

Y la tercera escena...

Un día Mulla Nasruddin leyó un pequeño poema en una revista. Le encantó. El poema decía lo siguiente:

Señor, ¿por qué no compra un ramo o dos
de hermosas flores primaverales?
Y llévelas a casa un día triste,
pero llévelas con cuidado.
Simplemente déselas a su mujer y dígale:
«Hoy he pensado en ti en la ciudad».

Mulla Nasruddin hizo eso exactamente. Compró unas flores, pero en vez de entrar en casa como hacía habitualmente, llamó a la puerta. Y cuando la mujer abrió la puerta, él se las dio. Para su gran sorpresa ella rompió a llorar.

—¿Por qué? ¿Qué pasa? —preguntó él.

–Oh –contestó ella–, he tenido un día horrible. La tetera se me rompió, el niño ha estado llorando todo el día, el cocinero se ha despedido, ¡y encima ahora tú llegas borracho!

Eso es lo que quiero decir cuando digo que el hombre es una máquina. Y tú no te das cuenta de ello, porque ¿cómo se va a dar cuenta una máquina? Necesitas alguien que lo martillee en tu cabeza constantemente, con la esperanza de que alguna vez el martillo te golpee realmente, te estremezca sacándote de tus hábitos, y durante un momento te despiertes.

Ése es todo el propósito del maestro: seguir golpeándote por un lado y por otro, por todos los lados y seguir cambiando las técnicas, las situaciones, los mecanismos para pillarte algún día desprevenido.

Si te vuelves consciente, aunque sólo sea por un momento, sabrás que todo tu pasado ha sido un pasado mecánico. Sólo entonces sabrás (y no porque yo lo diga) que el hombre es una máquina. Sólo entonces lo sabrás, cuando hayas catado un momento de consciencia. Entonces toda tu vida será simplemente conocida, vista, reconocida como mecánica. Por que incluso para saber que ha sido mecánica, necesitas algo con que compararla. Tú no tienes nada con que compararla; tú vives entre máquinas. Tu padre es una máquina, tu madre es una máquina, tu esposa es una máquina, tus amigos, tu jefe; vives entre máquinas. Tú eres una máquina. ¿Cómo darse cuenta?

Una vez la mujer de Mulla Nasruddin me contó que ella nunca se había dado cuenta de cuando él había bebido hasta que una noche llegó sobrio. Si un hombre está constantemente bebiendo es muy difícil saber que está bebiendo; te acostumbras a verle así.

Tú eres una máquina. Duele; ése es el propósito de llamarte máquina. Deja que duela, entonces habrá una posibilidad.

Si duele, significa que algo, en el fondo del inconsciente, tú también sientes que sí, así es.

¿Vives en el momento presente? ¿Reconoces las cosas tal como son ahora? ¿O simplemente sigues viéndolas a través de los viejos ojos, de la vieja mente... de la memoria? ¿No tienes clichés? Tú inmediatamente pones las cosas en ciertas cajas, cajas prefabricadas. Por ejemplo, si eres hindú y te encuentras con un hombre en el que estabas muy interesado... el hombre es muy hermoso y te gusta su onda. Preguntas cosas acerca de él y él dice, «soy musulmán». Se acabó. Toda esa hermosa onda desaparece, te arrugas. Tú tienes una caja, una caja fija: esos musulmanes no son buenos. Tu eres hindú; los musulmanes son malos. Inmediatamente le categorizas, le encasillas. Ahora ya no te interesa la realidad de ese hombre. La realidad decía otra cosa, pero iba en contra de tus categorías y tus teorías familiares.

He oído...

Una muchacha fue trabajar a una gran ciudad cercana. Eran muy pobres y la madre muy anciana, y como la muchacha era hija única, salió a trabajar para ganar algún dinero. A los pocos meses regresó con un montón de dinero. La madre se puso muy contenta; le preguntó:

–Bien, ahora dime, ¿qué hacías allí?

La hija, que era muy sincera, contestó:

–Me he hecho prostituta.

–¿Qué? –gritó la madre; y se desmayó. Cuando recuperó el conocimiento la madre volvió a preguntar:

–Dime otra vez, ¿qué te has hecho?

Y la hija contestó:

–Ya te lo he dicho madre, prostituta.

La madre dijo:

–¡Gracias a Dios! ¡Creí que habías dicho que te habías hecho protestante!

Eran católicos, por supuesto.

La categorización está constantemente en la mente. Observa: cuando haces algo, ¿respondes al hecho aquí ahora, o sigues ciertas teorías familiares? Cuando haces algo, ¿lo haces con atención, consciencia, o lo haces como un robot?

El otro día hablé acerca de las tres consciencias: consciencia uno, consciencia dos, consciencia tres. Ésta es la primera consciencia: observarte a ti mismo, observar tus acciones, observar tus reacciones, observar tus respuestas. ¿Cómo te estás comportando, como un hombre o como una máquina? Y de cada cien veces, te darás cuenta que en noventa y nueve te estás comportando como una máquina. Pero si empiezas a volverte un poquito alerta, entonces te estás convirtiendo en algo más que una máquina; está surgiendo en ti ese punto más. Esa consciencia te ayudará a convertirte en un hombre. Sólo cuando eres consciente eres un hombre. Plenamente consciente, eres un hombre plenamente. Plenamente inconsciente, eres una máquina.

Quinta pregunta:

Querido Osho, desde que he estado aquí, todo lo que he deseado me ha ocurrido. Ahora tengo todo lo que podría querer tener pero siento como si mi corazón se estuviera rompiendo. ¿Qué está ocurriendo?

Lo has interpretado mal. Tu corazón se está rompiendo de puro gozo, tu corazón se está rompiendo de deleite, de puro deleite. En determinados momentos el gozo se hace insoportable. Cuando el gozo es insoportable es cuando realmente eres dichoso. Entonces el gozo está en su cumbre, entonces el gozo está en el grado cien. Si puedes soportar todo ese gozo, empezarás a desaparecer en lo divino. No tengas miedo, no te está pasando nada malo; estás bendecida.

Pero esto sucede, nuestras ideas... Si ves a alguien llorando, piensa que está triste, debe de estar sufriendo. Empiezas a
consolarle. ¿Has oído la expresión «lágrimas de alegría»? También hay lágrimas de alegría. Así que no te apresures a consolarle; puede que simplemente se sienta feliz; no sabemos que la
gente llora cuando es feliz porque la gente no es feliz en absoluto. Así que las lágrimas de alegría sólo están en los poemas.
Se encuentran en los poemas, no en los ojos.

Pero las lágrimas no tienen nada que ver con la tristeza.
Que el hombre sólo llore cuando se siente triste, desgraciado,
se debe al feo estado de la humanidad, al triste estado de los
acontecimientos. Las lágrimas no tienen nada que ver con la
tristeza como tal, las lágrimas vienen sencillamente cuando
algo rebosa. Puede ser tristeza, puede ser alegría, puede ser
amor, puede ser ira. Observa a las mujeres: cuando se enfadan
demasiado empiezan a llorar. Es ira, no tristeza. Las lágrimas
son una indicación de que la taza está rebosando; entonces empiezan a brotar.

Tú dices: «desde que he estado aquí todo lo que he deseado
me ha ocurrido...».

Es por eso por lo que el gozo se está volviendo insoportable; te estás acercando al hogar. «Ahora tengo todo lo que podría querer tener y siento como si mi corazón se estuviera rompiendo. ¿Qué está sucediendo?».

La pregunta es de Anand Pratima.

Está sucediendo algo tremendamente hermoso. No intentes
analizarlo ni intentes pensar en ello. No intentes interpretarlo,
de otra forma la mente puede destruirlo todo. Es la mente intentando interferir con el corazón. La pregunta es de la mente. El
corazón rebosa alegría, por eso es por lo que se está rompiendo;
no puede contenerla; la alegría es demasiada. Para eso es para lo
que estoy yo aquí, eso es por lo que tú has venido a mí.

Deja que se rompa, deja que se haga pedazos.

Deja que explote de gozo.
Deja que desaparezca en la infinidad.

Sexta pregunta:

Querido Osho, ¿por qué siempre tengo miedo de las opiniones de los demás?

Porque tú no eres, porque tú todavía no eres. No eres más que un fenómeno de amontonamiento de las opiniones de los demás. ¿Quién eres tú? Algunos dicen que eres guapo, así que eres guapo. Otros dicen que eres feo, así que eres feo, y otros dicen que eres maravilloso, así que eres maravilloso. Y otros dicen: «nunca he visto una persona tan mala», así que eres una mala persona. Y la gente va diciendo, y tú vas recogiendo todas esas cosas, y eso es tu imagen. A eso se debe que tu imagen sea tan contradictoria, tan ambigua: una persona dice que eres guapo, otra dice que eres feo. Tú quieres olvidar la idea de la persona que dice que eres feo, pero no puedes olvidarla, estará ahí. Si mantienes la opinión de que eres guapo también tendrás que mantener la opinión de que eres feo.

Tu imagen es muy ambigua, tú no sabes exactamente quién eres. Tú eres una mezcolanza, lo que aquí en la India llamamos un *kedgeree*, una mezcla de muchas cosas. Tú no tienes un alma todavía. No tienes individualidad alguna, no tienes ningún centro integrado, tú simplemente eres una chamarilería de opinión de los demás. Por eso tienes miedo, porque si la opinión de los demás cambia, tú cambias; estás en *sus* manos.

Y éste es el truco que la sociedad ha usado. La sociedad tiene una técnica: hace que sientas una gran ambición por el respeto social. A través de ello te manipula. Si sigues las reglas de la sociedad, ella te respeta; si no respetas las reglas de la sociedad, te insulta despiadadamente, te hace mucho daño. Y seguir las reglas de la sociedad es convertirse en un esclavo. Sí, la sociedad te rinde un gran respeto por ser un esclavo, pero si quieres ser un hombre libre se enfada, no quiere tener nada que ver contigo.

Ser realmente un hombre libre y vivir en la sociedad es muy difícil. Y os lo digo por experiencia propia. Es casi imposible existir, porque la sociedad no quiere ningún hombre libre. El hombre libre es un peligro para la existencia de la sociedad. A la sociedad le gustan los zombis, las máquinas, los robots; siempre dispuestos a ponerse en una cola en cualquier parte. Simplemente llámalos en voz alta, «¡atención!», y empezarán a ponerse en fila automáticamente. No preguntarán por qué, son imitadores.

Ahora la sociedad les paga bien: les da respeto, les da premios, condecoraciones, honores; tiene que hacerlo, ése es el truco. Nunca le concede un premio aquellos que son libres, nunca les homenajean. ¿Cómo va a homenajearles?; son enemigos. Un hombre libre es un enemigo en una sociedad que no lo es, un hombre moral es un enemigo para una sociedad inmoral, un hombre religioso es un enemigo para una sociedad irreligiosa. En un mundo de materialismo un hombre espiritual siempre está en dificultades: no encaja en ninguna parte.

La sociedad te da todo lo que quieras para que encajes con las demás; te da una buena imagen, te apoya. Pero si no escuchas, empieza a cambiar de opinión. Puede demolerte en segundos, porque tu imagen está en manos de la sociedad. Así que eso es lo primero que hay que entender.

Tú preguntas: «¿por qué siempre tengo miedo las opiniones de los demás?». Porque tú todavía no eres, tú no eres nada más *que* las opiniones de los demás, de ahí el miedo: ellos pueden retirar sus opiniones. El sacerdote ha dicho que tú eres un hombre muy bueno. Ahora, si te portas bien, continuarás siendo un hombre bueno. Si no te comportas según él (y puede que él sea un neurótico, y aun así tienes que comportarte según él), si no te portas como ellos quieren, si haces algo por ti mismo, el sacerdote te mirará y dirá: «Ahora estás yendo en contra de la moralidad, estás yendo en contra de la religión, estás yendo en contra de la tradición. ¡Estás cayendo en pecado!». Cambiará su opinión sobre ti; y tú eras "bueno" por su opinión.

Sé tú mismo. Nadie puede hacerte ni bueno ni malo. Excepto tú mismo, nadie puede hacerte ni bueno ni malo. Estas falsas imágenes sólo se viven en sueños.

A un hombre le dijo su médico:
—Vas a hacer historia médica, hombre. ¡Eres el único hombre que se conozca que se haya quedado embarazado!
A lo que el hombre replicó:
—¡Eso es terrible! ¿Que dirán los vecinos? Ni siquiera estoy casado.

A él no le importa la historia ni los hallazgos médicos, lo que le preocupa es lo que dirán los vecinos porque ni siquiera está casado.

Tenemos miedo constantemente. Este miedo continuará si no dejas de recoger opiniones. abandónalas; *todas* las opiniones. ¿Alguien cree que eres un santo? Abandónale, porque él es peligroso; te manipulará a través de su idea. Una vez que le escuchas y le crees, él se convierte en el amo y tú en el esclavo.

Algunas veces la gente viene a mí y me dice: «eres un gran santo». Yo digo: «Lo siento, perdóname. Nunca utilices esa palabra conmigo, porque yo no voy a ser manipulado por nadie. Yo soy simplemente yo mismo; ¡santo o pecador, eso no importa!». El hombre cree que me está alabando. Puede que ni siquiera sea consciente de lo que está haciendo. Cuando alabas a una persona adquieres poder sobre ella. Siempre que alabas a una persona y ésta acepta tu alabanza, ha caído víctima de ti . Ahora tú la controlas. Ahora, cuando quiera hacer algo, cualquier cosa inocente...

Simplemente piensa: a un determinado hombre tú le llamas santo, *mahatma*, gran sabio. Pues bien, un día le apetece fumar; ¿qué hacer? No puede fumar, porque ¿qué pasaría con su santidad? Pagar con la santidad parece un precio demasiado alto por fumar; no puede fumar porque mucha gente le llama santo. O se convertirá en un hipócrita. Puede que empiece a fumar a escondidas y diga que no fuma, y en público condenará el fumar como si fuera lo peor. Entonces tendrá dos caras, la pública y la privada. Entonces estará dividido.

Nunca aceptes las opiniones de los demás, buenas o malas. Simplemente diles: «Lo siento. Por favor, quédate con tus opiniones. Yo soy yo mismo». Si puedes permanecer así de alerta, nadie podrá manipularte, te mantendrás libre. Y la libertad es felicidad. La libertad es difícil, recuerda, porque la sociedad está hecha de esclavos. La libertad es muy difícil, pero es la única dicha que existe. La libertad es la única danza que existe, la libertad es la única puerta a Dios. Un esclavo nunca alcanza a Dios, no puede.

Séptima pregunta:

Querido Osho, se ha dicho que los ingleses son los mejores sirvientes del mundo. Cuando me diste mi nombre lo tradujiste como «al servicio del amor». Sé que también puede traducirse como «el sirviente del amor». He pensado en ello. Algunas veces parece que estoy más al servicio del amor cuando más soy yo misma y no estoy intentando servir. De otra forma parece más un servilismo y que estoy padeciendo de la enfermedad cultural inglesa de la cortesía, el servilismo y la amabilidad. ¿Podrías comentar esto por favor?

La pregunta es de Ma Prem Dasi. *Prem Dasi* de hecho significa «el sirviente del amor». Pero mientras le daba *Sannyas*, lo traduje aposta como «al servicio del amor». La traducción exacta es «el sirviente del amor». Yo lo traduje como «al servicio del amor» por una determinada razón.

Me gustaría que os fuerais volviendo más y más serviciales, pero no me gustaría que os convirtierais en sirvientes. Los sirvientes no sirven, sólo los amos sirven; los sirvientes cumplen con su deber. Deber es una palabra fea. Ellos tienen que hacerlo; en eso no hay belleza, no hay alegría. Así que estáte al servicio, pero jamás seas un sirviente; eso es lo primero.

La segunda es: cuando te conviertes en un sirviente adquieres hábitos. El servicio es un proceso continuo; convertirse en un sirviente es adquirir un carácter. La gente sabe que eres un sirviente público, la gente sabe que ese hombre es un sirviente.

Por ejemplo, estás pasando por una carretera, descubres una casa en llamas y te apresuras a entrar y salvas a un niño que estaba a punto de morir. Pero no *tienes* que hacerlo; no ibas a la búsqueda de algún servicio público. Sencillamente ibas dando un paseo por la mañana y la casa estaba en llamas. No te lo pensaste en absoluto; sólo la situación y la respuesta... Estás al servicio. Pero el sirviente es peligroso, porque si no puede encontrar a alguien a quien servir, servirá a alguien a la fuerza.

He oído una historia acerca de un misionero cristiano que estaba enseñando a sus estudiantes, estudiantes de la escuela dominical, niños y niñas pequeños... Les estaba diciendo que hicieran algo bueno, una buena obra, por lo menos una vez por semana. El pasado domingo, les preguntó qué buenas obras habían hecho, qué servicios públicos habían hecho, si habían ayudado a alguien. Tres niños se levantaron, y él se puso muy contento. De treinta por lo menos tres... pero eso no es más que un porcentaje, ¿a quién le importa?

Así que le preguntó al primer niño:

–¿Qué has hecho? Díselo a toda la clase.

Y el niño dijo:

–Señor, he ayudado a una anciana a cruzar la calle.

El misionero dijo:

–Muy bien. Cuida siempre a las ancianas.

Y luego le preguntó a otro niño, y el niño respondió:

–Yo también ayudé a una anciana a cruzar la calle.

Entones el sacerdote se quedó un poco perplejo... Pero no encontró ningún motivo, habiendo tantas ancianas; puede que haya ayudado a otra.

Así que le preguntó al tercero y éste contestó:

–Yo también ayudé a una anciana a cruzar la calle.

Entonces el sacerdote dijo:

–Esto ya parece demasiado; ¿los tres ayudasteis a tres ancianas?

A lo que contestaron:

–No, no había tres, había una. Sólo había una mujer a la que ayudamos los tres.

Así que les preguntó:

–¿Pero hacían falta tres? ¿Me estáis diciendo que os necesitaba a los tres?

–Incluso entre seis habría sido difícil porque ella no quería cruzar. ¡Fue muy difícil, señor, pero lo hicimos, porque había que hacer algo! ¡Ella estaba muy enfadada!

Jamás seas un sirviente, de otra forma estarás a la búsqueda. Y si no puedes encontrar algún lugar donde servir, *tú* te enfadarás. De esa gente, los sirvientes públicos, hay alrededor de todo el mundo; son la gente más dañina. Originan mucho mal... porque imponen su servicio incluso cuando la gente no quiere ser servida. Tienen que imponerlo, tienen cierto interés en ello. No pueden permitir que exista un mundo maravilloso porque ¿qué sería de ellos?

Imagínatelo: si no quedaran leprosos, si no quedara gente enferma, si los hospitales no fueran necesarios. Si todo el mundo se hubiera iluminado y ni las escuelas, ni los institutos, ni las universidades fueran necesarios... ¿qué sería de los servidores públicos? Empezarían a suicidarse. ¡Nadie a quien servir! Ellos lo necesitan, se las arreglarían para, de alguna forma, crear una situación en la que pudieran ser útiles; todo su prestigio depende de ello. Es una cuestión de ego.

Por eso, sabiendo bien... Recuerdo con toda claridad cuando le di *sannyas* a Prem Dasi: lo iba a traducir como «el sirviente del amor», luego pensé que sería erróneo. Las palabras significan eso, pero yo lo cambié y le dije «al servicio del amor».

Estáte al servicio, pero no conviertas el servicio en tu carácter. Yo amo a la gente que vive sin carácter, que vive momento a momento, que tan sólo responden a las situaciones. De otra forma estarás cautiva.

Y tienes razón, Prem Dasi. Tú dices: «estoy más al servicio del amor cuando más soy yo misma y no estoy intentando servir». Completamente cierto. Así es. Cuando intentas servir, deja de ser hermoso, deja de ser amor. Cuando eres tú mismo, puramente tú mismo... desde esa independencia, desde ese ser, emerge el amor y sirves a la gente. Y no existe el sentimiento de que tú eres un sirviente y que hay amos. Tú sirves simplemente porque tienes tanto para dar que tienes que compartir: fluye en tu compartir, en tu amor, en tu compasión.

Última pregunta:

Querido Osho, ¿puede ser nociva la oración?

Nunca lo había oído, excepto en una ocasión. Ésta es la historia.

Dos muchachas se casaron el mismo día y fueron con sus maridos al mismo hotel. Los cuatro se sentaron en el salón pensando que sería muy obvio si los cuatro se fueran temprano a la cama, pero después de un rato decidieron que las mujeres se fueran hacia los lavabos y que luego disimuladamente se desviaran hacia las habitaciones, y los hombres se quedarían a tomarse la última copa en el bar. Diez o quince minutos más tarde los hombres se marcharían casualmente de la misma manera y se reunirían con las esposas.

De cualquier forma, cuando estaban a punto de seguir a las mujeres, se apagaron todas las luces; lo cual resultaba desconcertante tratándose de un edificio desconocido. De todas formas, ambos estaban seguros de que podrían encontrar sus habitaciones, así que marcharon.

Harry subió las escaleras y recorrió los pasillos a tientas, contando las puertas muy cuidadosamente (él era un hombre muy cuidadoso) hasta que encontró la habitación. Para estar más seguro encendió un fósforo y vio un poco de confeti por el suelo. Entonces entró en silencio y se fue desnudando con cuidado, se puso el pijama, se arrodilló, rezó sus oraciones y saltó a la cama dispuesto a hacer el amor.

¡En aquel momento volvió la luz y se dio cuenta de que estaba en la habitación "correcta" pero en el piso equivocado, y de que aquélla era la habitación de la mujer de su amigo! Recogió sus ropas y se fue corriendo a su habitación; ¡sólo para descubrir que el otro hombre era ateo!

7. LA INTELIGENCIA
ES MEDITACIÓN

La mente, el intelecto y los contenidos formados por esa mente son Ello, igual que el mundo y todo lo que parece diferir de Ello , todas las cosas que pueden ser sentidas, y el que percibe, también el embotamiento, la aversión, el deseo y la iluminación.

Como una lámpara que brilla en la oscuridad del desconocimiento espiritual, se lleva las oscuridades de una mente tan lejos como fragmentos de intelecto obtiene.
¿Quién puede imaginar el propio ser de la ausencia de deseos?

No hay nada que negar, nada que afirmar o a que agarrarse, porque Ello no puede ser jamás concebido.
Por los fragmentos del intelecto están los ilusos encadenados; individida y pura se mantiene la espontaneidad.

Si cuestionas la supremacía con los postulados de varios y uno, la unidad no se da, porque al transcender el conocimiento los seres con sentimientos se liberan.
El radiante es potencia latente en el intelecto, y eso se muestra como meditación. Mente inquebrantable es nuestra verdadera esencia.

La visión del Tantra es un enfoque directo hacia Dios, hacia la realidad, hacia aquello que es. No tiene meditadores ni intermediarios ni sacerdotes. De hecho el Tantra dice que en cuanto entra el sacerdote, la religión se corrompe. No es el diablo quien corrompe la religión, es el sacerdote. El sacerdote está al servicio del diablo.

A Dios sólo se le puede abordar directamente. No hay un camino intermedio. No puedes ir a través de alguien porque Dios es inmediatez, Dios es aquí ahora, ya te rodea. Dentro y fuera, sólo Dios existe.

No hace falta buscar a nadie que te ayude a encontrar a Dios. Tú ya estás en él, nunca has estado separado de él. Aunque tú quisieras, no podrías separarte de él. Por mucho que te esfuerces, es imposible separarse. No hay ningún otro lugar adonde ir y no hay nada más que ser.

El Tantra no es una religión en el sentido habitual porque no tiene rituales, no tiene sacerdotes, no tiene escrituras. Es un enfoque individual hacia la realidad. Es tremendamente rebelde. No confía en organizaciones, no confía en la comunidad; su confianza está puesta en el individuo. El Tantra cree en *ti*.

Sucedió en una reunión por el resurgimiento de Billy Graham,* un muchacho que había estado recogiendo donaciones en un determinado momento intentó escapar con el dinero. Dos policías lo atraparon con las manos en la masa. Naturalmente Billy Graham se encolerizó y le dijo al muchacho:

–Este dinero le pertenece a Dios, ¿qué estabas intentando hacer, robar a Dios?

El muchacho contestó:

–Señor, yo tomé el dinero en un intento de acercarme a Dios; eliminando al intermediario, claro.

---

* Famoso telepredicador americano. (*N. del T.*)

El intermediario no hace falta para nada. El verdadero maestro nunca intenta convertirse en un intermediario; no lo es. Él no te ayuda a alcanzar a Dios, él simplemente te ayuda a volverte consciente de lo que ya está ahí. Él no es un puente entre tú y Dios, él es simplemente un puente entre tu inconsciencia y tu consciencia. En cuanto te vuelves consciente estás unido a Dios directamente, inmediatamente, sin que haya nadie entre Dios y tú.

Esta visión del Tantra es una de las mejores visiones jamás soñadas por el hombre: una religión sin sacerdotes, una religión sin templo, una religión sin organización; una religión que no destruye al individuo sino que, al contrario, respeta la individualidad inmensamente, una religión que confía en el hombre y la mujer corrientes. Y esta confianza es muy profunda. El Tantra confía en tu cuerpo; ninguna otra religión confía en tu cuerpo. Y cuando las religiones no respetan tu cuerpo, crean una división entre tú y tu cuerpo. Te hacen enemigo de tu cuerpo, destruyen la sabiduría del cuerpo.

El Tantra confía en tu cuerpo. El Tantra confía en tus sentidos. El Tantra confía en tu energía. El Tantra confía en ti; en tu totalidad. El Tantra no niega nada sino que lo transforma todo.

¿Cómo alcanzar esta visión del Tantra? Éste es el mapa para ponerte en funcionamiento, para volverte hacia dentro y para atraerte al más allá.

Lo primero es el cuerpo. El cuerpo es tu base, es tu suelo, es donde tú estás afianzado. Hacerte antagonista del cuerpo es destruirte, es hacerte esquizofrénico, es hacerte desgraciado, es crear el infierno. Tú *eres* el cuerpo. Claro que eres más que el cuerpo, pero ese «más» vendrá más tarde. Primero, eres el cuerpo. El cuerpo es tu verdad básica, así que nunca estés en contra del cuerpo. Cuando estás en contra del cuerpo, estás yendo en contra de Dios. Cuando eres irrespetuoso con tu cuerpo pierdes contacto con la realidad, porque tu cuerpo es tu contacto, tu cuerpo es tu puente. Tu cuerpo es tu templo.

El Tantra enseña a reverenciar, a amar, a respetar, a estar agradecido al cuerpo. El cuerpo es maravilloso, es el mayor de los misterios.

Pero te han enseñado a estar en contra del cuerpo. Por eso algunas veces un árbol te maravilla, el verde árbol; algunas veces te maravillan la luna y el sol, algunas veces te maravilla una flor; pero nunca te maravilla tu propio cuerpo. Y tu cuerpo es el fenómeno más complejo de la existencia. Ninguna flor, ningún árbol tiene un cuerpo tan hermoso como el que tú tienes; ninguna luna, ningún sol, ninguna estrella tiene un mecanismo tan evolucionado como el que tú tienes.

Te han enseñado a apreciar la flor, que es una cosa simple. Te han enseñado a apreciar al árbol, que es una cosa simple. Te han enseñado a apreciar las piedras, las rocas, las montañas, los ríos, pero nunca te han enseñado a respetar tu propio cuerpo, nunca te han enseñado a maravillarte con él. Al estar muy cerca es muy fácil olvidarse de él. Es muy obvio, así que es fácil ignorarle. Pero es el fenómeno más hermoso.

Si miras a una flor, la gente dirá: «¡qué estético!». Pero si miras a la hermosa cara de una mujer o de un hombre, la gente dirá: «eso es lujuria». Si te acercas a un árbol y te quedas mirando sus flores embelesado (con los ojos muy abiertos, con los sentidos muy abiertos para permitir que la belleza de la flor entre en ti) la gente pensará que eres un poeta, un pintor o un místico. Pero si te acercas a un hombre o a una mujer y te quedas ahí con gran reverencia y respeto, y miras a la mujer con los ojos muy abiertos, bebiendo su belleza con los sentidos, la policía te detendrá. Nadie dirá que eres un místico, un poeta; nadie apreciará lo que estás haciendo.

Algo anda mal. Si abordas a un extraño en la calle y le dices: «¡qué ojos tan hermosos tienes!», tú te sentirás incómodo y él se sentirá incómodo. No le será posible darte las gracias. De hecho se sentirá ofendido, porque ¿quién eres tú para interferir en su vida privada? ¿Cómo te atreves? Si tocas a un árbol, el árbol se siente feliz. Pero si tocas a un hombre, se sentirá ofendido. ¿Qué es lo que ha ido mal? Algo ha sido profunda y gravísimamente dañado.

El Tantra te enseña a reivindicar el respeto, el amor al cuerpo. El Tantra te enseña a mirar tu cuerpo como la mayor creación de Dios. El Tantra es la religión del cuerpo. Claro que va más allá, pero nunca deja al cuerpo; está afianzado en él. Es la única religión que realmente está afianzada a la tierra: tiene raíces. Otras religiones son árboles desarraigados; muertos, embotados, agonizantes; a través de ellos no fluye la savia. El Tantra es verdaderamente sustancioso, muy vivo.

Lo primero es aprender a respetar al cuerpo, desaprender todos los disparates que te han enseñado acerca del cuerpo. De otra forma nunca te pondrás en funcionamiento, nunca te volverás hacia dentro y nunca te atraerá el más allá.

Empieza por el principio. El cuerpo es tu principio. Hay que purificar el cuerpo de muchas represiones. Se necesita una gran catarsis para el cuerpo, un gran *rechana*. El cuerpo se ha ido envenenando porque tú has estado en su contra, lo has reprimido de muchas formas. Tu cuerpo está existiendo en el nivel mínimo, por eso eres desgraciado.

El Tantra dice: la dicha sólo es posible cuando existes en el nivel óptimo, nunca antes. La dicha sólo es posible cuando vives intensamente. ¿Cómo puedes vivir intensamente si estás en contra del cuerpo? Tú siempre estás tibio, el fuego se ha enfriado. A través de los siglos, el fuego ha sido destruido. Hay que reencender el fuego.

El Tantra dice: primero purifica el cuerpo; purifícalo de toda represión. Permite que la energía del cuerpo fluya, quita los bloqueos. Es muy difícil cruzarse con una persona que no tenga bloqueos, es muy difícil cruzarse con una persona cuyo cuerpo no esté tenso. Afloja esa tensión; esa tensión está bloqueando tu energía, con esa tensión no puede haber ningún flujo. ¿Por qué todo el mundo está tan tenso? ¿Por qué no te puedes relajar? ¿Has visto un gato durmiendo, sesteando por la tarde? ¡Qué simple y bellamente se relaja! ¿No te puedes relajar tú de la misma manera? Tú te mueves y das vueltas en la cama; no puedes relajarte. Y la belleza de la relajación del gato radica en que se relaja por completo y a la vez está plenamente alerta. Un ligero movimiento en la habitación y él abrirá los ojos, saltará y estará alerta. No sólo está durmiendo. El sueño del gato es algo que hay que aprender; el hombre lo ha olvidado.

El Tantra dice: aprende de los gatos: cómo duermen, cómo se relajan, cómo viven de una manera no tensa. Y todo el mundo animal vive de esa manera no tensa. El hombre tiene que aprender eso, porque el hombre ha sido condicionado erróneamente, el hombre ha sido programado erróneamente.

Desde tu más tierna infancia has sido programado para estar tenso. No respiras... por miedo. La gente no respira por miedo a la sexualidad, porque cuando respiras profundamente, tu respiración va directamente al centro sexual y lo presiona, lo masajea desde dentro, lo excita. Como se enseña que el sexo es peligroso, todos los niños empiezan a respirar poco profundo, solamente hasta el pecho. Nunca traspasan este límite porque si lo traspasan, de repente surge la excitación; emana la sexualidad y aparece el miedo. En cuanto respiras profundamente, la energía sexual se libera, tiene que fluir por todo tu ser. Entonces tu cuerpo se volverá orgásmico. Pero tienes miedo a respirar, tanto miedo que casi la mitad de los pulmones está llena de dióxido de carbono...

Hay muchos, muchos miles de agujeros en los pulmones y normalmente el cincuenta por ciento de ellos no se limpia nunca, permanece siempre lleno de dióxido de carbono. Por eso estás embotado, por eso es por lo que no pareces alerta, por eso la consciencia es difícil. No es una casualidad que ambos, el Tantra y el Yoga enseñen la respiración profunda, *pranayama,* para vaciar los pulmones de dióxido de carbono. El dióxido de carbono no es bueno; debe sacarse constantemente. Tienes que inhalar aire nuevo, fresco; tienes que respirar más oxígeno. El oxígeno creará fuego interno, el oxígeno te encenderá. Pero el oxígeno también inflamará tu sexualidad. Por eso en realidad sólo el Tantra te puede permitir respirar profundamente; ni siquiera el Yoga puede permitirte respirar profundamente. El Yoga también te permite bajar hasta el ombligo; pero no ir más allá, no te permite cruzar el centro *hara*, el *swadhishthan*, porque una vez que cruzas el *swadhishthan* saltas al *muladhara*.

Sólo el Tantra puede permitirte ser y fluir totalmente. El Tantra te da libertad incondicional; para lo que quiera que seas y lo que quiera que puedas ser, el Tantra no te pone límites. No te define, sencillamente te da plena libertad. Se entiende que cuando eres plenamente libre se puede hacer mucho.

Yo he observado que la gente sexualmente reprimida se vuelve estúpida. Sólo la gente muy viva sexualmente es inteligente. Pues bien, la idea de que el sexo es pecado ha debido dañar la inteligencia, ha debido dañarla muy severamente. Cuando estés realmente fluyendo y tu sexualidad no esté en ninguna lucha, en ningún conflicto contigo, cuando cooperes con ella, tu mente funcionará a su nivel óptimo. Serás inteligente, alerta, vivo.

Hay que hacerse amigo del cuerpo, dice el Tantra.

¿Tocas tu propio cuerpo algunas veces? ¿Sientes tu propio cuerpo, o te comportas como si estuvieras encajado en una cosa muerta? Eso es lo que está sucediendo: la gente está casi congelada; lleva el cuerpo como si fuera un estuche. Es pesado, obstruye, no te ayuda a comunicarte con la realidad. Si permites que la electricidad del cuerpo fluya desde los dedos de los pies a la cabeza, si le permites libertad total a su energía (la bioenergía) te convertirás en un río y no sentirás el cuerpo en absoluto. Te sentirás casi incorpóreo. Si no luchas con el cuerpo te vuelves incorpóreo. Si luchas con el cuerpo, el cuerpo se convierte en una carga, y si llevas tu cuerpo como si fuera una carga no podrás llegar jamás a Dios.

El cuerpo tiene que volverse tan ingrávido que casi empieces a caminar por encima del suelo; ésa es la forma de caminar del Tantra. Eres tan ligero que no hay gravedad, simplemente vuelas. Pero eso viene de una gran aceptación. Te será difícil aceptar al cuerpo. Tú le condenas, tú siempre le encuentras faltas. Tú nunca le aprecias, nunca le amas, y luego quieres un milagro; que alguien venga y ame tu cuerpo. Si tú mismo no puedes amarlo, ¿cómo vas a encontrar a alguien que lo ame? Si tú mismo no puedes amarlo, nadie lo amará, porque tu onda repelerá a la gente.

Te enamoras de una persona que se ama a sí misma, nunca sucede de otra forma. El primer amor tiene que ser hacia uno mismo; sólo desde ese centro pueden surgir otros amores. Tú no amas a tu cuerpo, lo escondes de mil y una formas. Escondes tu olor corporal, escondes tu cuerpo con ropas, escondes tu cuerpo con ornamentos. Intentas crear una belleza que tú sientes constantemente que no tienes, y en ese mismo empeño te vuelves artificial.

Piensa en una mujer con carmín en los labios... Es pura fealdad. Los labios deberían estar rojos de vivacidad, no deberían pintarse. Deberían estar vivos de amor, deberían estar vivos porque ella está viva. Así que se pinta los labios, y piensa que se está embelleciendo a sí misma. Sólo la gente que es muy consciente de su fealdad va a los salones de belleza, de otra forma no hace falta.

¿Has visto alguna vez algún pájaro que fuera feo? ¿Has visto algún ciervo que fuera feo? Nunca. Ellos no van a salones de belleza ni consultan con expertos; ellos simplemente se aceptan a sí mismos y son hermosos en su aceptación. En esa propia aceptación se bañan de belleza a sí mismos.

En cuanto te aceptas a ti mismo te vuelves hermoso. Cuando a ti te deleite tu propio cuerpo, también les deleitará a los demás. Mucha gente se enamorará de ti porque tú mismo estás enamorado de ti mismo. Ahora estás enfadado contigo mismo; sabes que eres feo, sabes que eres repulsivo, horrible. Esta idea repelerá a los otros; esta idea no les ayudará a enamorarse de ti, les mantendrá alejados. Aunque se acercaran a ti, en cuanto sintieran tu vibración se marcharían. No hace falta ir a la caza de nadie, la caza surge sólo porque no estamos enamorados de nosotros mismos. De otra forma la gente viene... no enamorarse de ti se vuelve casi imposible si tú estás enamorado de ti mismo. ¿Por qué tanta gente se acercó a Buda, a Saraha o a Jesús? Esas personas estaban enamoradas de sí mismas. Estaban tan enamoradas y tan deleitadas por su ser que era natural que cualquiera que pasara a su lado se sintiera atraído por ellas; atraían como imanes. Estaban tan encantadas con su propia persona ¿cómo podrían evitar ese encantamiento? Simplemente estar allí era una gran dicha.

Lo primero que el Tantra enseña es: sé amoroso con tu cuerpo, hazte amigo de tu cuerpo, venera tu cuerpo, respeta tu cuerpo, cuida tu cuerpo. Es un don de Dios: trátalo bien y te revelará muchos misterios. Todo crecimiento depende de cómo te relaciones con tu cuerpo.

Y lo segundo de lo que habla el Tantra es de los sentidos. De nuevo las religiones están en contra de los sentidos; intentan embotar los sentidos y la sensibilidad. Y los sentidos son tus puertas de percepción, los sentidos son tus ventanas a la realidad. ¿Qué son tus ojos? ¿Qué son tus oídos? ¿Qué es tu

nariz? Ventanas a la realidad, ventanas a Dios. Si ves correctamente, verás a Dios en todas partes. Así que los ojos no son
para estar cerrados, los ojos tienen que estar abiertos correctamente; los ojos no tienen que ser destruidos. Los oídos no tienen que ser destruidos, porque todos estos sonidos son divinos.
     Estos pájaros están cantando *mantras*. Estos árboles están
dando sermones en silencio. Todos los sonidos son suyos, y
todas las formas son suyas. Así que si no tienes sensibilidad,
¿cómo conocerás a Dios? Tienes que ir a buscarlo a una iglesia, a un templo... y él está todo alrededor. ¿Vas a encontrar a
Dios en un templo hecho por el hombre, en una iglesia hecha
por el hombre? El hombre parece ser estúpido. Dios está en todas partes, vivito y coleando en todas partes. Pero para darte
cuenta de eso necesitas sentidos limpios, sentidos purificados.
     Por eso el Tantra enseña que los sentidos son las puertas de
la percepción. Han sido embotados, y tienes que salir de ese
embotamiento; hay que limpiar tus sentidos. Tus sentidos son
como espejos que se han vuelto borrosos por todo el polvo que
han acumulado; hay que quitar el polvo.
     Fíjate en el enfoque del Tantra acerca de todas las cosas.
Otros dicen: ¡embota tus sentidos, mata tu sentido del sabor!
Y el Tantra dice: cata a Dios en cada sabor. Otros dicen: elimi-
na tu tacto. Y el Tantra dice: fluye totalmente en el tacto, porque cualquier cosa que toques es divina. Es el reverso opuesto
a las llamadas religiones, es una revolución radical; desde las
propias raíces.
     Toca, huele, saborea, ve, oye tan totalmente como te sea po-
sible. Tendrás que aprender el lenguaje porque la sociedad te
ha engañado, te ha hecho olvidar. Todos los niños nacen con
hermosos sentidos. Observa a un niño... cuando mira a algo
está completamente absorto, cuando está jugando con sus ju-
guetes está totalmente absorto. Cuando mira, todo él se convierte en ojos. Fíjate en los ojos de un niño. Cuando oye, todo

él se convierte en oídos. Cuando come algo, él está por completo en la lengua, se convierte en sabor. Mira a un niño comiendo una manzana; ¡con qué gusto!, ¡con qué gran energía!, ¡con qué deleite! Mira a un niño corriendo tras una mariposa en un jardín... tan absorto que ni siquiera si pudiera alcanzar a Dios correría de esa forma. Un estado meditativo tan tremendo; y sin esfuerzo alguno. Fíjate en un niño recogiendo conchas en la playa como si estuviera recogiendo diamantes. Todo es precioso cuando los sentidos están vivos, todo está claro cuando los sentidos están vivos.

Más tarde, en la vida, ese mismo niño mirará a la realidad como escondido tras un cristal oscurecido. En el cristal se ha acumulado mucho polvo y humo, y tu estás escondido y mirando tras él. Por esto todo parece anodino y muerto. Miras al árbol y el árbol te parece anodino porque tus ojos son anodinos. Escuchas una canción, pero no sientes su atractivo porque tus oídos son anodinos. Puede que escucharas a Saraha y no supieras apreciarle, porque tu inteligencia está embotada.

Reclama tu lenguaje olvidado. Siempre que tengas tiempo, estáte más en tus sentidos. Cuando comas, no sólo comas; intenta aprender de nuevo el lenguaje del sabor; inténtalo. Toca el pan, siente su textura; siente con los ojos abiertos y cerrados. Cuando comas, mastica; estás masticando a Dios. ¡Recuérdalo! No masticar bien, no saborear bien sería irrespetuoso. Deja que sea una oración, y empezarás a sentir una nueva consciencia surgiendo en ti. Aprenderás el camino de la alquimia del Tantra.

Toca más a la gente. Nos tenemos que hacer muy sensibles al tacto. Si alguien te está hablando y se acerca demasiado, tú empiezas a moverte hacia atrás. Protegemos nuestro territorio. No tocamos ni permitimos a los demás que nos toquen; no nos damos las manos, no nos abrazamos. No disfrutamos de nuestras personas entre nosotros.

Acércate al árbol, tócale. Toca la roca. Ve al río, déjale fluir entre tus manos. ¡Siéntelo! Báñate y vuelve a sentir el agua como la siente el pez. No pierdas ninguna oportunidad de revivir tus sentidos. Y hay mil y una ocasiones a lo largo del día. No hace falta tener tiempo extra para ello. Todo el día es un ejercicio de sensibilidad. Aprovecha todas las ocasiones. Cuando estés bajo la ducha aprovecha la ocasión; siente el contacto del agua cayendo sobre ti. Túmbate en el suelo, desnudo, siente la tierra. Túmbate en la playa, siente la arena. Escucha el sonido de la arena, escucha el sonido del mar. Aprovecha todas las oportunidades; sólo así te será posible volver a aprender el lenguaje de los sentidos. El Tantra sólo se puede entender cuando el cuerpo está vivo y los sentidos sienten.

Libera tus sentidos de los hábitos. Los hábitos son una de las causas raíces del embotamiento; descubre nuevas maneras de hacer las cosas. Invéntate nuevas formas de amar. La gente tiene mucho miedo...

He oído...

El médico le dijo al granjero que no podía completar los análisis sin una muestra de orina. El niño que mandaron con la muestra empezó a jugar con ella y la derramó casi toda. Temiendo una buena tunda, volvió a llenar el recipiente con la orina de una vaca en el campo.

El médico llamó al granjero, quien regresó furioso con su mujer y dijo: ¡La culpa la tienes tú y tus extravagantes posturas! Tenías que ponerte encima, ¿no? ¡Pues ahora voy a tener un niño!

La gente tiene hábitos fijos. Hasta cuando hace el amor siempre lo hace en la misma postura; la misma postura del misionero. Descubre nuevas maneras de sentir. Cada experiencia tiene que ser creada con gran sensibilidad. Cuando hagas el amor con una mujer o con un hombre, conviértelo en una gran celebración, pon cada vez una nueva creatividad en ello. Unas veces baila un poco antes de hacer el amor, otras veces reza, otras ve a correr al bosque, y luego haz el amor. Alguna vez ve a nadar y luego haz el amor. Entonces cada experiencia de amor irá creando más y más sensibilidad en ti y el amor nunca se convertirá en algo pesado y aburrido.

Descubre una forma nueva de explorar al otro, no te quedes fijo en rutinas. Todas las rutinas son antivida: las rutinas están al servicio de la muerte. Y tú siempre puedes inventar; no hay límite para la invención. Algunas veces un pequeño cambio te beneficiará enormemente. Tú siempre comes en la mesa; come alguna vez en la hierba, siéntate en la hierba y come allí, te sorprenderás enormemente: es una experiencia completamente diferente. El olor de la hierba recién cortada, los pájaros volando y cantando alrededor, el aire fresco, los rayos del sol, sentir la hierba húmeda debajo de ti... no puede ser la misma experiencia que cuando te sientas en una silla y comes en la mesa. Es una experiencia completamente diferente, todos los ingredientes son diferentes.

Intenta alguna vez comer desnudo, te sorprenderás. Tan sólo un simple cambio (tampoco es mucho, sentarse desnudo), pero tienes una experiencia completamente diferente, porque se le ha añadido algo nuevo. Si comes con cuchara y tenedor, come alguna vez directamente con la mano y tendrás una experiencia completamente diferente; tu tacto añadirá una nueva calidez a la comida. Una cuchara es una cosa muerta; cuando comes con una cuchara o un tenedor estás muy lejos. Es el mismo miedo a tocar lo que sea; ni siquiera la comida se puede tocar. Te perderás la textura, el contacto, el tacto. La comida tiene tanto tacto como sabor.

En Occidente se han hecho muchos experimentos sobre el hecho de que cuando estamos disfrutando de algo, hay muchas cosas de las que no somos conscientes que contribuyen a la experiencia. Por ejemplo, cierra los ojos y la nariz y cómete una cebolla. Dile a alguien que te la dé cuando no sepas lo que te está dando, si te está dando una cebolla o una manzana. Y si la nariz y los ojos están completamente cerrados, cubiertos, te será muy difícil notar la diferencia. Te será imposible decidir si se trata de una cebolla o de una manzana, porque el sabor no sólo es el sabor; el cincuenta por ciento viene de la nariz, y mucho viene de los ojos. No sólo es el sentido del sabor, todos los sentidos intervienen. Cuando comes con las manos, tu tacto está contribuyendo. Será más sabroso, será más humano, más natural.

Descubre maneras nuevas en todo. Deja que ése sea uno de tus *sadhanas*. El Tantra dice: si puedes seguir descubriendo maneras nuevas cada día, tu vida será emocionante, una aventura. Nunca te aburrirás. Una persona aburrida es una persona irreligiosa. Siempre sentirás curiosidad por saber, siempre estarás rayando en la búsqueda de lo desconocido. Tus ojos y todos tus sentidos se mantendrán claros porque cuando siempre estás rayando en la búsqueda, en la exploración, en los descubrimientos, en la investigación, no puedes embotarte, no puedes volverte estúpido. Ningún niño es estúpido; la estupidez viene más tarde.

Los psicólogos dicen que la estupidez comienza a la edad de siete años. En realidad comienza alrededor de los cuatro años de edad pero a los siete años está muy, muy clara. Los niños comienzan a volverse estúpidos a la edad de siete años. De hecho a los siete años de edad el niño ya ha aprendido la mitad de todo lo que aprenderá durante toda su vida. Si vive setenta años, entonces en los otros sesenta y tres años sólo aprenderá un cincuenta por ciento; el otro cincuenta por ciento ya lo ha aprendido. ¿Qué sucede? Se embota, deja de aprender. Si piensas en términos de inteligencia, a los siete años de edad los niños se empiezan a hacer viejos. En cuanto el niño piensa «yo sé», empieza a volverse viejo. Físicamente se hará viejo más tarde (empezará a declinar a los treinta y cinco años de edad) pero mentalmente ya está en su declive.

Te sorprenderá saber que tu edad mental, la edad mental media, es de doce años. La gente no crece más allá, se queda atascada ahí. Por eso se ve tanto infantilismo en el mundo. Una persona de sesenta años de edad se convierte en un niño de doce años con tan sólo insultarla. Y se comporta de tal manera que no te puedes creer que una persona tan adulta pueda comportarse de una forma tan pueril. La gente siempre está dispuesta a regresar. La profundidad de su edad mental está a flor de piel, justo bajo la piel; con tan sólo arañar un poco aparece la edad mental. Su edad física no tiene mucha importancia. La gente muere pueril; no crece nunca.

El Tantra dice: aprende nuevas formas de hacer las cosas y libérate a ti mismo de hábitos tanto como puedas. Y también dice: no seas imitativo, de otra forma tus sentidos se embotarán. ¡No imites! Descubre formas de hacer las cosas a tu propia manera; pon tu firma en todo lo que hagas.

Precisamente la otra noche una *sannyasin* que marchaba de regreso me decía que el amor entre ella y su marido había desaparecido. Que ahora sólo están juntos por los niños. Yo le dije que meditara, que fuera amistosa con su marido. Aunque haya desaparecido el amor, no ha desaparecido todo; todavía es posible la amistad; sé amistosa. Y ella contestó: «Es difícil. Cuando una taza está rota, está rota».

Yo le dije que parecía que no había oído que la gente zen en Japón solía comprar una taza en el mercado, la llevaba a casa y lo primero que hacía era romperla, luego la volvía a pegar para convertirla en algo especial e individual; de otra forma no es más que una cosa del mercado. Y si viene un amigo no es correcto que le sirvas el té en una taza y un plato corrientes; eso es feo, no es respetuoso. Así que traían una taza completamente nueva y la rompían. Claro que luego no había otra taza exactamente igual a esa en todo el mundo, no podía haberla. Recompuesta, ahora tiene cierta individualidad, una firma. Además cuando la gente *zen* se visitaba entre sí o visitaba mutuamente sus monasterios, no se limitaban a saber el té. Primero apreciaban la taza, la miraban. La forma en que se ha unido es una obra de arte; la forma en que las piezas se han partido y vuelto a unir.

La mujer comprendió, empezó a reír. Dijo:

–Entonces es posible.

Pon individualidad en las cosas, no seas tan sólo un imitador. Imitar es perderse la vida.

He oído...

Mulla Nasruddin tenía un loro muy cachondo. El loro estaba diciendo obscenidades todo el tiempo, especialmente cuando había algún invitado, y Mulla estaba muy preocupado; la cosa se estaba poniendo imposible. Finalmente alguien le sugirió que lo llevara al veterinario. Así que llevó al loro al veterinario. El veterinario lo examinó a fondo y dijo:

–Bien, Nasruddin, tienes un loro cachondo. Yo tengo un loro hembra, dulce y joven. Por cincuenta rupias tu ave puede entrar en la jaula con mi pájara.

El loro de Mulla estaba escuchando desde la jaula. Y Mulla contestó:

–Dios, no sé... ¿cincuenta rupias?

Entonces el loro gritó:

–¡Venga, venga, Nasruddin! ¡Enrróllate!

Así que finalmente Mulla decidió que estaba bien, y le dio las cincuenta rupias al veterinario. El veterinario agarró al loro y lo metió en la jaula con el loro hembra y cerró la cortina. Los dos hombres se marcharon y se sentaron. Tras un momento de silencio, de repente se oyó:

–¡Qua! ¡Qua! ¡Qua! –Y empezaron a aparecer plumas por encima de la cortina.

El veterinario dijo:

–¡Caramba! –salió corriendo y abrió la cortina. El pájaro macho tenía a la hembra en el suelo de la jaula con una garra; con la otra garra le estaba arrancando todas las plumas y a la vez estaba gritando con deleite:

–¡Por cincuenta rupias te quiero desnuda, desnuda!

Entonces viendo al veterinario y a su amo, Mulla Nasruddin, volvió a gritar con alegría y dijo:

–Eh Nasruddin, ¿no es así como también te gusta tu mujer a ti?

Hasta un loro puede aprender la forma de ser humana, se puede volver imitativo, se puede volver neurótico. Ser imitativo es ser neurótico. La única forma de estar cuerdo en el mundo es siendo individual, auténticamente individual. Sé tu propia persona.

Lo tercero que el Tantra dice es: primero, hay que purificar el cuerpo de las represiones. Segundo, hay que volver a revivir los sentidos. Tercero, la mente tiene que dejar de pensar neuróticamente, obsesivamente, y aprender los caminos del silencio. Siempre que sea posible, relájate. Siempre que sea posible, pon la mente a un lado.

Ahora tú dirás: «es fácil decirlo, pero ¿cómo poner la mente a un lado? Ella sigue y sigue». Hay una manera: observa esas tres consciencias. Consciencia uno: observa. Deja que la mente se vaya, deja que la mente esté llena de pensamientos; tú simplemente observa, desapegado. No hay necesidad de preocuparse por ello, simplemente observa. Simplemente sé el observador, y poco a poco irás dándote cuenta de que los huecos de silencio van empezando a venir a ti. Luego, la consciencia dos: cuando te das cuenta de que los huecos han empezado a venir; el observador empezará a desaparecer, exactamente igual que los pensamientos. Un día también empieza a desaparecer el pensador; entonces surge el verdadero silencio. Con la tercera consciencia ambos, el objeto y el sujeto, desaparecen; has entrado en el más allá.

Cuando se alcanzan estas tres cosas (el cuerpo purificado de represiones, los sentidos libres del embotamiento y la mente liberada del pensamiento obsesivo) surge en ti una visión libre de toda ilusión, ésa es la visión del Tantra.

Ahora los *sutras*:

> *La mente, el intelecto, y los contenidos formados por esa mente son Ello, igual que el mundo y todo aquello que parece de Ello diferir, todas las cosas que pueden ser sentidas, y el que percibe, también el embotamiento, la aversión, el deseo y la iluminación.*

Cuando has llegado a un estado de silencio donde ambos, el observador y lo observado, hayan desaparecido, entonces llegarás a comprender lo que significa este *sutra*:

> *La mente, el intelecto, y los contenidos formados por esa mente son Ello.*

La existencia es una, toda ella es una unidad. En la existencia no hay dos cosas; es unidad, es el océano. Todas las divisiones existen porque nosotros estamos divididos por dentro; nuestras divisiones son proyectadas sobre el exterior, y las cosas parecen divididas. Cuando el cuerpo es puro, los sentidos se abren y la mente se queda en silencio, las divisiones internas desaparecen; en el interior hay puro espacio. Cuando en el interior hay puro espacio, te das cuenta de que el exterior también es el mismo puro espacio. Es el mismo cielo dentro y fuera. De hecho ya no hay ni fuera ni dentro, todo es uno.

La mente, el intelecto, y los contenidos formados por esa mente son Ello.

Entonces te darás cuenta de que ni siquiera los pensamientos eran enemigos, ni siquiera los deseos eran enemigos. También eran formas de la misma divinidad, de la misma única existencia. Entonces te darás cuenta de que el *nirvana* y el *samsara* no eran dos cosas. Ahora tu risa será muy, muy profunda, te darás cuenta de que entre el cautiverio y la iluminación no hay ninguna diferencia; de que la sabiduría y la ignorancia no son diferentes, porque la división no es posible; que entre un *buda* y un hombre que todavía no está iluminado no hay diferencia.

Pero esto sólo lo sabe el *buda*. Para el hombre no iluminado hay una gran diferencia. Un *buda* no puede pensar, porque a través del pensamiento siempre hay división, mientras que a través del no-pensamiento desaparecen las divisiones.

Igual que el mundo y todo lo que de Ello parece diferir, todas las cosas que pueden ser sentidas, y el que percibe, también el embotamiento, la aversión, el deseo y la iluminación.

Todo es Ello. ¡Esto es Ello! Esta totalidad es lo que el Tantra llama *Ello*.

Ahora Saraha le está diciendo al rey: no os preocupéis. Ya estéis en el palacio o en los crematorios, ya seáis conocido como un sabio brahmín o como un perro loco, no importa: Ello es Ello. Yo he llegado a esa indivisible experiencia donde el que percibe y lo que se percibe son uno, donde el observador y lo observado son uno. Yo he llegado. Ahora me doy cuenta de que todas esas divisiones del bien y el mal, del santo y el pecador, eran absurdas. No hay diferencia entre el pecado y la santidad.

Por eso yo digo que el Tantra es la actitud rebelde más importante de toda la historia de la de la consciencia humana.

Saraha está diciendo: Señor, para vos existen las divisiones. Esto es un crematorio y vos vivís en un palacio. Para mí no hay división. En el lugar donde está este crematorio antes ha habido palacios que han desaparecido, y su palacio más tarde o más temprano se convertirá en un crematorio. No se preocupe, es sólo una cuestión de tiempo. Y si se da cuenta, no hay ninguna diferencia. Es la misma realidad, algunas veces será un santo y otras un pecador; es lo mismo Ello.

Como una lámpara que brilla en la oscuridad del desconocimiento espiritual, se lleva las oscuridades de una mente tan lejos como fragmentos de intelecto obtiene.

¿Quién puede imaginar el propio ser de la ausencia de deseos?

Como una lámpara... Saraha dice ahora, la tercera consciencia ha nacido en mí. Es como una lámpara que brilla en la oscuridad del desconocimiento espiritual. Ahora por primera vez puedo ver que la materia y la mente son una, que fuera y dentro son uno, que cuerpo y alma son uno, que el mundo y el más allá son uno, que esto también contiene eso. Desde que me ha sucedido esta luz, dice Saraha, ya no hay problemas. Lo que quiera que sea, está bien.

Como una lámpara que brilla en la oscuridad del desconocimiento espiritual, se lleva las oscuridades de una mente...

Todas mis oscuridades, todos mis impedimentos (las cosas que obstruyen mi visión), se las lleva. Puedo ver la realidad directamente. Ya no hay represiones, mis energías están fluyendo. Yo no estoy en contra de mi cuerpo, no soy enemigo de mi cuerpo, soy uno con mi cuerpo. La división se ha caído. Todos mis sentidos están abiertos y funcionando a su nivel óptimo. Mi mente está en silencio, no hay pensamiento obsesivo. Cuando lo necesito pienso, cuando no lo necesito no pienso. Yo soy el amo de mi casa. Una luz nació en mí, y con esta luz, todas las oscuridades desaparecieron. Ahora nada me obstruye, mi visión es total. El muro que había a mi alrededor ha desaparecido.

Ese muro está hecho de tres cosas: represión en el cuerpo, polvo en los sentidos, y pensamientos en la mente. Ésos son los tres ladrillos con los que está construida esa gran muralla china a tu alrededor. Quita esos ladrillos y el muro desaparecerá. Y cuando el muro haya desaparecido, llegarás a conocer el Uno.

> *...tan lejos como fragmentos de intelecto obtiene.*
> *¿Quién puede imaginar el propio ser de la ausencia de deseos?*

Y, Señor, ¿ha venido a preguntarme cuál es mi experiencia? Para usted es difícil incluso imaginarlo. Para mí es difícil decirlo, para usted es difícil entenderlo. Pero puedo enseñarle el camino para que usted también pueda experimentarlo; ésa es la única manera. Sólo sabrá cuando haya catado.

> *No hay nada que negar, nada que afirmar o a lo que agarrarse; porque Ello no puede ser jamás concebido.*
> *Por los fragmentos del intelecto están los ilusos encadenados; individida y pura se mantiene la espontaneidad.*

Saraha dice: no puedo decir que Ello no es, ni puedo decir que Ello es. No puedo negarlo, ni puedo afirmarlo. No puedo usar el no, ni puedo usar el sí, porque ambos se quedan cortos. Es más grande que ambos. Los que dicen que Dios existe, degradan a Dios; le arrastran. Los dicen que Dios no existe, está claro que no entienden en absoluto. Ambos son iguales: unos afirman, otros niegan.

Lo positivo y lo negativo pertenece a la misma mente, la misma mente pensante. Ambos, sí y no, son parte del lenguaje, de los pensamientos. Saraha dice: yo no puedo decir que Dios existe ni puedo decir que Dios no existe. Yo sólo puedo enseñarle el camino... dónde está Ello, qué es Ello, cómo es Ello. Puede experimentarlo. Puede abrir los ojos y verlo.

Una vez trajeron un hombre ciego a Buda. Y aquel ciego no era un ciego cualquiera, era un gran académico, un gran erudito con mucha destreza en la argumentación. Él empezó a argüir con Buda. Dijo:

—La gente dice que la luz existe y yo digo que no. Ellos dicen que yo estoy ciego, yo digo que ellos están engañados. Si la luz existe, señor, póngala a mi disposición para que yo pueda tocarla. Si puedo tocarla, o por lo menos saborearla u olerla, o si la golpea como un tambor para que yo pueda oírla... Ésos son mis cuatro sentidos, y el quinto sentido del que habla la gente no es más que imaginación. La gente está engañada, nadie tiene ojos.

Era muy difícil convencer a aquel hombre de que la luz existía, porque la luz no se puede tocar, no se puede oler, no se puede oír. Y aquel hombre estaba diciendo que los demás estaban engañados:

—Ellos no tienen ojos. —Él era ciego, pero un gran lógico. Dijo—: Demuéstreme que tienen ojos. ¿Qué prueba tiene?

Buda dijo:

—Yo no voy a decirte nada, pero conozco a un buen médico y te mandaré a visitarle. Sé que podrá curar tus ojos.

Pero el hombre insistió:

—¡Yo he venido a discutir acerca de ello!

Buda dijo:

—Éste es *mi* argumento: Ve al médico.

Mandaron al hombre a un médico; sus ojos se curaron, y a los seis meses ya podía ver. No se lo podía creer; estaba inmensamente feliz, vino a Buda danzando. Estaba loco. Se postró a los pies de Buda y dijo:

–Tu argumento ha funcionado.

Buda dijo:

–Escucha, no era un argumento. Si hubiera argüido habría fracasado, porque hay cosas que no se pueden argüir sino que solamente se pueden experimentar.

Dios no es un argumento, no es un silogismo. El *nirvana* no es un argumento, no es una conclusión; es una experiencia. Hasta que tú no lo experimentes, es sencillamente absurdo, un disparate.

No hay nada que negar, nada que afirmar o a que agarrarse;
porque Ello no puede ser jamás concebido.

De hecho no hay nada que agarrar ni nadie que lo agarre; nada que concebir ni nadie que lo conciba. Ambos, objeto y sujeto, desaparecen en Ello. Ambos, el sabedor y lo sabido, desaparecen en Ello. Entonces hay experiencia de lo total, del Uno, del Ello.

Por los fragmentos del intelecto están los engañados enca-
denados; individida y pura se mantiene la espontaneidad.

Le dice Saraha al rey: Señor, la gente tiene prejuicios acerca de la realidad. Tiene ideas acerca de la realidad, y la realidad no es una idea. Dios no es una idea. Dios no es la palabra dios; no es una teoría, no es una hipótesis. Es una cata de la realidad, es una experiencia orgásmica con lo total.

La gente está encadenada por su mente. Tiene ciertas ideas, actitudes, filosofías, fijas; mira a través de esas filosofías. Por eso decían que Saraha estaba loco. Tenían una determinada idea de lo que debería ser la santidad, de cómo tendría que ser la santidad. Por eso pensaron que Saraha se había vuelto loco: estaban mirando a través de ciertos prejuicios.

...individida y pura se mantiene la espontaneidad.

Pero la espontaneidad es individida y pura; es inocencia primaria. Fíjaos en mí, dice Saraha. Fíjaos en mi espontaneidad. No penséis en lo que la gente diga, no penséis a través de los prejuicios del bien y mal, de la virtud y el pecado, de lo correcto y lo incorrecto. ¡Simplemente miradme! Yo estoy aquí. Estoy disponible; tened una gran experiencia con mi presencia.

Si puedes sentir espontaneidad, inocencia, pureza, sólo eso te ayudará a ir hacia dentro en el viaje del Tantra.

Si cuestionas la supremacía con los postulados de varios y uno, la unidad no se da, porque al transcender el conocimiento los seres con sentimiento se liberan.

El radiante es potencia latente en el intelecto, y esto se muestra como meditación.

Mente inquebrantable es nuestra verdadera esencia.

Si cuestionas la supremacía con los postulados de varios y uno, la unidad no se da. Si cuestionas, lo pierdes; la realidad no se puede transformar en una pregunta. Sí, se puede transformar en una búsqueda, pero no en una pregunta.

Y nadie puede responder, sólo tú puedes experimentar. Por eso digo que puede haber una búsqueda, pero no se puede convertir jamás en una pregunta. Una pregunta es aquello que puede ser respondido. Una búsqueda es aquello que sólo puede ser experimentado. Sólo llegas cuando *tú* llegas, no hay otra forma. No hay caminos prestados. Todo conocimiento es prestado.

Por eso Saraha dice:

...al transcender el conocimiento todos los seres con sentimientos se liberan.

Uno tiene que liberarse del conocimiento.

El conocimiento no te libera; es tu prisión más profunda y sutil. A través del conocimiento no estás disponible a la realidad. Abandona todo conocimiento. Al abandonar todo conocimiento, el saber se vuelve puro, y entonces ya no estás nublado. No sabiendo nada prestado, tu pureza está intacta; entonces tu espejo no tiene polvo. Entonces tú empiezas a reflejar. Entonces la realidad se refleja tal como es. Nunca vayas con el conocimiento, porque sino nunca te moverás. Jamás confíes en las experiencias prestadas.

A Buda le sucedió algo, pero eso no es tu experiencia. A Cristo le sucedió algo, pero eso no es tu experiencia. Algo me ha sucedido a mí, pero eso no es *tu* experiencia. Lo qué yo digo es que, si tú lo almacenas, se convertirá en conocimiento. Lo qué yo digo es que, si te conduce a una búsqueda, se convertirá en saber. No almacenes en la memoria. Almacenar conocimiento en la memoria no hace más que cargarte; no es una liberación.

...porque al transcender el conocimiento los seres con sentimientos se liberan.
  El radiante es potencia latente en el intelecto...

Y tú *tienes* esa potencia que puede florecer en *nirvana*, que se puede convertir en iluminación. El intelecto no es nada más que inteligencia oculta tras ella. Si confías demasiado en tu intelecto no darás con tu inteligencia. Ahora bien, esas dos palabras tienen que ser entendidas; proceden de la misma raíz pero su significado es diferente. No es necesario que un intelectual sea inteligente. No es necesario que una persona inteligente sea un intelectual. Puedes encontrar personas no intelectuales que sean inmensamente inteligentes.

Cristo no es un intelectual, Kabir no es un intelectual, Mira no es una intelectual, pero son personas inmensamente inteligentes. El intelecto es un falso sustituto de la inteligencia. El intelecto es prestado, la inteligencia es tuya. La inteligencia es tu pura capacidad de ver, la inteligencia es tu inocente capacidad de entender. El intelecto es conocimiento prestado; el intelecto es una seudo moneda, una falsificación.

Tu recoges información de todas partes, acumulas mucho conocimiento, y llegas a ser ilustrado. Pero tu inteligencia no ha crecido, tu inteligencia no ha explotado realmente. De hecho a causa de este esfuerzo intelectual tu inteligencia se mantendrá agobiada; el conocimiento se acumulará como el polvo en el espejo. El intelecto es el polvo. La inteligencia es la cualidad pura de reflejar que tiene el espejo.

Dice Saraha: *El radiante es potencia latente en el intelecto*... en cada intelecto hay una inteligencia potencial; no la sobrecargues con conocimiento prestado... *y esto se muestra como meditación*. Si tu no la cargas con conocimiento, tu inteligencia se convierte en tu meditación: la inteligencia es meditación. Vivir inteligentemente es vivir meditativamente. Esta definición es de una enorme importancia; realmente está preñada de mucho significado. Y vivir inteligentemente es meditación. La meditación no se puede "hacer". Tienes que traer inteligencia a tu vida.

Ayer estabas enfadado, anteayer estabas enfadado. Ahora ha vuelto a surgir la situación y vas a volver a enfadarte; ¿qué vas a hacer? ¿Vas a volver a repetirlo de una forma ininteligente, mecánica, o pondrás un poco de inteligencia? Has estado enfadado mil y una veces; ¿no puedes aprender algo de ello? ¿No puedes comportarte inteligentemente ahora? ¿No te das cuenta de que todas las veces te ha frustrado? Todas las veces la ira ha disipado energía, distraído tu energía, te ha creado problemas y no ha resuelto nada.

Si te das cuenta de ello, en ese mismo darse cuenta hay inteligencia. Entonces si alguien te insulta no surge la ira. De hecho, en vez de ira surge la compasión por ese hombre. Él está enfadado, está dolido, está sufriendo. La compasión surgirá. Pues bien, esa inteligencia es meditación: observar la vida de uno mismo, aprender de las experiencias, aprender de las experiencias existenciales, continuar aprendiendo, no tomando prestado.

Buda dice que la ira es mala. Ahora fíjate en la diferencia: si tú eres budista le creerás. Buda dice que la ira es mala, así que la ira debe ser mala; ¿cómo se va a equivocar Buda? Ahora siempre que la ira surja tú la reprimirás porque Buda dice que la ira es mala. Esto es funcionar a través del conocimiento, funcionar a través del intelecto. ¡Pero vaya una idiotez! Te has enfadado muchas veces; ¿hace falta ir a preguntarle a Buda si está bien o mal? ¿No puedes verlo tú mismo en tus propias experiencias?

Si lo ves en tus propias experiencias, entonces tú sabes qué es la ira. Y viéndolo te liberas de la ira. Eso es inteligencia. Desde tu inteligencia te convertirás en un testigo de Buda: dirás: «Sí, Buda tiene razón. Mi experiencia lo prueba». Y no al contrario, no: «Buda tiene razón, así que yo tengo que experimentarlo»; eso es estupidez. Entonces, si desde mi experiencia yo me convierto en un testigo de Buda, es mejor decir: «Sí, él tiene razón, porque ésa es también mi experiencia. Pero él es secundario; mi experiencia va antes, es primaria. Yo soy un testigo suyo, no un seguidor».

Vosotros aquí, que sois mis *sannyasins*, por favor convertíos en mis testigos, no en mis seguidores. Dejad que lo que yo esté diciendo se compruebe a través de vuestra experiencia. Entonces habréis estado conmigo, entonces me habréis amado. Entonces habréis vivido conmigo. Si simplemente acumuláis lo que yo esté diciendo y os convertís en grandes teóricos acerca de ello, si sólo aprendéis a filosofar acerca de ello, entonces os habréis equivocado. Entonces os convertiréis en intelectuales. Y volverse intelectual es suicidarse en lo que a la inteligencia se refiere.

No os volváis intelectuales. La moneda auténtica está a vuestra disposición; ¿por qué seguir anhelando la falsificación? La vida está a tan a vuestra disposición como lo pudiera estar a la de Buda, tanto como lo está la mía; ¿por qué no aprender a través de ella?

Volverse inteligente es volverse meditativo. Sí, ésta es una de las mejores definiciones de meditación de todas las que yo conozco. Y yo soy su testigo. Ésa es la forma en que uno evoluciona espiritualmente.

> *El radiante es potencia latente en el intelecto, y esto se muestra como meditación.*
> *Mente inquebrantable es nuestra verdadera esencia.*

Y cuanto más inteligente te vuelvas, más te irás dando cuenta de que la mente ya no es la vieja mente.

El Tantra utiliza "mente" con dos significados: mente con m minúscula, que es tu mente, y Mente con una gran M mayúscula, que es la Mente esencial, la Mente de Buda.

La minúscula, la pequeña mente, está enmarcada en el conocimiento, en las fronteras, en los prejuicios; la mente que llamamos hindú, la mente que llamamos musulmana, la mente que llamamos judía, cristiana; esa mente, la pequeña, la insignificante, la mente que han cultivado los colegios y las universidades; esa mente, la pequeña mente, la mente que ha sido programada por la sociedad; a esa mente el Tantra la llama la mente pequeña.

Cuando se rompen esas barreras, cuando se apartan esas oscuridades, cuando alcanzas la gran Mente, la Mente de Buda, la Mente con M mayúsculas, es tan grande como el propio universo. Es universal... *Mente inquebrantable es nuestra verdadera esencia.* Y ésa es la mente que es nuestra verdadera esencia. Llámalo Dios, llámalo *nirvana*, o lo que tú quieras, pero es nuestra esencia: llegar a un estado de reposo absoluto, inquebrantable, firme; llegar a un estado de eternidad en el que el tiempo ha desaparecido, donde todas las divisiones han desaparecido, donde el objeto y el sujeto ya no existen, donde el sabedor y lo sabido ya no existen, donde sólo hay consciencia pura; consciencia tres.

Estos *sutras* no son simplemente para ser aprendidos, porque si es así estarás traicionando a Saraha, me estarás traicionando a mí. Estos *sutras* son para meditar acerca de ellos y olvidarlos. Entonces cualquier inteligencia que surja en ti con la meditación de estos *sutras*, utilízala en tu vida. Deja que esa inteligencia se vaya agudizando momento a momento, rozándose una y otra vez con muchas experiencias.

Y esa inteligencia se convertirá en la puerta hacia lo divino. Esa inteligencia es la puerta.

8. EL AMOR NO HACE SOMBRA

Mientras hablabas de inteligencia y meditación,
sentí un gran torbellino en mi interior.
¿Podrías comentarlo?

¿No está bien servir si procede de un sentimiento del deber?

¿Por qué los celos siguen siempre al amor?

¿Qué es la represión?

¿Por qué me casé con una mujer que me odia?

Primera pregunta:

Querido Osho, ayer, mientras hablabas de la inteligencia
volviéndose meditación, había un gran torbellino en mi inte-
rior. Parecía como si mi corazón fuese a explotar. Era como si
hubieras dicho algo que yo estaba esperando oír.
¿Podrías comentarlo?

La pregunta es de Krishna Prem. La inteligencia es intrínseca a la vida. La inteligencia es una cualidad natural de la
vida. Así como el fuego es caliente, el aire es invisible y el agua
fluye hacia abajo, la vida es inteligente.

La inteligencia no es un logro; has nacido inteligente. También los árboles son inteligentes a su manera, tienen la inteli-

gencia suficiente para su propia vida. Los pájaros son inteligentes, al igual que el resto de los animales. De hecho lo que la religión quiere decir con la palabra Dios es lo siguiente: el universo es inteligente, en todas partes hay inteligencia oculta; si tienes ojos para verlo puedes encontrarla en todas partes. La vida es inteligencia. El hombre es el único que ha perdido la inteligencia. El hombre ha dañado el flujo natural de la vida. Aparte del hombre no existe la no-inteligencia. ¿Has visto alguna vez un pájaro al que se le pueda llamar estúpido? ¿Has visto alguna vez algún animal al que se le pueda llamar idiota? No, esas cosas sólo le pasan al hombre. Algo ha ido mal. La inteligencia del hombre ha sido dañada, corrompida, ha sido mutilada. La meditación no es otra cosa que la reparación de ese daño.

La meditación no sería necesaria si al hombre se le dejara solo. Si el predicador y el político no interfirieran en la inteligencia del hombre no habría ninguna necesidad de meditación. La meditación es medicinal. Para que la meditación sea necesaria, primero tienes que crear la enfermedad. Si no hay enfermedad la meditación no es necesaria. No es por casualidad que las palabras "medicina" y "meditación"» vengan de la misma raíz. La meditación es medicinal.

Todos los niños han nacido inteligentes. En cuanto nace el niño saltamos sobre él y empezamos a destruir su inteligencia, porque la inteligencia es peligrosa para la estructura política, para la estructura social, para la estructura religiosa. Es peligrosa para el Papa, es peligrosa para el Shankaracharya de Puri, es peligrosa para el predicador. Es peligrosa para el líder, es peligrosa para el estado legal, para el sistema.

La inteligencia es rebelde por naturaleza. La inteligencia no puede ser forzada a ningún tipo de servilismo. La inteligencia es muy afirmativa, individual. La inteligencia no puede convertirse en una imitación mecánica.

Hay que convertir a la gente en copias de papel carbón; hay que destruir su originalidad, de otra manera todo este disparate que ha existido en la tierra sería imposible. Necesitas un líder porque antes te han hecho ininteligente; de otra forma no haría falta ningún líder. ¿Por qué tendrías tú que seguir a alguien? Seguirías a tu inteligencia. Si alguien quiere convertirse en un líder, entonces tiene que hacer algo fundamental: tiene que destruir tu inteligencia como sea. Tiene que sacudirte desde tus raíces, tiene que hacerte sentir miedo. Tiene que hacer que pierdas la seguridad en ti mismo. Sólo así puede entrar un líder.

Si eres inteligente, tú mismo resolverás tus problemas. La inteligencia tiene suficiente capacidad como para solucionar todos los problemas. De hecho cualesquiera que sean los problemas creados en la vida, tu inteligencia es superior a esos problemas. Es una provisión, es un regalo de Dios.

Pero hay personas ambiciosas que quieren dirigir, dominar; son locos ambiciosos, crean miedo en ti. El miedo es como el óxido: destruye toda inteligencia. Si quieres destruir la inteligencia de alguien, lo primero que tienes que hacer es crear miedo, crea un infierno y haz que la gente tenga miedo. Si la gente tiene miedo al infierno irá a ver al predicador y se postrará ante él, escuchará al predicador. Si no le escucha... entonces el fuego del infierno. Naturalmente está preocupada. Tiene que protegerse a sí misma del fuego del infierno, el predicador es necesario, el predicador se convierte en una necesidad. Una vez oí una historia de dos hombres que eran socios en un negocio. Su negocio era muy especial y les hacía viajar alrededor de todo país. Cuando uno de los socios llegaba a un pueblo; por la noche iba a todas las casas del vecindario y tiraba alquitrán a las ventanas y por la mañana desaparecía. A los dos o tres días llegaba el otro. Éste limpiaba el alquitrán; limpiaba las ventanas de las casas y la gente, naturalmente, le pagaba, no tenían más remedio que pagar. Eran socios en el negocio. Uno dañaba y el otro lo reparaba.

Hay que crear miedo y egoísmo. La inteligencia no es egoísta. Te sorprenderá saber que un hombre inteligente nunca es avaricioso. La avaricia es parte de la no-inteligencia. Tú acumulas para mañana porque no estás seguro de que mañana puedas manejar tu vida; de otra forma, ¿para qué guardar? Te vuelves miserable, te vuelves avaricioso, porque no sabes si mañana tu inteligencia será capaz de estar a la altura de la vida o no. ¿Quién sabe? Tú no estás seguro de tu inteligencia, así que acumulas, te vuelves avaricioso. Una persona inteligente no tiene miedo, no es avariciosa. La avaricia y el miedo van juntos. Por eso el cielo y el infierno van juntos. El infierno es el miedo, el cielo es la codicia.

Crea miedo en la gente, crea avaricia en la gente, hazla tan avariciosa como sea posible. Hazla tan avariciosa que la vida no pueda satisfacerla; entonces irá a ver al predicador y al líder. Entonces comenzará a fantasear sobre una vida futura donde sus tontos deseos, sus estúpidas fantasías, serán realizadas. Obsérvalo. Pedir lo imposible es ser ininteligente.

Una persona inteligente está plenamente satisfecha con lo posible. Trabaja por lo probable, nunca trabaja por lo imposible o lo improbable, no. Él ve la vida y sus limitaciones, no es un perfeccionista. El perfeccionista es neurótico. Si eres perfeccionista te volverás neurótico.

Por ejemplo, si amas a una mujer y quieres absoluta fidelidad, tú te volverás loco y ella se volverá loca. Eso no es posible: absoluta fidelidad significa que ella ni siquiera pensará, que ni siquiera soñará con otro hombre. Eso no es posible. ¿Quién eres tú? ¿Por qué se ha enamorado ella de ti? Porque eres un hombre. Si ella puede enamorarse de ti, ¿por qué no puede pensar en otros? Esa posibilidad permanece abierta. ¿Y cómo va a responder ella si ve a un hombre guapo paseando y surge el deseo? Incluso decir «este hombre es hermoso», es desear; ha entrado el deseo. A ti sólo te parece hermoso algo cuando merece la pena ser poseído, disfrutado. Entonces no eres indiferente.

Pues bien, si tú quieres absoluta fidelidad, como la gente siempre ha querido, el conflicto tiene que surgir, y tú seguirás receloso. Y sospecharás porque tú también conoces tu mente: tú también piensas en otras mujeres, así que, ¿cómo puedes confiar en que tu mujer no esté pensando en otro hombre? Tú sabes que tú piensas en otras mujeres, así que sabes que ella también lo hace. Entonces... la desconfianza, el conflicto, la agonía. El amor que antes era posible se ha vuelto imposible a causa de un deseo imposible. La gente quiere aquello que no se puede hacer. Tú quieres seguridad para el futuro, lo cual no es posible. Quieres plena seguridad para mañana. Eso no puede ser garantizado, no está en la naturaleza de la vida, la persona inteligente lo sabe; el futuro se mantiene abierto. El banco puede ir a la quiebra, la mujer se puede escapar con alguien, el marido puede morir, puede que los hijos se te tuerzan. ¿Quién sabe acerca del mañana? Puedes ponerte enfermo, puedes quedarte inválido... ¿quién sabe acerca del mañana?

Querer seguridad para el mañana significa permanecer en miedo constante; pero no es posible, así que el miedo no puede ser destruido. El miedo seguirá ahí, tú estarás temblando, y mientras tanto estará perdiéndose el momento presente. Con el deseo de seguridad para el futuro estás destruyendo el presente, que es la única vida disponible. Y te irás volviendo más y más inseguro, más egoísta, más temeroso.

Nace un niño. Un niño es un fenómeno muy, muy abierto, completamente inteligente, pero nosotros nos abalanzamos sobre él y empezamos a destruir su inteligencia. Empezamos a crear el miedo en él. A eso se le llama enseñanza. A eso se le llama preparar al niño para que sea capaz de defenderse en la

vida. Creáis miedo en él. Él no conoce el miedo. Vuestras escuelas, vuestros colegios, vuestras universidades; todo ello le
va haciendo cada vez menos inteligente. Se le exigen cosas estúpidas... se le exige atiborrarse de cosas estúpidas en las cuales el niño y su inteligencia natural no puede ver ningún sentido. ¿Para qué? El niño no puede ver qué sentido tiene todo esto:
¿por qué empollar todas esas cosas? Pero en la universidad, en
el colegio, en casa, en la familia, aquellos que te desean lo mejor dicen: «¡Empolla! Puede que ahora no te des cuenta, pero
más tarde sabrás por qué es necesario».

Empóllate de historia, (todos los disparates que los hombres se han estado haciendo los unos a los otros, toda la locura)
¡empóllatelo! Y el niño no puede ver qué sentido tiene: ¿qué
importa que cierto rey gobernara Inglaterra de tal a tal fecha?
Él tiene que atiborrarse con todas esas estupideces. Naturalmente su inteligencia se va volviendo más y más pesada, se va
estropeando; y más y más polvo se irá acumulando en su inteligencia. Para cuando el hombre vuelve de la universidad, ya
es ininteligente; la universidad ha cumplido su tarea. Es muy
raro que un hombre salga de la universidad y que sea inteligente, que todavía mantenga su inteligencia. Muy poca gente
ha podido escapar a la universidad, eludir la universidad, pasar por la universidad y aun así salvar su inteligencia; sucede
raramente. Se trata de un gran mecanismo para destruirte. En
el momento en que consiguen educarte, dejas de ser inteligente. ¿No te das cuenta? La persona educada se comporta muy
ininteligentemente. Ve a donde está la gente primitiva que
nunca ha sido educada y descubrirás la inteligencia pura funcionando.

Una vez escuché...

Una mujer estaba tratando de abrir un bote pero no podía
encontrar la manera de hacerlo. Así que se fue a buscar un li-

bro de cocina. Cuando por fin encontró cómo abrirlo, el cocinero ya lo había abierto. Al volver se quedó sorprendida y le preguntó al cocinero:

–¿Cómo lo has hecho?

Él contestó:

–¡Señora, cuando no se sabe leer hay que usar la inteligencia!

Es cierto, tiene razón, cuando no sabes leer tienes que usar tu inteligencia, ¿qué otra cosa puedes hacer? En cuanto empiezas a leer... ya no necesitarás ser inteligente; los libros se ocuparán de todo.

¿Te has fijado? Cuando una persona empieza a escribir a máquina su escritura manual pierde calidad, su escritura manual deja de ser bonita. No hay necesidad, la máquina de escribir se ocupa de todo. Si llevas una calculadora en el bolsillo se te olvidarán las matemáticas, no serán necesarias. Más tarde o más temprano habrá ordenadores pequeños y todos llevarán uno. Tendrán toda la información de la *Enciclopedia Británica*, y entonces no hará falta que seas inteligente; el ordenador se ocupará de todo.

Ve con la gente primitiva, la gente que no ha sido educada, la gente de pueblo, y encontrarás una inteligencia muy sutil. Es cierto que ellos no están muy informados, que no son eruditos, es verdad, pero son enormemente inteligentes. Su inteligencia es como una llama pura, sin humo a su alrededor.

La sociedad le ha hecho mal al hombre por ciertas razones. La sociedad quiere que seas un esclavo, quiere que estés siempre atemorizado, quiere que seas siempre egoísta, quiere que seas siempre ambicioso, siempre competitivo. No quiere que seas cariñoso, quiere que estés lleno de odio e ira, quiere que permanezcas débil, imitativo, que seas una copia. No quiere que os convirtáis en Budas originales, en Krishnas origina-

les o en Cristos, no. Por eso es por lo que vuestra inteligencia
ha sido destruida. La meditación sólo se necesita para deshacer lo que te ha hecho la sociedad. La meditación es negativa:
simplemente niega el daño, destruye la enfermedad. Y una vez
que la enfermedad se ha ido, tu bienestar se afirma a su propio
modo.

Y en este siglo todo esto ha ido demasiado lejos; la educación universal ha sido una calamidad. Pero, recuerda, yo no
estoy contra la educación, yo estoy en contra de *esta* educación. Existe la posibilidad de un tipo de educación diferente,
la cual te ayudará a agudizar tu inteligencia, no a destruirla, no
a cargarla de hechos innecesarios, no a llenarla de basura innecesaria (conocimiento), no a hacerla pesada, sino que por el
contrario la ayudará a estar radiante, fresca, joven.

Esta educación sólo te hace capaz de memorizar; la otra
educación te haría capaz de tener más claridad. Esta educación destruye tu inventiva; la otra te ayudaría a ser más inventivo.

Por ejemplo, la educación que a mí me gustaría en el mundo no requeriría que el niño respondiera de una forma arcaica
y estereotipada. No estimularía que se respondiera lo que está
escrito en los libros, no incentivaría la repetición, el comportarse como un loro, estimularía la inventiva. Quizá la respuesta inventada no será tan acertada como la copiada, pero aun así
se apreciaría al muchacho que aportara una nueva respuesta a
un viejo problema. Por supuesto que su respuesta no podría
ser tan correcta como la de Sócrates. Naturalmente, un muchacho pequeño... su respuesta no puede ser tan exacta como
la de Albert Einstein, es natural. Pero pretender que su respuesta sea tan acertada como la de Albert Einstein, sería estúpido. Es inventivo, está en la dirección adecuada: un día llegará a convertirse en otro Albert Einstein. Si está intentando crear
algo nuevo (naturalmente él tiene sus limitaciones), su esfuer-

zo por intentar crear algo nuevo debería ser apreciado, debería ser loado.

La educación no debe ser competitiva, la gente no debería medirse entre sí. La competitividad es muy violenta y muy destructiva. Si alguien no es bueno en matemáticas, tú le llamas mediocre. Puede que sea un buen carpintero, pero nadie lo apreciará. Si alguien no es bueno en literatura, tú le llamas estúpido; pero puede que sea bueno en la música, en la danza.

Una educación real ayudará a la gente a descubrir *su* vida, y a vivirla plenamente: si un hombre ha nacido para ser carpintero, eso es exactamente lo que tiene que hacer, nadie debe obligarle a que haga otra cosa. Este mundo puede convertirse en un mundo magnífico e inteligente si al hombre se le permite ser él mismo, si se le ayuda a ser él mismo, si se le apoya de todas las formas posibles para que sea él mismo, y nadie viene a meterse, a interferir; de hecho nadie manipularía al niño. Si él quiere ser bailarín, está bien; los bailarines son necesarios, este mundo necesita mucha danza. Si quiere ser poeta, bien; se necesita mucha poesía, nunca hay suficiente. Si quiere ser carpintero o pescador, perfecto. Si quiere ser leñador, perfecto. No hace falta que llegue a ser presidente o primer ministro; de hecho si menos gente se interesara en esas metas sería una bendición.

Ahora mismo todo está del revés. El que quería ser carpintero se ha hecho médico, el que quería ser médico se ha hecho carpintero... todo el mundo está ocupando el lugar de algún otro. De ahí tanta ininteligencia; todo el mundo está haciendo el trabajo de otro. Cuando empieces a darte cuenta de esto, sabrás por qué la gente se comporta ininteligentemente.

En la India hemos estado meditando profundamente y hemos encontrado una palabra (*swadharma*, propia naturaleza) que tiene una connotación de mayor implicación para un mundo futuro. Krishna ha dicho: *Swadharme nidhanam shreyah*;

es bueno morir según tu propia naturaleza, siguiendo tu propia naturaleza. *Para dharmo bhayavah baha*; morir según la naturaleza de cualquier otro es muy peligroso. No os convirtáis en imitadores. Simplemente sed vosotros mismos.

He oído...

Bill siempre había querido ir a cazar alces, así que ahorró el dinero suficiente y fue a los bosques del norte. Allí se abasteció del equipo necesario y el dueño de la tienda le aconsejó contratar a Pierre, el mejor reclamo para alces de la zona.

–Es cierto –comentó el tendero–, que Pierre es caro, pero su llamada es tan sexy que no hay alce que se le resista.

–¿Cómo lo hace? –preguntó Bill.

–Bueno –contestó el otro–, cuando Pierre localiza un alce a trescientos metros, ahueca sus manos y hace la primera llamada. Al oírlo, el alce se excita y se acerca a doscientos metros. Pierre lo vuelve a llamar otra vez, esta vez con un poco más de deseo, y el alce se acerca brincando, anhelante y gozoso hasta una distancia de cien metros. Está vez Pierre le da a su llamada un mensaje sexy prolongándola, lo cual atrae al alce, excitado por el deseo carnal, a acercarse a veinticinco metros de ti. Y ese, amigo mío, es el momento de apuntar y disparar.

–Suponga que fallo –exclamó Bill.

–¡Oh, eso sería terrible! –contestó el otro.

–¿Por qué? –preguntó Bill.

–Porque entonces el pobre Pierre tendría que aparearse.

Esto es lo que le ha ocurrido al hombre; ha estado imitando e imitando. El hombre ha perdido por completo la visión de su propia realidad. La gente del Zen dice: busca tu rostro original.

El Tantra dice lo mismo. El Tantra dice: encuentra tu autenticidad. ¿Quién eres tú? Si no sabes quién eres, siempre estarás en algún accidente, siempre. Tu vida será una larga serie de accidentes, y ocurra lo que ocurra nunca será satisfactorio para ti. El descontento será el único sabor de tu vida.

Puedes observar esto a tu alrededor. ¿Por qué hay tanta gente que parece tan apagada, tan aburrida, como si solamente estuviera pasando los días, pasando un tiempo valiosísimo que no se puede recuperar, y con tal desánimo como si ya sólo se esperara a la muerte? ¿Qué le ha ocurrido a toda esta gente? ¿Por qué no tiene la misma frescura que los árboles? ¿Por qué el hombre no canta como los pájaros? ¿Qué le ha ocurrido al hombre?

Ha ocurrido lo siguiente: el hombre ha estado imitando, el hombre ha estado tratando de convertirse en otro. Nadie está en su propia casa, todo el mundo está llamando a la puerta de otro; de ahí el descontento, la apatía, el aburrimiento, la angustia...

Cuando Saraha dice que la inteligencia es la verdadera cualidad de la meditación, quiere decir lo siguiente: una persona inteligente simplemente intentará ser ella misma, a cualquier precio. Una persona inteligente nunca copiará, nunca imitará, nunca será un loro. Una persona inteligente escuchará su propia voz intrínseca. Sentirá su propio ser y se moverá de acuerdo a ella cualquiera que sea el riesgo. ¡Existe un riesgo! Cuando copias a otros hay menos riesgo. Si no copias a nadie estás sólo, ¡hay un riesgo!

Pero la vida sólo le ocurre a aquellos que viven peligrosamente. La vida sólo le ocurre a los aventureros, a los valientes, a los casi temerarios; sólo a ellos les ocurre la vida. La vida no le ocurre los que la viven con indiferencia.

Una persona inteligente confía en sí misma, su confianza en sí misma es absoluta. ¿Cómo puedes confiar en alguien si ni siquiera puedes confiar en ti mismo?

Algunos vienen a mí y dicen: «quiero confiar en ti». Yo les pregunto: «¿confías en ti mismo?». Si confías en ti mismo hay una posibilidad de que también confíes en mí, de otra forma no hay ninguna posibilidad.

La inteligencia es confianza en tu propio ser.

La inteligencia es aventura, emoción, gozo.

La inteligencia es vivir en este momento, no anhelar el futuro.

La inteligencia es no pensar en el pasado ni preocuparse por el futuro. El pasado ya no existe, y el futuro no está aquí todavía. La inteligencia es hacer el mejor uso del momento presente que está disponible. El futuro saldrá de él. Si este momento ha sido vivido con deleite y alegría, el siguiente momento nacerá de él. Naturalmente, éste traerá más gozo, pero no hay ninguna necesidad de preocuparse de ello. Si mi hoy ha sido dorado, mi mañana lo será aún más. ¿De dónde va a salir? Crecerá desde el hoy. Si esta vida ha sido una bendición, mi próxima vida será una bendición aún mayor. ¿De dónde va a salir? Nacerá de mí, de mi experiencia vivida. Una persona inteligente no se preocupa por el cielo y el infierno, no le importa qué hay después de esta vida, ni siquiera le importa Dios, ni el alma. Una persona inteligente simplemente vive con inteligencia, y Dios, el alma, el cielo y el *nirvana*, todo eso viene naturalmente.

Tu vives con creencias; en la creencia no hay inteligencia. Vive a través del saber; el saber es inteligencia. Saraha está absolutamente en lo cierto: La inteligencia es meditación. La gente sin inteligencia también medita, pero ciertamente meditan de una forma no inteligente. Piensan que hay que ir a la iglesia una hora cada domingo; eso se da a la religión. Ésta es una forma no inteligente de relacionarte con la religión. ¿Qué tiene que ver la iglesia con eso? Tu vida real está en los otros seis días, el domingo no es un día real para ti. Vives irreligiosamente durante seis días y luego vas a la iglesia durante una o dos horas; ¿a quién estás intentando engañar? ¿Acaso estás intentando hacerle creer a Dios que eres un devoto?

O, si te esfuerzas un poco más, entonces haces meditación transcendental cada día durante veinte minutos por la mañana y veinte minutos por la tarde. Te sientas con los ojos cerrados y repites un *mantra* de la manera más tonta; Om, Om, Om, lo cual embota la mente aún más. Repetir un *mantra* mecánicamente te quita inteligencia; no te da inteligencia. Es como una nana.

A través de los siglos las madres lo han sabido. Cuando el niño está intranquilo y no quiere dormir, la madre viene y le canta una nana. El niño empieza a sentirse aburrido; pero no puede escapar; ¿a dónde va a ir? La madre lo tiene en la cama. La única manera de escapar es dormirse, así que se duerme; simplemente se rinde. Él piensa: «estar despierto ahora es una tontería, porque lo que mamá está haciendo es muy aburrido, ¡repitiendo una y otra vez lo mismo!».

Hay historias que las madres y las abuelas cuentan a los niños cuando éstos no quieren dormir. Si te fijas en esas historias descubrirás un cierto patrón que se repite constantemente. Precisamente el otro día leí una historia que una abuela le contaba a un niño pequeño que no se quería dormir, porque en aquel momento él no tenía sueño. Su inteligencia le decía que estaba bien despierto, pero la abuela le estaba forzando a dormir. Ella tenía otras cosas que hacer; el niño no era importante.

Los niños están muy confundidos; las cosas parecen muy absurdas. Cuando quieren dormir por la mañana, todo el mundo les quiere despertar. Cuando no quieren ir a dormir, todo el mundo les obliga a dormir. Se sienten muy confundidos: ¿qué le pasa a esta gente? Cuando el sueño llega, bien; eso es inteligencia. Si no llega, estar despierto es perfectamente correcto.

Bueno, la abuelita está contando una historia. Al principio el niño permanece interesado, pero poco a poco... Cualquier niño inteligente se aburrirá; sólo un niño estúpido no se aburriría.

Ésta era la historia...

Un hombre se va a dormir y sueña que está frente a un gran palacio, y en ese palacio hay mil y una habitaciones. Así que empieza a ir de una habitación a otra; va entrando en las mil habitaciones y por fin llega a la última habitación. Allí hay una cama preciosa, se echa sobre ella, se duerme y comienza a soñar que está frente a la puerta de un gran palacio que tiene mil y una habitaciones. Va entrando en las mil habitaciones y al llegar a la mil una... otra vez hay una cama muy bonita, vuelve a dormirse y de nuevo sueña que está frente a un palacio...

¡Y así va toda la historia! ¿Cuánto tiempo puede permanecer el niño despierto? El niño se duerme de puro aburrimiento. Pensará: ¡que se acabe ya!

Un *mantra* hace lo mismo. Repites Ram, Ram, Om, Om, Allah, Allah o cualquier otra cosa. Sigues repitiendo y repitiendo. Entonces estás haciendo las dos tareas, ambas, la de la abuela y la del niño. Tu inteligencia es como el niño y el aprendizaje del *mantra* es como la abuela. El niño intenta detenerte, se interesa en otras cosas, piensa en cosas bonitas, en mujeres hermosas, en escenas divertidas, pero le atrapas con las manos en la masa y le llevas de vuelta al Om, Om, Om. Poco a poco tu niño interior siente que luchar es inútil; el niño interior se duerme.

En efecto, el *mantra* puede causarte cierto sueño, un sueño autohipnótico. No hay nada de malo en ello si te resulta difícil dormir; si sufres de insomnio está bien. Pero eso no tiene nada que ver con espiritualidad, es una forma muy inninteligente de meditar. ¿Cuál es entonces la forma inteligente de meditar?

La forma inteligente es poniendo inteligencia en cualquier cosa que hagas. Cuando camines, camina inteligentemente, con consciencia; cuando comas, come inteligentemente, con consciencia. ¿Recuerdas haber comido inteligentemente alguna vez, haber pensado alguna vez qué es lo que estás comiendo? ¿Es alimenticio, tiene algún valor nutritivo? ¿O simplemente te estás llenando sin alimentarte en realidad?

¿Has observado alguna vez lo que haces? Sigues fumando... entonces hace falta inteligencia: ¿qué estás haciendo? ¿Simplemente inhalando el humo y echándolo fuera, y mientras tanto destrozándote los pulmones? ¿Qué estás haciendo realmente? Estás malgastando tu dinero, malgastando tu salud. Cuando estés fumando, cuando estés comiendo pon inteligencia. Pon inteligencia cuando estés haciendo el amor con tu mujer o con tu hombre. ¿Qué estás haciendo, tienes tú realmente amor? Algunas veces haces el amor por hábito; entonces es feo, es inmoral.

El amor tiene que ser muy consciente, sólo así se convierte en oración. ¿Qué es lo que estás haciendo exactamente mientras haces el amor con tu mujer? ¿Usando el cuerpo de la mujer para tan sólo liberar una energía que para ti es demasiada? ¿O acaso estás respetando... estás amando a la mujer, sientes reverencia por la mujer? Yo no lo veo así. Los maridos no respetan a sus esposas, las utilizan; las esposas utilizan a sus maridos, no les respetan. Si del amor no surge la reverencia, entonces, en algún lugar, se ha perdido la inteligencia. De no ser así te sentirías inmensamente agradecido con el otro, y hacer el amor se convertiría en una gran meditación.

Sea lo que sea que estés haciendo, pon en ello la cualidad de la inteligencia. Hazlo inteligentemente; eso es meditación. Las palabras de Saraha son de una gran importancia: la inteligencia es meditación.

La inteligencia se tiene que expandir sobre toda tu vida, no se trata sólo de una cosa del domingo. No puedes ser inteligente durante veinte minutos y luego olvidarte del asunto; la inteligencia tiene que ser como respirar. Cualquier cosa que hagas; ya sea pequeña o grande, cualquier cosa... fregar el suelo; puede hacerse inteligentemente o ininteligentemente. Y tú sabes que cuando haces algo ininteligentemente no hay alegría; estás cumpliendo una obligación, de alguna manera se convierte en una carga.

Una vez oí algo que ilustrará cómo el amor puede ser reducido a deber y destruido...

Sucedió en clase de noveno grado en un colegio religioso para niñas. En la clase se estaba estudiando amor cristiano y lo que ello podía significar para ellas y sus vidas. Finalmente llegaron a la conclusión de que amor cristiano significa: «hacer algo amoroso por alguien que no te gusta». Los niños son muy inteligentes. Su conclusión es totalmente acertada. Escúchalo de nuevo. Ellas decidieron finalmente que amor cristiano significaba: «hacer algo amoroso por alguien que no te gusta».

El profesor sugirió que durante la semana podrían probar su concepto. Al volver la semana siguiente a clase el profesor pidió los trabajos. Una de las niñas levantó la mano y dijo:

—¡Yo he hecho algo!

—¡Maravilloso! —exclamó el profesor— ¿Qué es lo que has hecho?

—Bien —replicó la muchacha—, en mi clase de matemáticas en la escuela hay una niña horrible...

El profesor inquirió:

—¿Horrible?

Y la niña le contestó:

—Sí, ya sabe a lo que me refiero... es horrible, sus ojos, sus manos, sus piernas; cuando baja de clase al patio todo el mundo dice: "Aquí llega ese monstruo otra vez". Ella no tiene ningún amigo y nadie la lleva a las fiestas, bueno... ya sabe, es horrible.

El profesor dijo:

—Creo que sé a qué te refieres exactamente. ¿Qué es lo que hiciste?

—Bien, esa niña de mi clase está pasando una etapa muy dura. A mí se me dan las matemáticas bastante bien, así que la ofrecí mi ayuda para hacer los deberes.

–Muy bien –dijo el profesor –¿Y qué ocurrió?

–Pues la ayudé, fue divertido y ella estaba muy agradecida; pero ahora no puedo quitármela de encima.

Si estás haciendo algo sólo como si fuera un deber (no amas, no lo amas y lo haces como si fuera un deber), más tarde o más temprano te quedarás atrapado en ello, y cuando quieras desprenderte de ello te encontrarás en dificultades. Simplemente observa en tus veinticuatro horas diarias: ¿cuántas cosas estás haciendo de las que tú no obtienes ningún placer, con las que no creces? De hecho tú quieres desprenderte de ellas. Si estás haciendo muchas cosas en tu vida de las que en realidad quieres desprenderte, estás viviendo ininteligentemente.

Una persona inteligente hará su vida de tal forma que tendrá la poesía de la espontaneidad, del amor, del gozo. Se trata de *tu* vida, y si tú no eres lo suficientemente cariñoso contigo mismo, ¿quién lo va a ser? Si estás desperdiciando tu vida, la responsabilidad es tuya y de nadie más.

Yo te enseño a ser responsable de ti mismo. Ésta es tu primera responsabilidad; todo lo demás viene después ¡todo lo demás! Incluso Dios viene después, porque él sólo puede venir cuando tú *eres*. Tú eres el centro de tu mundo, de tu existencia.

De manera que sé inteligente, pon la cualidad de la inteligencia. Y cuanto más inteligente te vuelvas, mayor capacidad de traer más inteligencia a tu vida tendrás. Cada simple momento puede volverse tan luminoso con inteligencia... Entonces no hace falta ninguna religión, no hace falta meditar, no es necesario ir a la iglesia, no necesitas ir a ningún templo, no hay necesidad de hacer ninguna cosa extra. La vida es intrínsecamente inteligente.

Simplemente vive con totalidad, armoniosamente, en consciencia, y todo lo demás sigue de una forma maravillosa.

Una vida de celebración sigue la luminosidad de la inteligencia.

Siguiente pregunta; tiene relación:

Osho, ¿no es bueno servir a la gente desde un sentido del deber?

No, de ninguna manera, eso es feo. Cuando haces algo solamente por deber, sin amor, te estás haciendo daño a ti mismo y estás haciendo daño al otro también, porque si no lo haces por amor sentirás que el otro tiene que estarte agradecido, sentirás que le estás haciendo un favor al otro. Esperarás algo a cambio; de hecho, de alguna forma, ya sea sutil o grosera, plantearás tu demanda: «ahora, tú tienes que hacer algo por mí, porque yo he hecho mucho por ti».

Cuando haces algo por amor lo haces sin ninguna idea de obtener algo a cambio. No se trata de ningún negocio, lo haces porque eres feliz haciéndolo; el otro no está obligado a nada. Esto no quiere decir que el amor no sea devuelto, te será devuelto multiplicado por mil; pero sólo te será devuelto el amor, nunca el deber. De hecho, si haces algún favor a alguien por deber, esa persona nunca podrá perdonarte. Puedes verlo en los niños: ellos nunca son capaces de perdonar a los padres. Sus padres deben haber estado cumpliendo una gran obligación. Es muy difícil perdonar a aquellos que han estado haciéndolo todo por obligación.

El respeto surge hacia aquellos que te han amado, no por un sentimiento del deber sino por puro gozo. Fíjate en la diferencia: tu madre te ama simplemente porque siente amor por ti. No importa que tú se lo devuelvas o no. No se trata de un regateo, de un contrato, de un negocio. Si tú no se lo devuelves ella nunca lo mencionará, nunca pensará en ello. De hecho, ella ha disfrutado tanto mientras te amaba, ¿qué más podría esperar?

Una madre siempre siente que no ha podido hacer tanto como hubiera querido. Pero si la madre lo ha hecho como un deber, entonces siente que ha hecho demasiado y que tú la has traicionado, que no le has devuelto su amor. Y ella siempre estará echándotelo en cara, que ha hecho esto y aquello, que te ha llevado nueve meses en su vientre... y volverá contar toda la historia una y otra vez.

Eso no es bueno para crear amor, solamente es bueno para el divorcio. A los niños les hace sentirse muy, muy enojados.

Conozco a un chico joven... Una vez, cuando visitaba a su familia, la madre le trajo a mí. Querían que yo le enseñara porque era muy desagradecido. Yo conocía a la familia muy bien; conocía mucho tanto al padre como a la madre, de manera que sabía por qué el hijo era desagradecido. Ellos habían hecho todo lo que habían podido hacer, pero siempre por sentido del deber.

Yo les dije: vosotros sois los responsables, nunca habéis amado al niño, y él se siente dolido. Nunca le habéis permitido sentirse importante. Vuestro amor no es amor, es como una piedra dura en el corazón del niño. Ahora él está creciendo y puede rebelarse contra vosotros y eso es lo que está haciendo.

El niño me miró con tal gratitud... empezó a llorar. Dijo: «quienquiera que venga a casa, cualquier invitado, cualquier amigo, provoca que yo siempre sea traído a juicio; todo el mundo tiene que enseñarme. Usted es el primer hombre...

»Lo que ocurre es lo siguiente. Esta gente me ha estado torturando y todavía mi madre va diciendo que "me ha estado llevando nueve meses en su vientre". Pero yo le contesto: "yo no te lo he pedido. No tiene que ver nada conmigo; era asunto tuyo, tú lo decidiste. ¿Por qué no abortaste? Yo no habría interferido. Además, ¿por qué te quedaste embarazada? Yo no lo había solicitado".

Yo sabía que el niño estaba muy enojado, pero tenía razón. Tú preguntas: «¿no es bueno servir a la gente desde un sentimiento del deber?».

No, de hecho si servís a la gente haciéndolo por sentimiento del deber os convertiréis en sus torturadores, os volveréis muy dominantes con ellos. Es una forma de dominación, es política.

Empezáis masajeando sus pies, poco después estáis agarrándoles por el cuello, pronto los mataréis. Naturalmente cuando empezáis a masajear sus pies, ellos se ofrecen y dicen: «muy bien», pero no saben lo que les va a suceder.

Todos los servidores de la comunidad más tarde o más temprano se vuelven políticos. Ésa es la mejor manera de empezar tu carrera política; hazte servidor de la comunidad. Sirve a la gente por sentido del deber y luego, tarde o temprano, podrás echárselo en cara y podrás explotarla. Luego podrás aplastarlos y ellos ni siquiera podrán gritar porque tú eres un servidor de la comunidad.

Para convertirse en amos de la gente, lo primero es el servicio a la comunidad.

Toda mi tarea aquí está enfocada a hacerte consciente de esas trampas. Ésos son montajes, montajes del ego.

Te vas metiendo en un montaje del ego en nombre de la humildad, de la modestia, del servicio. Haz, pero haz sólo por amor; si no, no hagas nada. Por favor, no hagas. Es mucho mejor si no haces nada.

Tendrás posibilidades de hacer, porque nadie puede permanecer sin hacer nada todo el tiempo. La energía se crea y tienes que darla, pero dala desde el amor. Cuando das por amor te sientes agradecido al otro por haber aceptado tu amor, por haber aceptado tu energía, por haber compartido contigo, el otro te ha quitado una carga.

Haz sólo cuando puedas sentirte agradecido a la persona por la que lo haces, si no es así, no lo hagas.

Tercera pregunta:

Querido Osho, ¿por qué los celos siguen siempre al amor como una sombra?

Los celos no tienen que ver nada con el amor. De hecho vuestro supuesto amor no tiene nada que ver con el amor. Ésas no son más que bonitas palabras que tú usas sin saber qué significan, sin haber experimentado lo que significan. Tú sigues usando la palabra amor: la usas tanto que te olvidas del hecho de que todavía no lo has experimentado. Éste es uno de los peligros de usar palabras bonitas tales como: "Dios", "amor", "*nirvana*", "oración"; hermosas palabras. Tú las usas continuamente, las repites constantemente, y poco a poco la mera repetición hace que creas que conoces su significado.

¿Qué sabes tú del amor? Si supieras algo del amor no harías esta pregunta, porque los celos nunca están presentes en el amor. Y donde los celos están presentes, el amor no lo está. Los celos no proceden del amor, los celos proceden de la posesividad. La posesión no tiene nada que ver con el amor. Lo que tú quieres es poseer; la posesión te hace sentirte fuerte, tu territorio se agranda. Y si alguien intenta traspasar tu territorio, tú te enfadas. O, si alguien tiene una casa más grande que la tuya, te produce envidia. O, si alguien trata de quitarte tu propiedad, te pones celoso y te enfadas. Si amas, es imposible que haya celos, no es posible en absoluto.

He oído...

Allá arriba, en la helada Alaska, dos tramperos pararon en el último almacén para aprovisionarse para el largo y oscuro invierno. Una vez cargados sus trineos con harina, botes de conservas, queroseno, fósforos y municiones, estaban listos para explorar los bosques durante seis meses.

–Esperad un minuto, chicos –les gritó el tendero enseñándoles un tablero con forma de reloj de arena–. ¿Qué os parece si os lleváis uno de estos?

–¿Qué es esto? – preguntó uno de los tramperos.

El tendero les hizo un guiño.

–Se llama tabla del amor. Cuando te sientes sólo la puedes abrazar.

–¡Nos llevaremos dos! –exclamaron los hombres.

Seis meses después uno de los tramperos, retornaba con largas barbas y ojeroso.

–¿Dónde está tu amigo? –preguntó el tendero.

–Tuve que dispararle –murmuró el trampero–. Le pillé tonteando con mi tabla del amor.

Los celos no tienen nada que ver con el amor. Si amas a tu mujer, ¿cómo vas a estar celoso? Si amas a tu hombre, ¿cómo vas a estar celosa? Si tu mujer está riéndose con cualquier otro, ¿cómo vas a estar celoso? Tendrías que estar feliz; ella es feliz y es tu mujer. Su felicidad es tu felicidad, ¿cómo puedes estar en contra de su felicidad?

Pero mira, observa. Tú te ríes de esta historia pero esto está pasando en todos lados, en todas las familias. La esposa se pone celosa hasta del periódico si el marido lee demasiado. Viene y se lo quita de las manos, está celosa. El diario la está sustituyendo. ¿Cómo se atreve a leer el periódico mientras ella está presente? ¡Eso es un insulto! Cuando ella está presente tiene que poseerle totalmente, ni siquiera un diario... Si el diario se convierte en un competidor, ¿qué decir de los seres humanos? Si la esposa está presente y el marido empieza a hablar con otra persona y parece un poco feliz (lo cual es natural... las personas se cansan unas de otras; cualquier cosa nueva hace que uno se emocione), la esposa se enfada. Puedes verlo fácilmente: si ves una pareja y el hombre está triste, entonces es que ese hombre y esa mujer están casados. Si está feliz, no está casado con la mujer, ella no es *su* esposa.

Una vez me encontraba viajando en un tren y había una mujer en el mismo compartimiento. En cada estación entraba un hombre... unas veces traía bananas, otras té, otras helado, y esto y lo otro.

Yo le pregunté a la mujer:

—¿Quién es ese hombre?

Ella me contestó:

—Es mi marido.

Yo repliqué:

—No puede ser, no me lo creo. ¿Cuánto tiempo llevan casados?

Ella sintiéndose un poco molesta respondió:

—Ya que insiste, le confesaré que no estamos casados. ¿Pero como lo ha averiguado?

Yo le contesté:

—Nunca he visto que ningún marido entrara en cada estación. Una vez que el marido se haya desprendido de la mujer, no volverá hasta la última estación, con la esperanza de que se haya apeado en alguna estación en mitad del viaje. Cada estación trayendo cosas... esto y lo otro... corriendo una y otra vez desde su cabina...

Ella dijo:

—Está usted en lo cierto, no es mi marido. Es un amigo de mi marido.

—Eso está mejor; ¡si es así no hay problema!

Tú no estás realmente enamorado de tu mujer, o de tu hombre, o de tu amigo. Si estás enamorado entonces la felicidad del otro es tu felicidad. Si estás enamorado no crearás ninguna posesividad.

El amor tiene la capacidad de dar libertad total. *Sólo* el amor tiene esa capacidad. Y si no da libertad, entonces se trata de otra cosa, no de amor. Es un cierto tipo de egoísmo. Tienes una mujer hermosa; quieres mostrarle a todo el mundo lo hermosa que es; como si se tratase de una propiedad. Es como cuando tienes un coche y quieres que todo el mundo sepa que nadie tiene un coche tan bonito; lo mismo pasa con tu mujer. Le regalas diamantes, pero no por amor. Ella es decoración para tu ego. La llevas de un club a otro, pero ella tiene que permanecer pendiente de ti mostrando que te pertenece. Cualquier infracción de tu derecho hará que te enfades, puedes matar a la mujer... y tú crees que amas.

En todas partes hay un gran ego trabajando. Queremos que las personas sean como las cosas. Las poseemos como cosas, las reducimos a cosas. Nuestra actitud con las cosas también es la misma.

Una vez escuché que...

Había un rabino y un sacerdote que eran vecinos y tenían cierto "pique" entre ellos. Si los Cohen se compraban un buen coche, el padre O'Flynn no podía ser menos... y siempre así. Un día el cura apareció con un Jaguar nuevo, así que el rabino se compró un Bentley. Al mirar por la ventana, el rabino vio que el cura estaba echando agua sobre el capó del automóvil. Abrió la ventana y le gritó:

–¡Esa no es la mejor manera de llenar el radiador!

–¡Ya! –contestó el cura–. Lo estoy bendiciendo con agua bendita; cosa que tú nunca podrás hacer con el tuyo.

Un poco más tarde el cura se quedó perplejo al ver al rabino tumbado en el asfalto bajo el automóvil con una sierra en la mano, cortando el último trocito del tubo de escape.

El hombre le estaba haciendo la circuncisión. Tenía que hacer algo.

Así es la mente; en constante competición. Ésta es la forma en que vivimos, la forma del ego. El ego no conoce el amor, no conoce la amistad, no conoce la compasión. El ego es agresión, violencia.

Y tú preguntas: «¿por qué los celos siguen siempre al amor como una sombra?».

Jamás. El amor no hace sombra en absoluto. El amor es tan transparente que no hace sombra. El amor no es algo sólido, es transparencia. El amor no proyecta sombra alguna. El amor es el único fenómeno sobre la faz de la Tierra que no crea sombra.

Cuarta pregunta:

Querido Osho, ¿qué es la represión?

Represión es vivir una vida que no es para ti, represión es hacer cosas que tú nunca has querido hacer; represión es ser el personaje que tú no eres. La represión es una forma de destruirte a ti mismo, la represión es suicidio; es un envenenamiento lento, muy lento, por supuesto, pero muy seguro. La expresión es vida; la represión es suicidio.

Éste es el mensaje del Tantra: no vivas una vida reprimida, porque si es así no vives en absoluto. Vive una vida de expresión, de creatividad, de gozo. Vive de la forma que Dios quiere que vivas; vive de forma natural. Y no tengas miedo a los sacerdotes. Escucha a tus instintos, escucha a tu cuerpo, escucha a tu corazón, escucha a tu inteligencia. Depende de ti mismo, ve a dondequiera que tu espontaneidad te lleve y nunca estarás perdido. Y viviendo espontánea y naturalmente, estás destinado a llegar algún día a las puertas de la divinidad.

Tu naturaleza es Dios dentro de ti. La atracción de esa naturaleza es la atracción de Dios dentro de ti. No escuches a los que quieren envenenarte, escucha la atracción de la naturaleza. Es cierto, la naturaleza no es suficiente: también existe una naturaleza superior; pero lo superior viene a través de lo inferior, el loto crece del barro. El alma crece a través del cuerpo. El *samadhi* se alcanza a través del sexo.

Recuerda, a través de la comida crece la consciencia. En oriente decimos: *annam Brahma*; la comida es Dios. ¿Qué clase de afirmación es ésta que dice que la comida es Dios? Dios crece de los alimentos: lo inferior está ligado a lo superior, lo más superficial está ligado a lo más profundo.

Los predicadores te han estado enseñando a reprimir lo inferior. Y ellos son muy lógicos. Sólo que se han olvidado de una cosa: de que Dios es ilógico. Ellos son muy lógicos y eso te atrae, por eso les has escuchado y seguido durante siglos. La idea de que si quieres alcanzar lo superior no debes escuchar a lo inferior, resulta atractiva para la razón. Parece lógico: si quieres ir hacia arriba entonces no puedes ir hacia abajo. Así que no vayas hacia abajo, ve hacia arriba; es muy racional. El único problema es que Dios no es racional.

Precisamente el otro día Dhruva me lo contaba. En su grupo, Sahaj, algunas veces hay momentos en los que todo el grupo entra en silencio; sin razón alguna, como caídos del cielo. Y estos pocos momentos de silencio son de una belleza tremenda. Él me decía: «Esos momentos son muy misteriosos. Nosotros no los preparamos, no pensamos en ellos, simplemente vienen algunas veces. Pero cuando vienen todo el grupo siente inmediatamente la presencia de algo divino, de algo superior, algo más grande que todos los demás. Todos se dan cuenta inmediatamente de que hay algo presente, algo misterioso. Y todos entran en silencio en esos momentos».

Así que su mente lógica pensó: «sería bueno poder hacer todo el grupo en silencio». Debe haber empezado a pensar: «si esos pocos momentos (pocos y muy infrecuentes) son tan hermosos, entonces ¿por qué no hacer todo el grupo en silencio?». Yo le dije: «¿Te das cuenta? Es lógica, y Dios no es lógico. Si os quedáis en silencio, esos momentos nunca volverán de nuevo».

Hay una polaridad en la vida. Trabajas duro todo el día cortando madera, luego por la noche duermes profundamente. Pues bien, lo lógico sería (deduciendo lógicamente, es algo matemático) que a la mañana siguiente pensaras: «Ayer trabajé mucho durante todo el día y estaba cansado, y aun así pude dormir muy profundamente. Si descanso el día entero, dormiré más profundamente aún». Así que al día siguiente simplemente te echas en tu sillón y practicas el descanso. ¿Crees que dormirás bien? Perderás hasta tu sueño normal. Ésa es la razón por la que la gente rica sufre de insomnio.

Dios no es lógico. Dios le da el sueño a los mendigos que han estado trabajando todo el día, yendo de un lugar a otro en el caluroso verano, mendigando. Dios le da un buen sueño a los trabajadores, a los que trabajan en las canteras, a los leñadores. Han estado cansados durante todo el día... de ese cansancio han caído en un profundo sueño.

Ésta es la polaridad. Cuanto más agotado estés en lo que a la energía se refiere, mayor será tu necesidad de dormir, porque tú sólo puedes obtener más energía del sueño profundo. Si agotas toda tu energía crearás una situación en la cual caerás en un profundo sueño; Dios tiene que darte un sueño profundo. Si no trabajas en absoluto, entonces no hace falta. Ni siquiera has usado la energía que se te había dado así que, ¿qué sentido tiene darte más? La energía se les da a aquellos que la usan.

Dhruva está siendo lógico. Él piensa: «si hacemos todo el grupo en silencio...». Pero se perderán incluso esos escasos momentos, y todo el grupo se volverá muy, muy, charlatán en su interior. Naturalmente, exteriormente permanecerán en silencio, pero interiormente sus cabezas se estarán volviendo locas. En este momento están trabajando duro, están expresando sus emociones, entrando en catarsis, sacándolo todo, echándolo todo fuera; se quedan exhaustos. Llegan algunos momentos en los que están tan agotados que ya no les queda nada más que descargar. En esos momentos, de repente, hay un contacto; desciende un silencio.

El descanso sale del trabajo, el silencio sale de la expresión. Así es como Dios trabaja. Sus caminos son muy irracionales. Así que si quieres estar seguro tendrás que vivir una vida de inseguridad. Si de verdad quieres estar vivo tendrás que estar dispuesto a morir en cualquier momento. ¡Ésta es la ilógica de Dios! Si realmente quieres ser auténticamente sincero, entonces tendrás que arriesgarte. La represión es una forma de evitar el riesgo.

Por ejemplo, a ti te han enseñado a no enfadarte nunca y piensas que una persona que nunca se enfada tendría que ser muy cariñosa. Te equivocas. Una persona que no se enfada nunca tampoco podrá amar nunca. Ambas cosas van juntas, vienen en el mismo paquete. Un hombre que realmente ama, algunas veces se enfadará mucho. Pero su ira es hermosa, es por amor. Su energía es caliente, pero tú no te sentirás herido por su ira. De hecho te sentirás agradecido por que él se haya enfadado.

¿Te has dado cuenta? Si amas a alguien y haces algo que realmente le enfade, que le enfade de verdad, te sentirás agradecido porque te ame tanto que puede permitirse el enfado. ¿Por qué si no? Cuando no quieres hacer frente al enfado, te limitas a ser educado. Cuando no quieres hacer frente a nada, cuando no quieres tomar ningún riesgo, simplemente sonríes; no importa. ¿Si tu hijo fuera a saltar a un abismo, seguirías sin estar enfadado? ¿No gritarías, no serías una energía hirviente? ¿Continuarías sonriendo? No es posible.

Hay una historia...

Sucedió una vez en la corte del rey Salomón; llegaron dos mujeres que estaban peleándose por un niño. Ambas reclamaban la maternidad del niño. El caso era difícil; ¿cómo decidir? El niño era tan pequeño que no podía decir nada.

Salomón las miró y dijo:

–Voy a hacer una cosa; partiré el niño en dos y lo repartiré. Ésa es la única manera posible. Yo tengo que ser justo y equitativo; no hay nada que pruebe que el niño sea de una o de otra. Así que yo, como rey, he decidido partir al niño en dos y dar la mitad a cada una.

La mujer que sostenía al niño seguía sonriendo. Pero la otra sencillamente se había vuelto loca, ¡parecía que quisiera matar al rey! Ésta dijo:

–¿Qué estás diciendo? ¿Te has vuelto loco?

Estaba encolerizada. Ella ya no era una mujer corriente, era la cólera encarnada, ¡estaba encendida! La mujer continuó diciendo:

–Si esto es justicia, entonces retiro mi reclamación; dejen que la otra mujer se quede con el niño. ¡El niño es suyo, no es mío! –dijo enfadada y derramando lagrimas.

En ese momento el rey dijo:

–El niño te pertenece a ti. Llévatelo tú. La otra mujer está mintiendo.

La otra mujer no podía aportar nada; ¡y el niño habría sido sacrificado! De hecho ella continuó sonriendo, no le importaba.

Cuando amas puedes enfadarte. Cuando amas puedes permitírtelo. Si te amas a ti mismo (y eso es un deber en la vida, de otra forma te perderías tu vida) nunca te reprimirás, expresarás cualquier cosa que la vida te dé, sus gozos, sus tristezas, sus cumbres, sus valles, sus días, sus noches. Estarás expresándolo.

Pero tú has sido educado para volverte falso, has sido educado de tal manera que te has convertido en un hipócrita. Cuando te sientes enojado, pones una sonrisa pintada en la cara. Cuando estás encolerizado reprimes la cólera. Cuando sientes tu sexualidad, la reprimes y te pones a repetir un *mantra*. Nunca eres sincero con lo que hay en tu interior.

Sucedió una vez...

Joe y su pequeña hija Midge fueron a un parque de atracciones; en el camino pararon para comer opíparamente. Al llegar a un puesto de perritos calientes en el parque, Midge exclamó:

–Papá, quiero...

Joe le hizo callar y le trajo un perrito con toda la guarnición. Cuando pasaron por el puesto de palomitas Midge gritó:

–Papá, quiero... Joe la volvió a interrumpir y la atiborró de palomitas.

Cuando pasaron por el puesto de helados, la pequeña Midge gritó una vez más:

–Papá quiero...

Joe la volvió a hacer callar, pero esta vez le dijo:

–¡Tú quieres, tú quieres! ¡Yo sé lo que tú quieres; un helado!

–No, papá –protestó la niña– , quiero vomitar.

Eso era lo que ella quería desde el principio; ¿pero quién escucha?

La represión es no escuchar a tu naturaleza. La represión es una artimaña para destruirte.

Doce cabezas rapadas, gamberros, entraron en un pub con sus chaquetas Levi's y el resto de su indumentaria. Caminaron hasta donde se encontraba el dueño y dijeron:

–Trece jarras de cerveza, por favor.

–Pero si sólo sois trece.

–Escucha, queremos trece jarras de cerveza.

De manera que les sirvió la cerveza y todos se sentaron. Había un viejo que se encontraba sentado en una esquina y el cabecilla del grupo se acercó a él y le dijo:

–Aquí tienes, abuelo, una jarra de cerveza para ti.

El abuelo contestó:

–Gracias, muchas gracias; eres muy generoso, hijo.

–No hay de qué, no nos importa ayudar a los lisiados.

–Pero yo no soy un lisiado.

–Lo serás si no pagas la próxima ronda.

Eso es la represión: una artimaña para lisiarte. Una artimaña para destruirte, una artimaña para debilitarte. Es una artimaña para ponerte en contra de ti mismo: es una manera de crear conflicto dentro de ti, y siempre que un ser humano está en conflicto consigo mismo, naturalmente, está muy débil.

La sociedad ha jugado un gran juego: ha puesto a todo el mundo en contra de sí mismo. De forma que estás constantemente luchando dentro de ti mismo, no te queda energía alguna para hacer nada más. ¿No te das cuenta de lo que está pasando dentro de ti? Constantemente luchando... La sociedad te ha hecho una persona dividida, te ha hecho esquizofrénico y te ha confundido. Te has convertido en un madero a la deriva: no sabes quién eres ni a dónde vas. No sabes qué estás haciendo aquí, ni siquiera sabes por qué estás aquí. Realmente te ha confundido. Y de esa confusión surgen grandes líderes: Adolf Hitler, Mao Zedong, Josef Stalin. De esta confusión surge el papa del Vaticano, de esta confusión surgen mil y una cosas. Pero *tú* eres destruido.

El Tantra dice: sé expresivo, pero recuerda, expresión no significa irresponsabilidad. El Tantra dice: sé expresivo inteligentemente y nadie será dañado por ti. Un hombre que no puede hacerse daño a sí mismo no puede dañar nunca a nadie. Y un hombre que se hace daño a sí mismo en cierto sentido es un hombre peligroso. Si ni siquiera está enamorado de sí mismo, es peligroso, puede hacer daño a cualquiera. De hecho lo *hará*.

Cuando estás triste, cuando estás deprimido, creas más gente triste y deprimida a tu alrededor. Cuando eres feliz quieres crear una sociedad feliz, porque la felicidad sólo puede existir en un mundo feliz. Si tú estás viviendo lleno de gozo te gustará que todo el mundo esté lleno de gozo. Eso es verdadera religión: bendices a la existencia entera con tu propio gozo.

Pero la represión te hace falso. La ira, el sexo, la avaricia no se destruyen con la represión, no. Están ahí; sólo cambian sus etiquetas. Entran en el inconsciente, empiezan a trabajar desde allí, soterradamente. Y por supuesto cuando están soterrados son más poderosos. Todo el movimiento del psicoanálisis es un intento de sacar a la superficie todo lo que está bajo tierra. Una vez que se vuelve consciente, puedes liberarte de ello.

Un francés estaba pasando unos días en Inglaterra y un amigo le preguntó como lo estaba pasando. Éste le contestó que muy bien salvo por una cosa:

–Cuando voy a una fiesta, la anfitriona nunca me dice donde está el "pissoir".

–¿Ah, Georges, ¿quieres decir que la anfitriona nunca te indica dónde está el cuarto de baño? Se debe tan sólo a nuestro pudor inglés. Normalmente te dirá: «¿Quiere usted lavarse las manos? Lo cual significa lo mismo».

El francés tomó nota de esto mentalmente, y la siguiente vez que fue a una fiesta, los invitados que estaban alrededor de la anfitriona oyeron su comentario:

–Buenas tardes señor Du Pont, ¿quiere usted lavarse las manos?

–No, gracias, señora, justo acabo de lavármelas frotándolas en un árbol del jardín.

Esto es lo que sucede. Sólo cambian los nombres. Llegas a estar tan confundido que no sabes qué es qué. Todo sigue ahí; sólo cambian las etiquetas, y eso crea una especie de humanidad insana.

Tus padres, tu sociedad, te han destruido; tú estás destruyendo a tus hijos. Esto se ha convertido en un círculo vicioso. Y alguien tiene que salir de este círculo vicioso.

Si me entiendes correctamente, entonces mi iniciación *sannyas* es un esfuerzo para sacarte de este círculo vicioso.

No estés enfadado con tus padres; ellos no pudieron hacerlo mejor de lo que lo han hecho. Pero tú hazte más consciente y no hagas lo mismo con tus hijos. Hazles más expresivos, enséñales más a expresarse. Ayúdales para que se vuelvan más auténticos, para que puedan sacar fuera lo que sea que haya dentro de ellos. Y ellos estarán inmensamente agradecidos para siempre, porque en su interior no habrá conflicto. Serán de una pieza, no estarán fragmentados. Y nunca estarán confusos, siempre sabrán lo que quieren.

Y cuando sabes exactamente lo que quieres, puedes trabajar para ello. Cuándo no sabes realmente lo que quieres, ¿cómo vas a trabajar para ello? Entonces cualquiera puede atraparte, cualquiera puede darte algunas ideas... y tú empiezas a seguirle. Llega cualquier líder, cualquiera que te pueda convencer con sus argumentos, y tú empiezas a seguirle. Ya habéis seguido a mucha gente, y ellos os han destruido a todos.

Sigue a tu naturaleza.

Cada generación destruye a la anterior. A menos que uno esté muy alerta, despierto, la destrucción está destinada a suceder.

Última pregunta:

Osho, ¿por qué me casé con una mujer que me odia? Yo también la odio.

¿Cómo se supone que yo debería saber por qué tú te casaste con una mujer a la que odias y que te odia? Puede (y esto es sólo una conjetura) que os hayáis casado *porque* os odiáis mutuamente.

Existen dos tipos de matrimonio; los matrimonios por amor y los matrimonios por odio. Los matrimonios por amor son muy raros; de hecho no suceden. Los llamados matrimonios son matrimonios por odio. Al menos, en lo que a las mujeres se refiere, esto es muy cierto. Si ellas quieren torturarte se casarán contigo, porque no hay una forma más segura de torturarte. Ésa es la mejor manera.

Una vez escuché...

Mulla Nasruddin se metió una vez en una situación muy embarazosa. Estaba manteniendo relaciones con tres mujeres a la vez, y a todas les prometió que se casaría con ellas. Últimamente las tres le habían estado presionando para que cumpliera su promesa. Al no saber que hacer, Mulla se lo consultó a su abogado.

–Yo sugiero –dijo el abogado– que me dejes notificar a todos los periódicos que te has suicidado. Después montaremos un funeral ficticio. Eso debería resolver tus problemas».

Se pusieron en acción inmediatamente. Mientras el abogado telefoneaba a los diarios, Mulla hizo los arreglos necesarios con la funeraria.

Fue un funeral impresionante. En el momento preciso todo el mundo se agrupó solemnemente alrededor del féretro para dar el último adiós al fallecido. Y entonces aparecieron sus tres novias.

–¡Pobre Nasruddin! –dijo suspirando la primera al mismo tiempo que contemplaba el cuerpo allí dentro–, era un crápula, pero estoy segura de que le voy a echar de menos.

–Adiós, Nasruddin –dijo sollozando la segunda mujer–, quien mal anda mal acaba.

Pero la tercera estaba enfurecida.

–¡Sucia rata! ¡Mira que morirte después de prometerme que te casarías conmigo...! ¡Me voy a liar a tiros contigo aunque estés muerto! ¡Al menos tendré esa satisfacción! –Entonces sacó un revólver de su bolso y apuntó a la postrada figura.

–¡Espera!, ¡no te excites tanto! –gritó el cadáver incorporándose–. ¡Me casaré contigo!

No sé por qué te has casado con una mujer que te odia y a la que odias. Pero ten cuidado: debes de estar en un lío muy gordo. Todo el mundo lo está, de manera que no te preocupes. Ésta es la condición natural, normal de la humanidad. Todo el mundo está metido en un lío. Nadie sabe por qué hace uno ciertas cosas.

Algunas veces te casas con una mujer porque su cara es atractiva. Pero, ¿qué tiene que ver el matrimonio con una cara bonita? A los dos o tres días la luna de miel se habrá acabado y nunca más os volveréis a mirar a la cara. Nunca te casaste con la mujer real, sólo te casaste con la cara, con cierta figura, y la figura no tiene nada que ver con ello.

O puede que te guste la voz de una mujer, su voz melodiosa, y te casas... La gente se casa por razones tontísimas. La voz melodiosa no tiene nada que ver con esto; la voz melodiosa no te preparará la comida, no te hará la cama. A los pocos días te olvidarás de la voz.

La realidad con la que tendrás que vivir no tiene nada que ver con estas cosas.

Cierta mujer tiene cierta figura, ciertas curvas; ¿pero qué tienen que ver esas curvas con la vida? Cierta mujer tiene cierta forma de caminar que te resulta atractiva. ¿Pero cómo puedes desperdiciar tu vida, tu matrimonio, por cosas tan fútiles? No es posible.

La vida necesita enfoques más realistas, cimientos más realistas.

Pero tú continúas haciendo cosas tan superficiales como ésta. La razón es que no eres consciente. No se trata sólo de una cuestión de matrimonio, se trata de una cuestión de la vida entera. Eso es lo que tú estás haciendo. Vas haciendo cosas por el estímulo del momento, sin darte cuenta de que en el fondo la vida necesita más consciencia, más responsabilidad, más entendimiento, más inteligencia.

Empieza por ser más inteligente, y poco a poco tus problemas irán desapareciendo.

Sé más observador.

Conviértete en un testigo.

9. LA NO-MENTE ES LA PUERTA

Una vez en el reino lleno de gozo
la mente que ve se enriquece, y por eso
es muy útil para esto y aquello;
aunque vaya tras los objetos
no es ajena a sí misma.

Los brotes de gozo y de placer
y las hojas de gloria crecen.
Sí no se vierte nada en ninguna parte
la dicha inenarrable fructificará.

Lo que ha hecho, dónde y en lo que ella misma se convertirá,
es nada: sin embargo por eso ha sido útil para esto y aquello.
Tanto si es apasionada como si no, la pauta es la nada.

Si yo soy como un cerdo
que desea el fango mundano,
tú debes decirme qué falta
hay en una mente inmaculada.
¿Cómo puede uno ser encadenado
por aquello que no le afecta?

Existen dos formas de enfocar la realidad: el camino del intelecto y el camino de la inteligencia. El camino del intelecto es teorizar sobre ella, es pensar acerca de ella, especular con ella. Y todas las especulaciones carecen de sentido porque, ¿cómo se puede especular acerca de lo que no conoces?

¿Cómo puedes siquiera pensar sobre aquello que no conoces?

No se puede pensar sobre lo desconocido, no hay manera de pensar acerca de ello; todo lo que tú piensas en todo momento es lo conocido, que sigue repitiéndose en tu mente. Sí, puedes crear nuevas combinaciones de viejos pensamientos, pero solamente haciendo nuevas combinaciones no descubrirás la realidad. Estarás engañando.

El intelecto es el impostor más grande del mundo. A través del intelecto el hombre se ha engañado a sí mismo a lo largo de la historia. A través del intelecto defines la realidad lejanamente, no la explicas. A través del intelecto creas tal cantidad de polvo a tu alrededor que no puedes ver la realidad en absoluto; estás separado de lo existencial, y vives encerrado en tus palabras, en tus pensamientos, en tus argumentos. Estás perdido en tus escrituras; ningún hombre se ha perdido nunca en otro sitio. El hombre siempre se pierde en la selva de las escrituras.

El Tantra es el camino de la inteligencia, no del intelecto. No responde a ninguna pregunta; no explica nada en absoluto, no da explicación alguna. No se trata de una investigación sino de una búsqueda. No es una indagación *acerca de* la verdad, es una indagación *dentro* de la verdad. Penetra en la realidad. Intenta destruir toda la neblina que te rodea de forma que puedas ver la realidad tal como es.

El Tantra es ir más allá del pensamiento. Por eso los tántricos han venerado tanto el amor. Por eso el orgasmo se ha convertido en el símbolo de la realidad suprema: porque solamente durante el orgasmo pierdes la mente por unos instantes. Ése es el único estado de no-mente que está al alcance del hombre ordinario. Para ti ésa es la única ocasión de sentir un destello de realidad.

De ahí que el orgasmo sexual se haya vuelto tan importante en el camino del Tantra. No te da la realidad suprema, pero por lo menos te da una ocasión de ver más allá de la mente. Te abre una pequeña ventana... tan sólo un instante; no dura mucho, pero aun así, para ti es la única ocasión de tener algún contacto con la realidad. Aparte de eso, siempre estás rodeado por tus pensamientos y los pensamientos no explican nada. Todas las explicaciones son sencillamente absurdas.

Ahora me gustaría contarte un chiste. Ya sabes que no suelo contar muchos...

Es un chiste que tiene que ver con este amigo que está aquí, en la esquina, (un amigo de color). Desde su esquina mira hacia arriba y le pregunta al Señor (se trata de un asunto personal):

–Señor, ¿por qué me has hecho tan oscuro?

Y el Señor piensa, cavila e intenta filosofar (hay que dar alguna respuesta), y finalmente responde:

–Hijo mío, la razón por la que te he hecho tan oscuro es para que, cuando estés corriendo a través de la jungla, el sol no te cause una insolación.

Nuestro amigo de color le replica:

–Sí, sí, ya me doy cuenta. Pero, ¿por qué me has hecho el pelo tan áspero, Señor?

El Señor le contesta:

–Bueno, la razón por la que lo he hecho, hijo mío, es para que tu pelo no se enrede en las zarzas cuando estés corriendo a través de la jungla en busca de bestias salvajes, del búfalo y el león.

–Sí, sí, Señor... ¿y por qué me has hecho las piernas tan largas?

A lo que el Señor responde:

–Hay una razón para que tus piernas sean tan largas, hijo mío. Así cuando estés saltando en medio de la jungla para huir de bestias salvajes, rinocerontes, toros, elefantes, puedas correr velozmente. ¿Tienes alguna pregunta más?

Y el negro le contesta:

—¡Sí, Señor! ¿Qué demonios estoy haciendo aquí, en Puna?

Las explicaciones no sirven de nada. Ninguna explicación explica nada jamás.

Ahora el Señor Dios debe estar desconcertado...

La realidad del hombre es un misterio. No existe una respuesta que la pueda definir, porque en primer lugar no es una pregunta. Es un misterio que vivir, no un problema que resolver.

Y recuerda la diferencia entre el problema y el misterio: el misterio es existencial, el problema es intelectual. El misterio no lo crea la mente, así que la mente tampoco puede resolver nada. En primer lugar el problema es creado por la mente, así que la mente puede resolverlo, no hay ningún problema en ello. Pero el misterio de la vida, este misterio existencial que te rodea, esos árboles, esas estrellas, esos pájaros, la gente, tú mismo... ¿cómo puedes resolverlo a través de la mente?

La llegada de la mente es muy, muy reciente. La existencia ha vivido sin la mente durante mucho, mucho tiempo... La mente es un adquisición reciente, acaba de suceder. Los científicos dicen que si dividiéramos la historia de la humanidad en las veinticuatro horas de un día, la mente habría llegado en los dos últimos segundos... ¡sólo dos segundos! Si ésta fuera la medida (veinticuatro horas la historia entera), la mente habría llegado hace tan sólo dos segundos. ¿Cómo puede esto resolver algo? ¿Qué puede resolver esto? No conoce el principio, no conoce el final; ha llegado justo ahora, en el medio. No tiene perspectiva.

Si uno quiere saber realmente qué es lo desconocido debe dejar la mente a un lado, tiene que desaparecer en la existencia. Éste es el camino del Tantra. El Tantra no es una filosofía, el Tantra es absolutamente existencial. Y recuerda, cuando yo digo que el Tantra es existencial, no me refiero al existencialismo de Sartre, Camus, Marcel, y otros. Ese existencialismo es de nuevo otra filosofía, una filosofía de la existencia, pero no el camino del Tantra. Y la diferencia es enorme.

Los filósofos existencialistas en Occidente sólo han reparado en lo negativo: en la angustia, la depresión, la tristeza, la ansiedad, la desesperanza, la falta de sentido, la falta de propósito; en todo lo negativo. El Tantra ha reparado en todo lo que es hermoso, dichoso, bendito. El Tantra dice: la existencia es un orgasmo, un orgasmo eterno sucediendo constantemente. Es por siempre y para siempre un orgasmo, un éxtasis.

Tienen que estar moviéndose en direcciones diferentes. Sartre sigue pensando acerca de la existencia. El Tantra dice: el pensamiento no es la puerta. No llega a ningún sitio, es un callejón sin salida ; sólo te lleva al fondo del pozo. La filosofía es grande; si de lo que se trata es de hacer el memo, entonces la filosofía es grande; tú puedes convertir un montoncito de tierra en una montaña y disfrutar del asunto. Precisamente el otro día estaba yo leyendo una obra muy, muy filosófica. Medita sobre ello...

Me ocurrió una cosa muy peculiar, y te la voy a contar porque puede que también te haya ocurrido a ti también en alguna ocasión, y así la próxima vez que te vuelvas a encontrar en esa situación te desenvolverás mejor.

Ayer estaba en un restaurante y pedí algo de comer. Yo estaba con un pequeño grupo de gente comiendo en una mesa. No era... ya sabes, seis o siete personas alrededor de la mesa. No sé, ocho personas... nueve... unas cuarenta personas comiendo... un pequeño grupo de gente.

Pedí un vaso de leche para comer. Me gusta la leche. Ya sabes que la nata no me gusta, pero la leche me gusta. Adoro la

leche. Me gusta la leche fresca y fría. Pero si está templada...
¡agg! Si me la traen templada la devuelvo.

Cuando me trajeron la leche y ya estaba a punto de bebér-
mela me di cuenta de que había una pequeña, una diminuta
motita negra flotando sobre la leche. ¡Y de verdad, en aquel momento no había otra cosa en el mundo que me importase aparte de aquella pequeña motita negra! Se convirtió en la cosa
más importante de mi vida en los siguientes minutos. Para empezar, no podía permitir que aquella maldita cosa llegará dentro de mí, ¡como te lo digo! ¿Entiendes?, ¿quién sabe qué podía ser aquello con los tiempos que corren? Podría haber sido
un pedazo sólido de estroncio 90, ¿sabes? O una gran colonia
de microbios. Así que yo me negaba a tragármelo.

Yo ya había visto motitas negras anteriormente (soy un
hombre culto, he vivido), y estoy seguro de que tú también las
has visto. Están por todas partes. Pero yo creo que donde se las
localiza más fácilmente es en los azucareros. De vez en cuando pillas a una escondiéndose en un bote de harina. Las gachas
están plagadas de motitas negras si quieres saber mi opinión,
creo que las gachas son motitas negras más que otra cosa, eso
es lo que yo pienso. Pero esto no era lo más importante... lo que
entonces más me preocupaba de aquella motita negra era
que no sabía de dónde procedía. Eso era lo que más me preocupaba. Yo sabía de dónde venía la *leche*; también eso me in-
quietaba, sabes, pero por lo menos sabía de dónde venía. Así
que decidí sacar la motita negra fuera de la leche.

¿Tú sabes lo duro que eso puede resultar? ¡Esas motitas
negras son listas como el demonio, pueden oler una cuchara a
kilómetros de distancia! En cuanto coges la cuchara empiezan
a correr alrededor del vaso, ¿o no? Las tienes cogidas y se es-
capan... y tienes que tener mucho cuidado porque si no, ellas
aprenden y bucean por el fondo, y luego te tienes que sentar
ahí como un tonto a esperar hasta que vuelvan a flotar.

Entonces puedes hacer una cosa: si tocas muy delicadamente la motita con la yema del dedo, ésta se pegará a tu dedo junto a una gran gota de leche, y la tendrás fuera. Pero ya sabes, cuando estás con un grupo de personas no puedes meter el dedo en la leche. Sabes que siempre algún listo tiene que decir: «¿cómo es capaz de meter el dedo dentro de la leche?». ¿Y tú que le vas a deci? ¿estoy intentando sacar fuera una motita negra»? Ya sabes, te quedas sin respuesta.

También hay otra cosa que puedes hacer. Puedes beberte la leche muy cuidadosamente, manteniendo un ojo en la motita todo el tiempo. ¡En cuanto empieza a moverse hacia ti, te apartas¡ ¡Engañas al pequeño diablo! Pero esto sólo es posible si la motita está en la parte más alejada del vaso. En este caso se encontraba cerca de mí, esperando... Y entonces, ¿qué haces? Giras el vaso... ¡y la maldita motita sigue estando ahí mismo!

Bueno, te voy a contar lo que hice, para que cuando te pase a ti puedas manejar la situación con la misma destreza. Me levanté y empecé a caminar alrededor de la mesa hacia el otro lado, ¡y desde allí me la bebí! ¡Ella ni siquiera llegó a enterarse!

La filosofía está creando montañas de montoncitos de tierra. Puedes seguir y seguir, no hay fin. El hombre ha estado filosofando acerca de todos y cada uno de los temas al menos durante cinco mil años: acerca del principio, acerca del final, acerca del medio, acerca de todos y cada uno de los temas. Y ni siquiera una sola pregunta ha sido respondida; ni una sola, ni la más insignificante pregunta ha sido resuelta o disuelta. La filosofía ha probado ser el más fútil de los esfuerzos... pero el hombre todavía continúa, sabiendo perfectamente que no transmite nada. ¿Por qué? Continúa prometiendo, pero nunca transmite nada. Entonces, ¿por qué continúa el hombre haciendo este esfuerzo?

Cuesta poco. No requiere ninguna implicación, no es un compromiso. Puedes sentarte en una silla y seguir pensando. Es un sueño. No requiere que tú tengas que cambiar para poder ver la realidad. Aquí es donde se necesita valor, se necesita valor aventurero. Estás internándote en la mayor aventura que existe, conocer la verdad. A lo mejor te pierdes, ¿quién sabe? Puede que no vuelvas nunca, ¿quién sabe? O puede que vuelvas totalmente cambiado, ¿y quién sabe si será para bien o para mal?

El viaje es desconocido, el viaje es tan desconocido que tú ni siquiera puedes planearlo. Tienes que saltar a él. Con los ojos vendados, sin saber hacia dónde estás yendo ni para que estás yendo. Sólo unos cuantos temerarios entran en esta investigación existencial. Por eso el Tantra ha atraído a tan pocos, pero esos pocos han sido la sal de la tierra. Saraha es uno de ellos.

Ahora los *sutras*. Éstos son los cuatro últimos *sutras* del Canto Real de Saraha.

> *Una vez en el reino lleno de gozo la mente que ve se enriquece*
> *y por eso es muy útil para esto y aquello;*
> *aunque vaya tras los objetos no es ajena a sí misma.*

El rey le debió contar lo que la gente hablaba acerca de él. La gente decía que era indulgente con los sentidos, que estaba abandonándose a los placeres. Él ya no era un *sannyasin*; su renunciación era falsa, había caído.

Él le había pedido al rey permiso para convertirse en monje budista, y se *hizo* monje budista. Había vivido la vida controlada y disciplinada de un monje budista. Y entonces vino aquella mujer revolucionaria, aquella mujer arquera, y transformó su ser, su forma de vivir. Destruyó su carácter. Le permitió libertad: libertad de ser, libertad de ser momento a momento, sin pasado, sin futuro.

Naturalmente la gente corriente, común, empezó a pensar que él había caído de su estado de gracia, que había traicionado. Y había sido un gran brahmín y era un gran estudiante; ellos habían depositado muchas esperanzas en él, pensaban que traería sabiduría al país, y ahora se había convertido en un perro enloquecido. Mil y una historias debieron divulgarse por todo el país acerca de Saraha, y el rey debió contarle lo que la gente pensaba de él. El rey estaba dolido; había amado a Saraha, le había respetado; pero el rey también pertenecía al mismo mundo, sus pensamientos eran similares a los de la gente. No tenía percepción de la realidad ni de sí mismo.

Saraha le dijo al rey: una vez, aún una sola vez, si conocéis la dicha, os olvidaréis de todas esas historias. Una sola vez, sólo una vez, si saboreáis la vida, os olvidaréis de todos esos disparates como el carácter, la virtud y la respetabilidad.

Sólo si estáis muerto podéis seguir viviendo una vida respetable; si todavía no habéis contactado con la vida podéis vivir de una forma respetable. La vida es un fenómeno radical. Es un caos; un caos muy creativo, pero un caos al fin y al cabo.

Saraha dice:

Una vez en el reino lleno de gozo la mente que ve se enriquece...

Pero se trata de experimentarlo.

Saraha dice: no puedo explicar lo que me ha pasado, pero puedo decir esto: con una sola vez que lo saboreéis os transformaréis. Probarlo transforma. No voy a convenceros con ningún argumento, yo no tengo filosofía, dice Saraha. Yo tengo cierta experiencia. Puedo compartir esta experiencia con vos, pero este compartir no puede ser sólo por mi parte. Vos tenéis que saliros de vuestro dogmático punto de vista, tenéis que entrar conmigo en lo desconocido. Yo los puedo llevar hasta esa ventana desde donde la existencia es clara, transparente, pero vos tenéis que tomar mi mano y venir hasta la ventana.

Eso es lo que hace un maestro: toma la mano del discípulo y lo lleva hasta esa abertura desde la que él ha mirado dentro de Dios. En sentido metafórico, te presta sus ojos. Una vez que lo has probado, entonces ya no hay problema, este sabor tirará de ti. Entonces el tirón es tan fuerte que no puedes permanecer donde has estado parado y vegetando.

> *Una vez en el reino lleno de gozo la mente que ve se enriquece...*

Pero para catar ese gozo se necesita una mente que ve; una mente que no esté demasiado cubierta con una venda, una mente que sea abierta.

Ése es el problema que hay con la gente que está demasiado apegada a filosofías, religiones, escrituras, teorías, dogmas: el problema es que acumula demasiados engaños, capas sobre capas. Sus ojos se han perdido detrás de cortinas y cortinas y cortinas. Estas cortinas tienen que pelarse como se pela una cebolla. Todas estas cortinas tienen que apartarse; entonces tienes una mente que ve.

En este momento, lo que sea que tengas no es una mente que ve. Sólo aparenta ver; sólo dice, cree, que ve. Tus ojos no ven, tus oídos no oyen, tus manos no tienen tacto; porque has perdido esa sensibilidad, ese flujo que puede hacer que tus ojos vean, que tus oídos escuchen. Por eso Jesús tenía que decirles una y otra vez a sus discípulos: ¡Si puedes ver, velo! ¡Si tienes ojos, velo! ¡Sí tienes oídos, escúchalo, óyelo! Le estaba hablando a personas que no eran ni ciegas ni sordas. Tenían la misma capacidad para ver y oír que tú; eran gente normal.

¿Pero por qué insistió una y otra vez: «Si tienes ojos...»? ¿Acaso le hablaba siempre a gente ciega? ¿Pero de qué está hablando cuando dice: «Si tienes ojos...»? ¿Por qué este "sí"? Este es un gran "sí", porque la gente parece tener ojos y aun así no los tienen. Y la apariencia es muy peligrosa, porque la gente continúa creyendo que tiene ojos.

¿Has mirado alguna vez algo sin que tus pensamientos entren, interfirieran, distraigan, interpreten? ¿Has mirado alguna vez una rosa sin el lenguaje por medio, sin tu mente inmediatamente diciendo, «esto es una rosa, es una flor hermosa»...y esto y lo otro? En el momento en que dices: «esto es una rosa», no estás viendo *esta* flor. Entonces todas las rosas que has visto o de las que has oído hablar están en fila, y esta rosa que es real está en el lugar más lejano, al final. En cuanto dices: «esto es una rosa», estás poniendo una cortina sobre tus ojos.

El lenguaje es la cortina más grande. ¿No puedes ver esta flor tal cual es, sin llamarla rosa, sin ni siquiera llamarla flor? ¿Qué necesidad hay? ¿No puedes mirar dentro de esta realidad sin ninguna idea, sin ninguna neblina a tu alrededor? ¿No puedes estar, por un momento, sin lenguaje? Si estás sin lenguaje por un momento, tendrás la mente que ve. Empieza a intentarlo algunas veces. Sentado al lado de un árbol, tan sólo mira el árbol y no pienses en qué árbol es. No pienses que es un árbol, no pienses si es bonito o feo; no metas la mente en ningún momento. Tan sólo observa. Cualquier cosa que sea; X,Y,Z; deja que sea lo que es. No juzgues.

Jesús dice: no juzgues. El lenguaje es juicio. Con el juicio vienen todos los prejuicios. Con el juicio viene tu pasado entero. Y cuando viene el pasado, tú eres apartado del presente.

He leído...

Había un hombre que era dueño de una gasolinera, y tenía un gato. Un día estaba llenando de gasolina el coche de un cliente y derramó un poco en la leche del gato. El gato se lo bebió y empezó a correr alrededor de la gasolinera a noventa km. por hora. De repente se paró muerto.

El cliente le preguntó:

–¿Se ha muerto el gato?

–No –contestó el dueño de la gasolinera–, creo que se ha quedado sin gasolina.

Un dueño de gasolinera tiene su lenguaje, su pasado, sus prejuicios. Entiende las cosas de una determinada forma. Él dice: «No, creo que se ha quedado sin gasolina». Y esto es lo que está pasando constantemente.

Una vez...

Sucedió mientras Sarvesh, nuestro ventrílocuo *sannyasin* con su muñeco parlante, estaba ofreciendo un *show* aquí, en el auditorio Radha. El muñeco estaba contando toda clase de chistes sobre diferentes religiones, razas y todo lo demás. De repente dijo:

–Bueno ahora, contemos un chiste de alemanes

Entonces un *sannyasin* alemán (no Haridas, cuidado) se levantó y dijo:

–¡No te voy a dejar que cuentes chistes de alemanes! Nosotros no somos tan cabezones como tu piensas, ¿sabes?

–Cálmese, señor –le dijo Sarvesh–. Por favo, cálmese y siéntese. No es nada personal.

–No estoy hablando contigo –exclamó el alemán–, ¡Estoy hablando con el enano que tienes en la rodilla!

Tu mente es tu mente. Siempre está ahí; dura o blanda, buena o mala, siempre está ahí. Inteligente o ininteligente, siempre está ahí. Enterada o ignorante, siempre está ahí. Educada o sin educación, siempre está ahí. Alemana, india, americana, siempre está ahí. Y la realidad no es ni alemana, ni americana, ni india, así que cuando vienes con tus ojos alemanes, con ojos indios, con ojos americanos, con ojos hindúes, con ojos musulmanes, con ojos cristianos, te pierdes la realidad.

Comienza... Esto te dará una gran preparación para dar el salto al Tantra. Comienza... cuando estés sentado, moviéndote, caminando, hablando, prueba una y otra vez a permanecer en lo real, en lo ininterpretado, en lo real sin juicio. Y poco a poco la puerta se abre. Poco a poco te empezarán a llegar momentos que no son momentos de la mente; visiones de la realidad no-lingüísticas, visiones de la realidad no-mentales; y todo esto te prepara.

Saraha dice:

> *Una vez en el reino lleno de gozo la mente que ve se enriquece...*

Así que lo primero es la mente que ve, y lo segundo es no evitar los gozos. Acércate a ellos con el corazón abierto, con receptividad, dales la bienvenida; absórbelos. Dondequiera que haya gozo, estará Dios. Éste es el mensaje del Tantra en resumen: Dondequiera que haya gozo, estará Dios.

El gozo tiene tres planos. El primero es lo que llamamos placer. El placer es del cuerpo. El segundo es la felicidad. La felicidad es de la mente. El tercero es el éxtasis. El éxtasis es del espíritu, espiritual. Pero todos comparten una realidad, y esta realidad es el gozo. El gozo traducido al lenguaje del cuerpo se convierte en placer. El gozo recibido a través de la mente se convierte en felicidad. El gozo que no es recibido a través de la mente, ni a través del cuerpo; que es recibido sin cuerpo y sin mente, se convierte en éxtasis. Éstos son los tres planos del gozo.

El gozo es la única realidad.

¡El gozo es Dios!

El gozo es la sustancia de la cual está hecha la existencia. Saraha dice: Estáte disponible al gozo de *dondequiera* que venga. Nunca lo rehúses. No lo condenes. ¿Qué sucede cuando es del cuerpo? Entonces Dios está llamando a tu cuerpo. Cuando estás comiendo y sientes cierto gozo, disfrutas de tu comida, es Dios; te lo estás tragando. Cuando tomas la mano de una mujer o de un hombre o de un amigo o de cualquiera, con mucho amor y hay una emoción en la energía de tu cuerpo, una danza, una profunda danza en la energía de tu cuerpo; cuando estás conmocionado, algo como la electricidad vibra, se renueva, te rejuvenece, algo que te hace estar tan vivo como nunca antes lo has estado; es gozo, es Dios viniendo a través del cuerpo. Escuchando música te sientes inmensamente feliz, es gozo a través de la mente. Mirando una flor sin tocarla y sin juicio, llega un momento en el que hay éxtasis; sutil, silencioso, de una profunda bendición. Todas son diferentes manifestaciones del gozo.

"Gozo" es una de las palabras más hermosas de la lengua inglesa. Cubre todos los campos de todas las clases de felicidad. El Tantra dice que lo primero es estar disponible al gozo. Te sorprenderás: ¿por qué esta insistencia? ¿No estamos disponibles para el gozo? Sí, es triste decirlo, pero así es: no lo estás. Nadie lo está. Somos más receptivos al sufrimiento; estamos más preparados para sufrir que para gozar; estamos más disponibles para la desdicha que para el gozo. Hay algo muy importante en todo esto.

El gozo se lleva lejos tu ego, y la desdicha te da un ego muy fuerte. La desdicha crea el ego, y el gozo lo hace desaparecer. Cualquier momento de gozo, y tú te pierdes en él. El momento de gozo no es un momento de ego; el momento de desdicha es un momento de ego muy condensado. Cuando eres desgraciado, tú eres; cuando estás lleno de gozo, desapareces.

Así que déjame repetirlo: estamos más disponibles al sufrimiento, a la miseria, a la tristeza, a la infelicidad porque somos egoístas. Creamos una vida sin gozo alrededor de nosotros mismos. Convertimos todas las oportunidades de gozo en tristeza porque ésa es la única posibilidad para que el ego exista. El ego sólo puede existir en el infierno. En el cielo no puede existir el ego.

Se te ha dicho durante siglos que podrás entrar en el cielo sin ego. Yo te digo: sin ego el cielo entra dentro de ti. El cielo no es una localización geográfica, algún lugar al que puedas ir. Cuando estás sin ego, tú eres el cielo. Cuando estás lleno de ego eres el infierno. No es que el infierno esté abajo, en el fondo de la existencia, y que el cielo esté en algún sitio en lo más alto de ella; eso sólo son metáforas. El cielo y el infierno son estados de tu ser.

Cuando eres, estás en el infierno. Cuando no eres, estás en el cielo. Y por esto es por lo que, si estás muy apegado a tu ego y quieres sentirte a ti mismo; que estás separado, que eres diferente, único, esto y lo otro... permanecerás en la miseria. De ahí la paradoja: el ego crea la miseria, y el ego quiere gozar plenamente. El ego busca, es muy codicioso cuando se trata del gozo; quiere tener todos los gozos posibles, y así crea la miseria. Ahora estás atrapado. Cuanta más miseria crea el ego, más crece su interés por el gozo. Pero no puede crear gozo: ésa no es su función. Éste es el enfoque del Tantra.

Y un momento de gozo... sólo un momento es suficiente para cambiaros, señor, le dice Saraha al rey. Un momento, uno sólo será argumento y prueba suficiente de qué tipo de vida estoy viviendo yo, qué tipo de ser soy yo.

Una vez en el reino lleno de gozo la mente que ve se enriquece...

La mente nunca se enriquece filosofando. No se enriquece con teorías, no se enriquece con el conocimiento; sólo con la experiencia. Una mente rica es aquella que ha experimentado algo real, algo de la verdad. Sólo existe una riqueza: la de la verdad. Y sólo existe una pobreza, que es la de la mentira. Si no conoces la verdad vives de mentiras, de ilusiones, de proyecciones, de sueños.

Y por eso es muy útil para esto y aquello; aunque vaya tras los objetos no es ajena a sí misma.

¿Por qué la gente común va tras los objetos? Unos quieren un coche, y otros quieren una casa, otros quieren dinero y otros quieren poder; ¿por qué va la gente tras los objetos? ¿Cuál es la base, la razón fundamental de sus deseos y febril actividad? Te sorprenderás... el Tantra dice: la gente quiere huir de sí misma. No va hacia los objetos, simplemente quiere huir de sí misma. Los objetos son excusas, te ayudan a darte la espalda a ti mismo. Tú tienes miedo de ti mismo, hay un gran miedo acerca de uno mismo.

Esto sucede aquí cada día: cuando una persona se acerca a la meditación se asusta. ¿Por qué?; porque cuando miras en ti mismo, allí no encuentras a nadie. puramente nada, un abismo, una nada abismal. Comienzas a temblar, estás al borde del precipicio... un paso en falso y se acabó. Uno empieza a huir de sí mismo. La gente está corriendo; no tras algo, está huyendo de sí misma. No es que la gente vaya *tras* algo, está huyendo *de* algo. Y ese algo es su propio ser.

Así que cuando estás ocupado te sientes bien. Cuando estás desocupado te sientes muy intranquilo, muy intranquilo. No hay nada que hacer, empiezas a caerte sobre ti mismo. Si hay algo que hacer, tú estás ocupado; ocupado te puedes olvidar de ese abismo que continúa llamando desde tu interior. Este abismo es Dios.

Relacionarse con este abismo, familiarizarse con este abismo, es el primer paso hacia la realidad.

...por eso es muy útil para esto y aquello; aunque vaya...

Saraha dice que la gente común va tras las cosas porque quiere evitarse a sí misma. Pero el hombre que ha llegado a saber lo que es la verdad, aunque vaya tras los objetos, no te sientas defraudado, porque él lo disfrutará. De hecho él es el único que disfrutará.

Tú vas tras las cosas porque quieres evitarte a ti mismo. Él no tiene nada que evitar en ninguna parte, no está huyendo de nada; puede disfrutar de las cosas. De hecho sólo él puede disfrutar de las cosas. ¿Cómo puedes disfrutar de las cosas?; tú estás constantemente preocupado de ti mismo.

Saraha dice: Sí ves a un *tantriko* disfrutando con una mujer o gozando de una buena comida o de un buen vino, no le juzgues porque a simple vista pueda parecer un hombre ordinario; no lo es. La diferencia es muy profunda, la diferencia es muy esencial. Superficialmente ambas cosas se parecen. Si un hombre va tras una mujer, ¿cómo vas a saber si es ordinario o es un *tantriko*? Desde fuera es muy difícil, desde fuera parecen casi lo mismo.

Tomemos algunos ejemplos: dos bailarines están danzando. Uno de ellos sólo baila para exhibirse, para sentir su ego; se trata del gran bailarín. Eso es una representación. Está mirando a los ojos del publico para ver qué está pensando. Está esperando su aplauso, está esperando que le aplaudan. Y le ayudarán a fortalecer su ego un poco más. En el mismo escenario hay otro bailarín, bailando porque disfruta de ello. No se está exhibiendo. A él no le preocupa si la gente aplaude o no, si hay gente o no. Está absorto, totalmente absorto en su danza. ¿Podrías hacer alguna distinción desde fuera? Sería muy difícil. Lo más probable sería que no pudieras hacer ninguna distinción. Hasta es posible que pienses que el exhibicionista es el gran bailarín, porque está hablando el mismo lenguaje del ego que tú entiendes. El otro quizás te parezca un poco loco. El otro será tan espontáneo que, a menos que conozcas el lenguaje de la espontaneidad, no podrás entenderle.

Para entender algo, al menos tienes que conocer el lenguaje. Un *tantriko* sentado al lado de una mujer, dándole la mano, y un hombre corriente dándole la mano a una mujer; ¿cómo vas a distinguir entre los dos? El hombre ordinario está tratando de escapar de sí mismo. Se quiere perder en la mujer para olvidarse de sí mismo. Él mismo no se ama, por eso es por lo que está amando a esa mujer; así puede olvidarse de su realidad. Está usando a esa mujer como si fuera una bebida alcohólica: ella le hace sentirse embriagado y él se olvida de sí mismo. Esto le ayuda, le da cierta relajación. De esta forma, al menos durante un momento, él no está en su ansiedad cotidiana.

Y el *tantriko* dándole la mano a la mujer con gran gozo... No se trata de querer huir; no hay ningún sitio adonde huir, ni nadie que huya. Él le está dando la mano a ella para compartir algo de mucho valor.

Tú no puedes compartir todo con todo el mundo. Hay algunas cosas que sólo puedes compartirlas estando enamorado, hay algunas cosas que sólo puedes compartirlas en confianza.

La gente me pregunta por qué yo no hablo para las masas. No hablo para las masas por que lo que tengo que compartir sólo puede ser compartido en profunda confianza, sólo puede ser compartido en profundo amor. Yo sólo puedo hablar con gente que esté enamorada de mí. De otra forma no tiene sentido: la gente no va a entenderme, me interpretará mal. No hay manera de hacer entender esto. Esto sólo puede ser comunicado cuando tú estás preparado para responder.

Cuando vuestros corazones estén preparados, abiertos, yo puedo tocar en vuestros corazones y una gran música puede nacer. Pero si te acercas desconfiando, dudando, entonces no puedo crear esa música. Es imposible, porque tú no me permites entrar en lo más profundo de tu ser y tocar en tu corazón. Si tú no quieres permitírmelo, la música no será creada.

Tú quieres saber si la música existe...y la única forma de hacerte consciente de que existe es crearla en ti. Dices: «sí, si puedo experimentar la música confiaré». El problema es que no puedes experimentar la música si no tienes confianza. La música tiene que ser creada, sólo entonces puedes saber de qué se trata. Pero antes de poder llegar a conocerla, se necesita confianza, es un requerimiento básico.

El *tantriko* le está dando la mano a una mujer. Puede darle la mano a cualquier persona, pero no le será posible transmitir su energía; sin embargo la puede transmitir fácilmente a alguien que ame. Y sólo puede transmitirla en determinados momentos...

Hay ciertos momentos en los que dos personas están tan cerca que la energía puede saltar de una a otra. Tú conoces esos momentos (si has amado a alguien los conoces) y esto no ocurre las veinticuatro horas del día. Aunque ames a una mujer... a tu esposa o a tu hijo, a tu marido, aun así tú sabes que esos momentos no permanecen las veinticuatro horas del día; suceden muy raramente. Algunas veces suceden... algunas veces, sucede... y caéis juntos. Algunas veces sientes que el otro ha llegado muy, muy cerca, vuestras periferias se superponen. Ése es el momento en se puede transmitir algo.

Saraha dice: si miráis desde fuera, señor, nos verá a los *tantrikos* como gente corriente yendo tras las cosas, tras los placeres ordinarios de la vida. Nosotros no somos así.

Y, él dice:

Una vez en el reino lleno de gozo la mente observadora
se enriquece
   y por eso es muy útil para esto y aquello...

Esto es *samsara*, y aquello es *nirvana*. Saraha dice: Ésta mente enriquecida; enriquecida por el gozo, se vuelve útil para esto y aquello, para lo exterior y lo interior, para lo material y lo espiritual, para lo visible y lo invisible. Se vuelve capacitada para beneficiarse de ambos, esto y aquello. Ésta es una gran declaración.

La supuesta gente espiritual piensa que tu mente, o bien puede ser útil en el mundo o en Dios. Su pensamiento es, o esto o lo otro. El Tantra dice: este pensamiento está dividiendo la vida en superior e inferior, en material y espiritual, en *samsara* y *nirvana*. Esta división es errónea porque la vida es indivisible. Y en realidad, si eres inteligente no sólo te será posible disfrutar de Dios, también te será posible gozar de las cosas más sencillas. Disfrutarás tanto con una piedra como disfrutas con Dios.

Fíjate en esta magnífica y profunda declaración: cuando la mente sea realmente inteligente y esté enriquecida por el gozo, te será posible disfrutar de la bendición, disfrutarás de la felicidad, también podrás gozar del placer porque todo ello pertenece a Dios, tanto lo inferior como lo superior.

...y por eso es muy útil para esto y aquello; aunque vaya tras los objetos no es ajena a sí misma.

Saraha dice: aunque me veas corriendo, este correr tras los objetos es una interpretación tuya. Yo no estoy corriendo, porque no hay ningún lugar adonde ir ni nadie que vaya.

Este estado en el que uno ha alcanzado su claridad interior es tal que se puede disfrutar de todo, desde la comida hasta Dios, desde el sexo hasta el *samadhi*.

La división no existe; no debe haberla, no es necesaria.

El Tantra te da ambos mundos. El punto de vista del Tantra no es o esto o lo otro, es esto y lo otro, ambos; es muy comprensivo. Todas las religiones son pobres en este sentido, porque se alejan del mundo y te obligan a una elección innecesaria. Las religiones dicen: o bien eliges el mundo o eliges a Dios. Colocan a Dios en oposición al mundo. El Tantra es la única religión total; la *única*. No ha nacido ninguna religión en la tierra que tenga una visión tan total.

Ambos, dice el Tantra, no es una cuestión de elegir; todo es tuyo. Tú puedes estar en el mercado y puedes disfrutarlo; y todavía puedes estar más allá, y también puedes disfrutar del más allá. El Tantra no te obliga a elegir. Toda elección es destructiva. Y por estas religiones que tienen el punto de vista de «o esto o lo otro», el mundo ha permanecido mundano.

¿A quién le preocupa Dios? Dios está muy lejos, no es tan real. Así que uno piensa: «más tarde, uno puede posponer a Dios, la vida se esfuma; disfruta primero». Las religiones que han obligado al hombre a elegir le han obligado a permanecer mundano.

De cada millón de personas sólo una se volverá religiosa. Es una elección dura e innecesaria; tiene que renunciar al mundo, tiene que apartarse de su familia, tiene que alejarse de sus amigos; tiene que ir absolutamente en contra de su amor. Está siendo innecesariamente obligada.

Y luego surge otro problema. Esta gente que está dispuesta a elegir a Dios en oposición al mundo son personas, en mayor o menor medida, pervertidas que han fracasado en la vida de alguna manera; no han sido lo suficientemente inteligentes para entender la vida; son algo estúpidas, algo sádicas, algo masoquistas; gente neurótica, egoísta. Pueden huir del mundo; pueden empezar a torturarse a sí mismas; eso es lo que ha sido el ascetismo hasta ahora. Tortúrate, sé violento contigo mismo, suicídate. Envenena tu ser poco a poco. Esta gente no es gente sana.

Así que de cada millón de personas, sólo una se interesa en elegir a Dios. Y de cada cien supuestos religiosos, noventa y nueve son neuróticos. Al final sólo una persona de cada cien millones se reconoce Buda o Cristo o Krishna. Es una completa pérdida. Imagínate un jardín donde están creciendo diez millones de árboles y sólo uno de ellos florece. ¿Podrías llamar jardinero a ese jardinero? De hecho llegarás a la conclusión natural de que los árboles no han florecido por el jardinero; sino a pesar de él. Ha plantado diez millones de árboles y sólo un árbol ha florecido y dado fruto. Esto no puede ser gracias al jardinero; lo que ha tenido que suceder es que, de alguna manera, el árbol ha escapado del jardinero, que no lo ha podido destruir. El jardinero ha debido ser negligente con él, de alguna manera se olvidó de él. Puede ser... diez millones de árboles, y se ha olvidado de uno. Así que le han olvidado y ha florecido. Cada árbol es potencialmente fructífero, potencialmente capaz de florecer; y cada hombre es capaz de convertirse en Dios.

El Tantra ha creado una religión totalmente nueva. Dice que no hay necesidad de elegir: donde tú estás, exactamente ahí, Dios puede ser experimentado. El Tantra no está en contra del mundo, está a favor de Dios. Y su Dios es tan vasto que puede incluir el mundo en él.

Para mí es muy, muy relevante que la creación sea incluida en el creador. No debe estar en contra. ¿Qué tipo de lógica es aquella que dice que la creación está en contra del creador? Si Dios te ha creado, si Dios ha creado tu cuerpo, tu sexualidad, tu sensualidad, entonces estas cosas no pueden estar en contra de Dios.

George Gurdjieff solía decir que todas las religiones están contra Dios. Y estaba en lo cierto; exceptuando el Tantra, él estaba en lo cierto. Todas las religiones están en contra de Dios.

Si tú estás en contra de la creación de Dios, estás indicando que estás en contra de Dios. Si no te gusta una pintura, ¿no estás diciendo que no te gusta el pintor? Si estás en contra de cierta poesía ¿no estás diciendo, de una forma indirecta, que estás contra el pintor?

Si Dios es el creador, entonces la creación debe ser suya y tiene que tener su firma en toda ella. Sí, está ahí, el Tantra dice que la firma de Dios está en todas partes. Tú sólo necesitas ojos observadores, una mente observadora y una pequeña receptividad para el gozo, y éste empezará a suceder.

Los brotes de gozo y de placer y las hojas de la gloria crecen.
Si no se vierte nada en ninguna parte la fruta inenarrable
fructificará.

La llave...el secreto. Éstos son los últimos *sutras* de Saraha. Está dando el último toque a todo lo que ha dicho hasta ahora. Está haciendo la última declaración.

Él dice: los placeres son del cuerpo. Los placeres son una salida; el placer necesita del otro, el placer anhela el objeto, el placer es un viaje al exterior. ¡Muy bien! No hay nada erróneo en ello. El gozo es un viaje al interior. El gozo está más interesado en uno mismo, el gozo es más subjetivo. En el placer el otro es necesario; para el gozo, tú eres suficiente.

El placer es corporal, el gozo es psicológico. Pero ambos continuarán como brotes a menos que suceda un tercero, el más elevado de los gozos: el éxtasis. Este éxtasis es el loto de los mil pétalos, la cima más alta de tu consciencia. Cuando se abre, todos los brotes florecen.

Ahora bien, esto debe ser entendido. Una persona corriente sólo puede tener un gozo limitado a través del cuerpo, pero un *tantriko* recibirá un gozo tremendo a través de su cuerpo. No será tan sólo un brote, será todo un florecimiento. Una persona corriente puede tener un gozo limitado con la música, con la meditación, con la danza, pero un *tantriko* tendrá un gozo infinito. Cuando hayas conocido lo último, las últimas estrellas se reflejarán en todo lo que hagas.

Si has conocido a Dios, entonces por dondequiera que camines estarás caminando sobre tierra santa. Entonces en cualquier cosa que veas estarás viendo a Dios. Entonces con quienquiera que te encuentres, estarás encontrándote con Dios.

Recuerda siempre: tu experiencia más elevada se refleja en la inferior. Sin la experiencia elevada la inferior es muy mundana. Ése es el problema. Por eso la gente no puede entender a los *tantrikos* cuando dicen que incluso a través del sexo es posible alcanzar el *samadhi*. La gente no puede entender, y el porqué no lo puede entender es comprensible. No conoce el *samadhi*. Conoce un sexo ordinario y feo. Sólo conoce la frustración a través de él. Conoce la lujuria a través de él.

La palabra Inglesa «love» está llena de significado. Viene de la raíz del sánscrito *lobba*. Lobba significa codicia, lujuria. El amor ordinario no es nada más que lujuria y codicia. ¿Cómo puede el hombre ordinario entender que lo supremo puede reflejarse en el amor? Cuando has conocido lo supremo, lo más elevado, entonces lo inferior queda ligado a ello. Entonces cualquier cosa lo despierta, entonces cualquier cosa se convierte en su mensaje.

Es así. Un día encuentras un pañuelo en la calle; un pañuelo corriente, no costaría más de una rupia. Pero otro día te enamoras de una mujer, y te encuentras un pañuelo en la calle; el mismo pañuelo, sigue costando una rupia, pero ahora pertenece a la mujer que amas. Ahora su valor es enorme, su valor ya no es sólo una rupia. Aunque alguien te ofreciera mil rupias por él no estarías dispuesto a darlo; pertenece a la mujer que amas. Ahora ese pañuelo ordinario tiene algo que antes no tenía: te recuerda a tu amada.

Es exactamente así. Cuando has conocido el *samadhi*, entonces hasta el orgasmo sexual te recuerda al *samadhi*, todo te recuerda al *samadhi*. Toda la existencia es plenitud y coronada con Dios...

Los brotes de gozo y de placer y las hojas de la gloria crecen.

Los brotes son de gozo y de placer, y las hojas son de gloria. Pero normalmente sólo verás hojas a menos que lo más elevado haya sucedido. Cuando experimentas lo más elevado, ves que incluso las hojas ordinarias de tu vida no son tales: el supremo florecimiento ha sucedido a través de ellas. Y sabes que la misma vitalidad fluye hasta la última flor, hasta los brotes de gozo y de placer; y también fluye hasta las hojas la vitalidad suprema. Todo unido ayuda a alcanzar el loto de los mil pétalos.

Hojas de gloria quiere decir hojas de gracia, de gratitud. Empiezas a sentir la gloria de la existencia; tu vida es gloriosa. Ya nunca será ordinaria, está iluminada con Dios.

Si no se vierte nada en ninguna parte...

¿Cuándo se abre el loto de los mil pétalos? Se abre cuando no se vierte nada.

Observa: primero, el placer sucede cuando tu energía se vierte fuera; el placer corporal. El gozo sucede cuando tu energía se derrama en tu interior; subjetivo, gozo psicológico. ¿Cuándo sucede el éxtasis? Sucede cuando tu energía no se vierte en ningún lugar, cuando simplemente está ahí. Tú no vas a ningún sitio, sencillamente estás ahí; simplemente eres.

Ahora no tienes ninguna meta, no tienes ningún deseo que satisfacer, no tienes futuro. Estás aquí y ahora. Cuando la energía se ha convertido en un estanque, cuando no va a ningún lado, cuando no se derrama en ninguna parte; sin meta que alcanzar, sin nada que pedir; estás aquí, totalmente aquí; ahora es el único tiempo que tienes, y aquí está todo tu espacio. Entonces este cúmulo de energía, que no se mueve a ningún sitio, que no se distrae con el cuerpo ni con la mente, de repente se convierte en una gran urgencia. Y... el loto de los mil pétalos se abre.

Si nada se vierte en ninguna parte la dicha inenarrable fructificará.

Y después llega el fruto. El gozo y el placer son los brotes, la gracia , la gratitud y la gloria son las hojas, y el último florecimiento de la bendición es la plenitud, el fruto. Has llegado a casa.

Lo que ha hecho, donde y en lo que ella misma se convertirá, es nada...

Ahora tú sabes que cualquier cosa que has estado haciendo o que no has hecho era sólo un sueño. Ahora sabes que el *karma*, la acción, no significa nada. Estabas dibujando líneas en el agua y desaparecen. No queda nada. Nada sucede de verdad. Todo es. Nada sucede.

Lo que ha hecho, donde y en lo que ella misma se convertirá, es nada...

Saraha está diciendo: Mirad, señor. Lo que estoy haciendo y lo que he hecho y lo que ha sucedido no tiene ningún significado ahora que lo he conocido; es sólo un sueño

...sin embargo por eso ha sido útil para esto y aquello.

Pero, él dice, lo cierto es que (ha sido útil para esto y en aquello; aun siendo un sueño, fue útil) me trajo a esta realidad. He caminado sobre ese sueño, pero ahora sé que era un sueño, ahora sé que era falso. Yo no he hecho nada, porque nunca se hace nada; todo es un sueño, pero esto me ha ayudado, me ha llevado a este gozo supremo.

Este *samsara* y ese *nirvana* han sido enriquecidos por ese sueño. El sueño no ha sido inútil, ha sido de ayuda, útil. Pero no real.

Déjame contarte una anécdota...

Un cazador iba caminando a través de la jungla cuando se encontró con un tigre furioso que venía hacia él. Le apuntó con su arma... y con terror se dio cuenta de que no tenía balas. El tigre seguía acercándose, iba a atacarle.

«¿Qué hago? Me va a devorar» –pensó el cazador, y el terror le tenía paralizado. Justo cuando el tigre estaba a punto de saltar, el cazador tuvo un sentimiento extraño. «Creo que todo esto es sólo un sueño –se dijo a sí mismo–. Si me esfuerzo lo suficiente, seguro que me despertaré». Así que se pellizcó fuerte, y se despertó. El tigre había desaparecido; el tigre se había ido, y el cazador estaba en su cama, seguro. ¡Qué alivio! Todavía temblaba de miedo, pero ahora también se reía. ¡El tigre le había parecido tan real...! Gracias a Dios que sólo había sido un sueño.

Cuando se tranquilizó de nuevo, se levantó y se preparó un té. Todavía se sentía cansado, así que se salió de su cabaña, se sentó en la mecedora y se puso a fumar una pipa. Empezó a sentir sueño, se colocó el gorro sobre la cara y cerró los ojos.

–Podría dormir el día entero –dijo.

Al poco rato escuchó un gruñido.

–¡Válgame Dios! –exclamó el cazador–, he debido volver a quedarme dormido. Aquí está el tigre otra vez. ¡Márchate, idiota, estoy harto de soñar contigo!

El tigre volvió a gruñir, acercándose un poco más.

–No te tengo miedo, sólo eres un sueño –dijo el cazador. Se levantó de su silla, se acercó hasta donde estaba el tigre, y le golpeó fuerte en la nariz.

–¡Qué hombre tan extraño! –pensó el tigre–. Normalmente los hombres huyen de mí. –Y claro, ante un hombre tan extraño, el tigre huyó.

Cuando el tigre estaba huyendo el hombre se dio cuenta de que estaba totalmente despierto y que no se trataba de un sueño, era real!

¿Pero qué había sucedido? El sueño le había ayudado incluso a atacar al tigre. Naturalmente el animal debe haberse quedado absolutamente perplejo. ¡Esto no había sucedido nunca! ¿Qué clase de hombre es éste que se levanta y me golpea como si nada?

Todo es sueño, pero los sueños pueden ayudar a entender la realidad; incluso a superarla.

Saraha dice:

> *Lo que ha hecho, donde y en lo que ella misma se convertirá,*
> *es nada: sin embargo por eso ha sido útil para esto y aquello.*
> *Tanto sí es apasionada como sí no la pauta es la nada.*

Tanto sí estás viviendo una vida apasionada como sí no, entérate bien de que en el fondo no hay diferencia entre la pasión y la no-pasión. En el fondo sólo existe la nada.

Es como una película proyectada en una pantalla vacía. Se proyecta una escena preciosa y su belleza te emociona; se proyecta una escena de terror y comienzas a temblar. Pero Saraha dice: el día en que comprendes, no quedan más que sombras en una pantalla vacía. El pecador es una proyección, lo mismo que el santo. Lo bueno, al igual que lo malo, es una proyección. En la pantalla vacía de la realidad todo es proyectado por la mente.

Dice Saraha: señor, no os dejéis confundir demasiado por lo la gente diga. Yo sé que sólo se trata de una pantalla vacía. Tanto si Saraha es una persona de carácter como si carece de él, tanto si es respetado por la gente como si es condenado y vilipendiado, no importa: la gente proyecta sus ideas sobre una pantalla vacía.

Yo he llegado a conocer esta nada. Y esta experiencia y la del loto de los mil pétalos son dos aspectos del mismo fenómeno. Por un lado alcanzas la bendición suprema, y por el otro ahora sabes que todo es solamente un sueño vacío. No hay nada que dejar ni ningún sitio a donde ir; nada que dejar ni nadie que vaya a ninguna parte. No sólo las cosas están vacías, tú también estás vacío. Todo es vacío; dentro, fuera, exactamente como un sueño. ¿Qué sucede en un sueño? vos creáis...es una fantasía.

El último *sutra*:

> *Si yo soy como un cerdo que desea el fango del mundo, vos debéis decirme qué falta hay en una mente inmaculada.*
>
> *¿Cómo puede uno ser encadenado por aquello que no le afecta?*

Saraha dice: si yo soy como un cerdo, está bien. Si la gente dice que Saraha se ha convertido en un cerdo, en un perro salvaje, está bien. Tanto si dice que Saraha se convertido en santo como si dice que se ha convertido en un cerdo que desea el fango del mundo, no hay ninguna diferencia.

> *...vos debéis decirme qué falta hay en una mente inmaculada.*

Lo que yo haga no supone ninguna diferencia; dentro no conozco nada, dentro sólo conozco la nada. Mi pureza está incontaminada por lo que yo haga; el hacer no afecta a mi ser para nada. Así que decidme, señor:

...qué falta hay en una mente inmaculada.
¿Cómo puede uno ser encadenado por aquello que no le afecta?

Estas cosas no me afectan de ninguna forma. No estoy desapegado ni apegado. Yo dejo que las cosas sucedan; cualquier cosa que suceda. Ya no tengo ningún plan, no tengo ningún estilo que imponer sobre la vida. Vivo espontáneamente; sea lo que sea que suceda, sucede, y no lo juzgo. Yo no digo:«esto debería haber sido de otra manera». Ya no tengo «deberías», ni «no deberías».

Medita sobre esto: no «deberías», no «no deberías»; no plan, no frustración, no arrepentimiento; porque nada va nunca mal. ¿Cómo puede algo ir mal cuando no tienes ninguna idea de lo que está bien?

Eso es la libertad suprema, la liberación suprema.

¿Cómo puede algo ir mal? Lo malo solamente puede suceder si tienes alguna noción de lo bueno. Saraha dice, si no tienes ninguna noción, no tienes ideologías, no tienes ideales: «¿como puede uno ser encadenado por aquello que a uno no le afecta?».

Y la última frase del *sutra* tiene una gran belleza. Cuando realmente llegas a casa y te das cuenta de lo que se trata, no sentirás que te has liberado. Por el contrario, sentirás: ¡qué ridículo que siempre haya pensado que no estaba liberado! Hay una gran diferencia.

Si cuando llegas a casa, cuando llegas a saber qué es, comienzas a sentirte muy, muy elevado, te sientes eufórico, dices: «ahora me he liberado», eso significa que todavía no estás liberado. Esto significa que todavía piensas que la esclavitud era real, significa que todavía estás en un sueño... en otro sueño. Un sueño era de esclavitud, este otro es un sueño de liberación; pero sigue siendo otro sueño.

Saraha dice: cuando de verdad te liberas; liberado de todo lo correcto y de todo lo erróneo, liberado de todo lo bueno y de todo lo malo; entonces no sólo te liberas de la esclavitud, te liberarás de la propia liberación. Entonces te reirás: ¡que ridículo! En primer lugar el cautiverio no puede suceder, ¡la esclavitud nunca ha sucedido! Era sólo una creencia; yo he creído en ello, y lo he creado a través de mi creencia. «Era un sueño, y ahora se ha acabado.»

Por esto es por lo que el último párrafo acaba con una interrogación. ¿Has visto alguna escritura que acabe con una interrogación? Ésta es la única. Yo no he encontrado ninguna otra.

Las escrituras comienzan con una interrogación y acaban con una respuesta.

Así es como debería seguir un tratado lógico. La introducción puede ser una pregunta, pero el epílogo no. Pero este hermoso canto de Saraha acaba con una interrogación.

Si yo soy como un cerdo que desea el fango del mundo, vos debéis decirme qué falta hay en una mente inmaculada.

¿Cómo puede uno ser encadenado por aquello que no le afecta?

Él no declara que está iluminado, no declara que se ha liberado, ni declara que ya ha llegado a casa. Él simplemente dice: yo me río de la sola idea de haber ido a algún sitio. Yo nunca he ido a ninguna parte. Siempre he estado en mi casa. Siempre he estado aquí y ahora, estaba soñando y los sueños crearon la ilusión de que iba a alguna parte. Ahora el sueño ha desaparecido, estoy donde he estado siempre.

Por eso dice: *¿Cómo puede uno ser encadenado ahora?*
No hay nadie a quien encadenar, no hay nada que encadenar. El cautiverio ha desaparecido, al igual que el hombre que estaba en cautiverio. Cuando el mundo desaparece, el ego desaparece; juntos, son parte del mismo juego. En el interior es ego, en el exterior es el mundo. No pueden vivir separados, siempre están juntos. Cuando uno desaparece, simultáneamente desaparece el otro. Ahora ni el ego, ni el mundo existen.

Saraha está proponiendo el enfoque más luminoso de Buda. Buda dice que no existe la sustancia y no existe el yo. No hay sustancia, todo es vacío. Y el yo no está dentro de uno, también ahí hay vacío. Llegar a ver este vacío... consciencia flotando en el vacío; consciencia pura, consciencia ilimitada... Esta consciencia en sí misma es vacío, o este vacío es la consciencia en si misma. Este vacío está iluminado con la consciencia, lleno de consciencia.

El Tantra es una gran percepción de las cosas como realmente son. Pero recuerda, finalmente: no es una filosofía, es una percepción. Y si quieres entrar en ella, no puedes ir a través de la mente, tienes que ir sin la mente.

La no-mente es la puerta del Tantra. El camino del Tantra es la ausencia del pensamiento. La llave del Tantra es experimentar.

Suficiente por hoy.

10. SÓLO HAY QUE RECORDARLO

Yo soy incapaz de vivir con arreglo a los ideales que tú propones.

¿Cómo puede nacer el Tantra del budismo, que ve el sexo como un impedimento para la meditación?

¿Qué significa: «la luna de miel se ha acabado»?

¿Es esto un buen último deseo?

Quiero tomar sannyas, pero me temo que voy a meterme en problemas.

¿Es absolutamente necesario un maestro?

¿Qué es el nirvana?

Primera pregunta:

Querido Osho:
¿Por qué inmediatamente después de acabar tu discurso yo me siento desilusionado conmigo mismo porque soy incapaz de vivir con arreglo a los ideales que propones en tu lectura?

¿De qué estás hablando? ¿Ideales?... ¡eso es exactamente lo que yo estoy destruyendo! Yo no te estoy proponiendo ningún ideal. No te estoy dando ninguna fantasía acerca del futuro; no te estoy dando ningún futuro, porque el futuro es un truco para posponer el presente. Es un truco para evitarte a ti mismo, una manera de escapar de ti mismo. El deseo es un engaño, y los ideales crean deseos. Yo no te estoy dando doy ningún "debería", ningún "no debería", ni positivo ni negativo. Simplemente te estoy diciendo que dejes todos los ideales y seas.

Pero entiendo tu pregunta. Tú haces un ideal de ello, comienzas a pensar: «¿cómo debería de ser yo?». Empiezas a pensar: «¿qué debería hacer para ser?». Yo estoy tratando de quitarte los ideales y tú haces un ideal de todo ello: cómo dejar todos los ideales. Tú me entiendes mal, me interpretas mal. Tú no escuchas lo que yo estoy diciendo, estás escuchando lo que yo no estoy diciendo. Escucha con más cuidado.

Esto ha sucedido siempre. No sabemos lo que Buda dijo exactamente, porque la gente que ha informado era gente como tú. No sabemos lo que Jesús ha dicho, porque sucede lo mismo que con Buda. Lo reportado ciertamente dice lo que ellos han escuchado, pero no dice nada sobre lo que él dijo. Y pueden ser cosas diametralmente opuestas.

Yo hablo un lenguaje totalmente diferente. Tú lo reduces a otra cosa; a tu lenguaje; intervienes y comienzas a interferir.

Preguntas: «¿por qué inmediatamente después de cada discurso me siento desilusionado conmigo mismo...?»

Tú te desilusionas contigo mismo porque no sabes quién eres, y tienes una determinada imagen de ti mismo. Tú no eres esa imagen, no puedes ser esa imagen; es una construcción de la mente. Tú has creado una imagen de ti mismo; y piensas que eres eso. Cuando me escuchas y yo empiezo a tirarte de las piernas, te desilusionas; tu imagen se ha roto, no está intacta como antes.

Pero tú no estás roto. De hecho esta imagen no te está permitiendo tener espacio, no te está permitiendo ser. Hay que deshacerse de la imagen para tener suficiente espacio para crecer. La imagen se ha hecho demasiado grande, demasiado poderosa; ha tomado toda tu casa y tú vives en el porche, no te permite entrar dentro. La imagen que tú has hecho de ideales sigue condenándote, la creación sigue condenando al creador.

Date cuenta de la necedad de esto, de la ridiculez de esto. Tú creas una imagen, muy bonita; naturalmente cuando estás creando haces una bonita imagen, y a causa de esta imagen en comparación empiezas a parecer feo. Creas la bonita imagen de que eres un santo, y después te encuentras a ti mismo haciendo cosas que no son muy santas. Entonces te sientes condenado. La imagen es tuya, pero de acuerdo con ella tu acto resulta hediondo.

Lo que estoy diciendo, lo que Saraha le está diciendo al rey, es que la imagen tiene que ser completamente erradicada. Cuando dejas la imagen y te olvidas de ella, entonces ¿qué está bien y que está mal? Entonces ¿quién es el pecador y quién es el santo? Entonces no tienes nada con que compararte. De repente te sientes desahogado. La comparación desaparece...y el ego desaparece, el ego del pecador y el ego del santo. Sin el ideal el ego no puede existir. Existe a través del ideal, por la vía del ideal. El ideal es esencial para el ego.

O piensas que eres un pecador (creas un ego, una identidad) o piensas que eres un santo; entonces creas otro ego, otra identidad. Pero ambos sólo pueden existir a través de un ideal. ¿Quién eres tú sin un ideal? Simplemente eres tú mismo, sin ningún juicio, sin ninguna justificación, sin ninguna condena. Simplemente estás ahí en tu realidad; a esto yo lo llamo «ser».

Así que debes estar desilusionándote una y otra vez. Cuando tu imagen se deshace y tienes dificultad para agarrarte a ella, sientes miedo. El ideal está creando una ilusión, y cuando yo empiezo a dejarlo a un lado, te desilusionas. Desilusiónate por completo, y no vuelvas a crear de nuevo la ilusión (la ilusión del ideal), y entonces observa cómo la vida alcanza un silencio sublime. Observa la gran aceptación que surge, sencillamente te rodea como una gran bendición sin razón alguna. Es tuya, sólo por preguntar. Tú no tienes que hacer nada.

Para Dios tú eres aceptable como eres.

Éste es todo mi mensaje, y esto es todo el Tantra: ¡tú eres aceptado como eres!

Pero tú sigues rechazándote a ti mismo. Los ideales te dan la posibilidad de rechazarte, el ideal hace posible que tú no seas amoroso contigo mismo, que seas cruel, agresivo; te convierte en tu propio torturador. Mi empeño es ayudarte a que vuelvas a estar sano. Este idealismo es insano, ha convertido el planeta entero en un manicomio.

Dices: «yo me desilusiono conmigo mismo porque me veo incapaz de vivir según a los ideales que propones en tu discurso».

¿De qué estás hablando? ¿Qué ideales? Yo no estoy diciendo: «debes hacer esto». No estoy diciendo: «deberías ser así». Simplemente estoy diciendo: «sé tal como eres». Estoy tratando de llevarme toda tu imagen lejos de ti. Estoy tratando de ayudarte a que veas que ya has llegado a casa; que nunca te has ido ni tienes que ir a ninguna parte. Está sucediendo ahora mismo; Dios está descendiendo sobre ti. Lo que está ocurriendo es *samadhi*. Dondequiera que estés, estás en *nirvana*.

Esto es la iluminación... este momento; sin ideales, sin deseos, sin ningún lugar a donde ir. Este momento; totalmente relajado en él, aquí y ahora, es el momento de Dios, el momento de la verdad.

Pero tú me escuchas y comienzas a comportarte como un loro, me escuchas y empiezas a repetir las palabras. No sigues el significado, sigues la letra y no el espíritu.

Una vez escuché...

Un viejo lobo de mar compró un loro joven en un puerto extranjero. Le habían asegurado que aprendía con mucha rapidez, así que le colocaron en el puente. De vuelta a través de la bahía de Vizcaya, una impresionante nube negra llegó sobre ellos y el patrón remarcó:

–¡Se nos va a echar encima la jodida oscuridad de repente!

Poco después la nube explotó en un espantoso torrente y el capitán le dijo al compañero:

–¡Hostias qué chaparrón nos está cayendo!

La tormenta empeoró, el barco daba violentos bandazos y se abrió una vía de agua. Entonces uno de los hombres gritó:

–¿Qué podemos hacer para salvarnos?

En seguida obtuvo respuesta:

–¡Achica, meón! ¡Mendigos sifilíticos, achicad!

El barco y todos con él naufragaron. Sólo sobrevivió un loro completamente pasado por agua, y después de algunas aventuras acabó en manos de una solterona que esperaba al vicario. Como precaución cubrió la jaula con un trozo de tela, así que la bienvenida al vicario fue:

–¡Se nos ha echado encima la jodida oscuridad de repente!

La señora se quedo lívida y coloco inmediatamente al loro debajo del grifo del agua fría, el loro se gritaba:

–¡Hostias qué chaparrón nos está cayendo!

–¡No, no, señora Fantight! No tiene ser tan cruel con las criaturas de Dios. Traigalé a la iglesia el domingo y expóngale a buenas influencias.

Así se hizo y el loro se comportaba como un ángel, incluso cantaba los himnos. El vicario, radiante por su éxito, se levantó para anunciar su sermón:

–Hermanos, hoy preguntamos: ¿Qué podemos hacer para salvarnos?

Los claros tonos del loro resonaron desde la sacristía:

–¡Achicad, meones! ¡Achicad, mendigos sifilíticos!

No os convirtáis en loros. Puedes repetir lo que yo digo pero ésa no es la cuestión. Entiende lo que estoy diciendo: la repetición te creará problemas. Un leve cambio de tono, de énfasis, el leve cambio de una simple coma, un punto y aparte, y todo se habrá perdido. Escucha el significado.

Hay maneras diferentes de escuchar. Una es escuchar desde la mente; entonces memorizas. Has sido enseñado a escuchar a través de la mente, porque todas las escuelas, todos los colegios, todas las universidades, te enseñan a atiborrarte. Te dan una noción errónea; que la memoria es conocimiento. La memoria no es conocimiento, la memoria es repetir simplemente. Vas a conocer el texto, conocerás las palabras, pero estarán vacías; dentro no habrá ningún significado, ningún sentido. La palabra sin sentido es peligrosa.

Hay otra forma de escuchar, y es desde el corazón. Escucha a través del corazón. Escucha como si no estuvieras escuchando un argumento, como si escucharas una canción. Escucha como si no estuvieras escuchando una filosofía, como si escucharas un poema. Escucha como escuchas la música. Obsérvame como observas a un bailarín. Siénteme como sientes a un amante. Entonces el texto seguirá ahí; será utilizado como vehículo, pero no será lo más importante. El vehículo será olvidado, y el sentido entrará en tu corazón y allí permanecerá. Esto cambiará tu ser, cambiará tu visión de la vida.

Segunda pregunta:

Querido Osho:
¿Cómo puede nacer el Tantra del budismo, que hasta donde yo sé ve el sexo como un impedimento para la meditación?

Esto se relaciona con la primera pregunta.

Lo que dijo Buda ha sido mal entendido. Es cierto, él dijo que para entrar en meditación uno tiene que transcender el sexo. La gente que lo ha escuchado pensó que él estaba en contra del sexo; naturalmente: dijo que tienes que transcender el sexo. Éstos empezaron a pensar que el sexo debe ser un obstáculo, de no ser así, ¿para qué tienes que transcenderlo? Empezaron a pelearse con el sexo en vez de transcenderlo; cambiaron todo el énfasis. Comenzaron a pelearse con el sexo, y el budismo se convirtió en una de las religiones mas ascéticas del mundo.

¿No puedes ver la tremenda gracia en las estatuas de Buda o en sus imágenes?; ¿cómo puede venir esto del ascetismo? ¿Cómo es posible que este ser tan hermoso, esta cara llena de gracia, este amor, esta compasión pueda venir del ascetismo? Los ascetas son gente que se tortura a sí misma, y cuando una persona se tortura a sí misma empieza a torturar también a los demás, como una venganza. Cuando alguien es desgraciado, no puede ver a nadie feliz; comienza a destruir la felicidad de los otros también. Esto es lo que los llamados *mahatmas* están haciendo: no pueden verte feliz, así que cuando eres feliz, inmediatamente vienen y dicen: «aquí debe estar pasando algo, una persona feliz es un pecador».

Puedes observarlo en ti mismo también, porque durante siglos vuestros llamados *mahatmas* y santos te han condicionado para que te sientas culpable cuando eres feliz. Cuando eres desgraciado, todo va bien. Pero si te sientes muy alegre, empiezas a sentirte un poco incómodo; de alguna manera parece que algo no va bien. ¿No te has dado cuenta en ti mismo? ¿De dónde viene esto? ¿La felicidad... y no está bien? Y la miseria está bien. Algo muy antagonista a la vida; algo muy negativo, algo que niega la vida, ha entrado en el riego sanguíneo de la humanidad. Esto ha surgido a través vuestros ascetas. Los ascetas son gente neurótica: son masoquistas, se torturan a sí mismos. Su único gozo es crear más y más miseria.

Buda no es un masoquista; no puede serlo. Buda es tan hermoso, tan dichoso, tan feliz, tan bendito... Aquellos que le escucharon lo han entendido mal en algún momento. Sí, él dice que hay que ir más allá del sexo; uno tiene que ir más allá del sexo porque tan sólo se trata del primer peldaño de la escalera. Pero no está diciendo que haya que ir en contra del sexo. Ir más allá no es necesariamente ir en contra. De hecho es el caso opuesto: si vas en contra del sexo nunca serás capaz de ir más allá de él. Sólo vas más allá cuando pasas a través. Tienes que entender el sexo, tienes que ser amigo del sexo.

Algo en algún lugar se ha interpretado mal. Saraha aparece como la interpretación correcta de Buda. Saraha debe haber observado la calamidad que le había sucedido a miles de personas que seguían a Buda: en vez de ir más allá del sexo habían acabado obsesionados con él. Cuando estás constantemente luchando con algo acabas obsesionado por ello.

Puedes observarlo: una persona que cree en el ayuno está obsesionada con la comida. Mahatma Gandhi estaba obsesionado con la comida, constantemente pensando en la comida; en qué comer y qué no comer. Como si eso fuera lo único importante en esta vida: qué comer y qué no comer. La gente común está menos obsesionada, no piensa demasiado en el ayuno. Piensa en lo que puede pasarse por tu cabeza si haces un ayuno de dos o tres días. Pensarás en la comida continuamente. Así que ir más allá de la comida es bueno, pero el ayuno no puede ser el camino, porque el ayuno crea una obsesión con la comida. ¿Cómo puede ser éste el camino para ir más allá? Si de verdad quieres ir más allá tienes que comer bien. Tienes que comer la comida adecuada, de la manera adecuada en el momento adecuado. Tienes que encontrar lo que sienta bien a tu cuerpo, lo que le nutre.

Sí, eso es lo que te llevará más allá de la comida, nunca volverás a pensar acerca de la comida. Cuando el cuerpo está nutrido no piensas en la comida. Mucha gente piensa en la comida porque de una forma u otra está ayunando. Lo que voy a contar te sorprenderá. Puedes que comas demasiado helado;

eso es ayunar un poco, no es nutritivo, simplemente te estás metiendo basura dentro. Eso no te satisface; te llena pero no plenamente. Te sientes harto pero no contento.

La comida inadecuada creará descontento, y no satisfacerá tu hambre porque lo que el hambre necesita es nutrición, no comida. Recuerda, el hambre es de nutrición, no de comida. Al hambre no le importa demasiado el sabor. Lo primordial es si resulta adecuado para tu cuerpo, si le proporciona a tu cuerpo la energía necesaria. Si obtiene la energía necesaria está bien. Si el sabor acompaña a la nutrición adecuada te sentirás enormemente satisfecho.

Recuerda, yo no estoy en contra del sabor, estoy totalmente a su favor. Pero con el sabor sólo no se puede alimentar uno. Y comer sin sabor no es inteligente, es estúpido. Si puedes tener ambas cosas, ¿por qué no hacerlo? Una persona inteligente encontrará comida nutritiva, comida sabrosa. Eso no es un gran problema. ¿Es posible que el hombre pueda ir a la Luna y no pueda encontrar comida nutritiva para él mismo? ¿Es posible que el hombre haya hecho milagros y no pueda satisfacer su apetito? No parece que ésta sea la situación correcta. No, el hombre no ha reparado en esto.

Hay gente que cree en el ayuno; destruye su cuerpo. Y hay gente que sigue atiborrándose de basura; también destruye su cuerpo. Ambos están en el mismo barco: ambos están ayunando, y ambos están constantemente obsesionados. Uno está obsesionado a través de la indulgencia, el otro lo está a través de la represión. Justo en el medio está la trascendencia.

Lo mismo pasa con el sexo y con todo en la vida. Saraha se debe haber dado cuenta de que la misma gente que decía que Buda había dicho que había que transcender el sexo no lo había transcendido en absoluto. Por el contrario, se había obsesionado con él y se había hundido en su fango.

Una joven monja fue a ver a la madre superiora muy afligida, y después de resistirse un buen rato admitió que estaba preñada.

–¿Quién ha sido? ¿Quién ha sido el malvado? –preguntó la Madre Superiora.

–¡Oh, reverenda madre, yo no cometería una ofensa carnal con un hombre! –exclamó la novicia.

–No me digas que el padre va a ser una mujer –inquirió la madre superiora, empezando a perder la calma.

–No, reverenda madre. La paternidad corresponde a uno de los santos ángeles –dijo la novicia sonriendo tontamente.

–¡Santos ángeles! ¿Qué tontería es esa?

–Sí, reverenda madre, él descendió sobre mí en la mitad de la noche mientras dormía, y cuando le pregunté quién era dijo: «san Miguel», y para demostrármelo me enseñó la etiqueta con su nombre en la camisa que llevaba.

Una vez que estás en contra de algo encontrarás formas de huir de ello, encontrarás alguna puerta trasera. El hombre es astuto. Si reprimes algo, la mente encontrará otra forma de expresarlo. Por eso sueñas con el sexo... vuestros santos sueñan demasiado con el sexo, tiene que ser así. Durante el día pueden negarlo, pero por la noche... cuando están despiertos pueden negarlo, pero cuando están dormidos, entonces el sexo protagoniza sus sueños en fantásticos colores, llega a ser psicodélico. A la mañana siguiente se sienten culpables, y al sentirse culpables lo reprimen más aún. La noche siguiente tienen sueños sexuales más bonitos si cabe; o quizás horribles, depende de la persona. Depende de cómo sea interpretado, tanto si es hermoso como si es horrible.

Una colegiala «difícil» de quince años fue enviada al psicólogo, quien le estuvo haciendo un buen número de preguntas muy personales. Él estaba seguro de que el sexo era la raíz del problema y le preguntó:

–¿Sufres fantasías o sueños eróticos?

–¡En absoluto!

–¿Estás segura?

–Completamente –dijo la chica–. La verdad es que los disfruto.

Que los llames hermosos u horribles depende de ti. Por la noche son hermosos, por la mañana se vuelven horribles. Por la noche disfrutas de ellos, por la mañana sufres por su causa. Se ha creado un círculo vicioso, y vuestro supuesto santo sigue girando en este círculo: sufre durante el día y disfruta por la noche; y está dividido entre ambas situaciones.

Si observas en profundidad dentro de ti te darás cuenta fácilmente.

Todo lo que reprimas permanecerá ahí, no te lo puedes quitar de encima. Lo que se reprime permanece, sólo lo que se expresa desaparece. Lo que se expresa se evapora, lo que se reprime permanece; no sólo permanece, sino que se va haciendo más y más poderoso.

Saraha debe haberse dado cuenta de lo que estaba pasando doscientos años después de Buda: interpretaciones erróneas, la gente obsesionada con el sexo. Desde esa obsesión de las monjas y los monjes budistas, el Tantra nace como una rebelión; una rebelión contra el budismo, no contra Buda. A través de esta rebelión Saraha trajo de vuelta el espíritu de Buda. Sí, uno tiene que trascender el sexo, pero la trascendencia sucede a través del entendimiento.

El Tantra cree en el entendimiento. Entiendes algo totalmente y te liberas de todas las ataduras. Todo lo que no se entienda permanecerá como una resaca.

Estás en lo cierto. Preguntas: «¿cómo puede crecer el Tantra desde el budismo, que hasta donde yo sé ve el sexo como un impedimento para la meditación?». Precisamente por eso. Es una rebelión contra el budismo, y es por Buda. Va en contra de los seguidores, pero no contra el maestro. Los seguidores iban arrastrando las escrituras y Saraha trajo de vuelta el espíritu.

Saraha es la reencarnación de la misma iluminación que encarnaba Buda. Saraha es un Buda.

Tercera pregunta:

Querido Osho, ¿qué significa: «la luna de miel se ha acabado»?

La luna de miel se ha acabado significa que se ha acabado la parte de fantasía de tu amor. La luna de miel es una fantasía. Es una proyección, no es la realidad; es un sueño proyectado. «La luna de miel se ha acabado» significa que el sueño se ha terminado, y ahora empieza el matrimonio, la realidad. Cuanto más intensa sea la luna de miel, mayor será la desilusión. Por eso los matrimonios por amor no tienen éxito. Hay matrimonios que tienen éxito pero no los matrimonios por amor.

El matrimonio por amor no puede tener éxito; lleva el fracaso intrínseco. Es una fantasía, y como tal no puede vencer a la realidad. Sólo hay una forma de permanecer en la fantasía, de mantenerse siempre en la luna de miel, y esa forma es no encontrar nunca a tu amado. Entonces es posible: lo puedes tener toda tu vida; pero no encuentres nunca a tu amado, no encuentres nunca a tu amante.

Los más grandes amantes de la historia fueron aquellos a los que no se les permitió encontrarse: Laila y Majnu, Shiri y Farihad; ellos son los más grandes. No les fue permitido; la sociedad les creo tantos obstáculos que permanecieron siempre en estado de luna de miel. Es como cuando hay comida y no te dejan comértela, así que la fantasía continúa. Si se te permite comer, la fantasía desaparece.

El matrimonio por amor no puede tener éxito. ¿Qué quiero decir con «no tener éxito»? No puede tener éxito en el sentido en el que la gente quiere tener éxito. El matrimonio puede tener éxito, pero entonces no hay amor. Por eso en el pasado todas las sociedades del mundo, por experiencia, decidieron a favor del matrimonio y en contra del amor. La sociedad india es una de las más antiguas del mundo. Existe por lo menos desde hace cinco mil años, o incluso más. Por esta larga experiencia la India se decidió por el matrimonio sin amor, y un matrimonio sin amor puede tener éxito porque no tiene luna de miel; desde el principio es muy realista, anclado a la tierra. No te permite ningún sueño.

En la India no se les permite elegir a los propios cónyuges. No se permite al chico elegir a la chica, ni a la chica elegir al chico; eligen los padres. Naturalmente ellos están más en la tierra, tienen más experiencia. Y naturalmente no se pueden enamorar. Piensan en otras cosas: economía, prestigio, respetabilidad, familia. Piensan en miles de cosas: en todas menos en una, en el amor. El amor no cuenta en absoluto. Van al astrólogo, le interrogan sobre todo menos sobre el amor. El amor no tiene por qué ser un ingrediente del matrimonio.

Dos personas desconocidas, un hombre y una mujer, son unidas por sus padres, por la sociedad, y se las deja juntas. Naturalmente, cuando vives con una persona surge cierto cariño. Pero ese cariño es como el cariño que sientes por tu hermana, eso no es amor. Por haber nacido en una determinada familia (tú no has elegido tu hermana, ni tu hermano; no los has elegido, que tengas los mismos padres es accidental) le tienes cierto cariño. Viviendo juntos durante mucho tiempo se crean mil y una asociaciones, y empiezas a sentir cariño, o a dejar de sentirlo. Pero eso nunca es amor ni nunca es odio; nunca llega a los extremos, está muy equilibrado. El matrimonio es lo mismo, el matrimonio acordado. Los esposos viven juntos, y con el paso del tiempo comienzan a sentir algo el uno por el otro.

Hay una cosa más que hace la sociedad: no permite que haya sexo extramatrimonial, de esta manera el marido tiene que hacer el amor con la esposa y ella con el marido. Si sólo se te permite comer un tipo de comida nada más, ¿cuánto tiempo puedes esperar? Tienes que acabar comiéndola. Ése es el truco de la sociedad. Si se permite el sexo extramatrimonial, con toda seguridad el marido puede no querer hacer el amor con la esposa, y puede que la esposa no quiera hacer el amor con el marido. Sólo hacen el amor por hambre, sin ninguna otra salida. Así nacen los hijos... y más ataduras: religiosas, sociales. Después los niños y la responsabilidad... y la familia empieza a rodar.

El matrimonio por amor está condenado a fracasar porque sólo es un fenómeno poético. Te enamoras y comienzas a soñar con el hombre o con la mujer, y alcanzas la cima, alcanzas el clímax soñando. Los sueños continúan hasta que encuentras a la mujer, hasta que encuentras al hombre. Entonces os unís, quedáis satisfechos, y esos sueños empiezan a desaparecer. Entonces por primera vez empiezas a ver al otro tal como él o ella es.

Cuando ves a tu esposa tal como es, cuando ves a tu marido tal como es, la luna de miel se ha acabado. Eso es lo que significa la frase «la luna de miel se ha acabado». Y no sólo sucede en el matrimonio, sucede en muchos tipos de relaciones. Sucede aquí conmigo. Tú vienes a mí y puedes sentirte en luna de miel, puedes empezar a fantasear conmigo. Yo no formo parte de ello, no soy parte de ello. Es algo que tú haces solo. Pero tú empiezas a fantasear, a desear: va a suceder esto y aquello, y Osho hará esto y Osho hará aquello. Entonces un día la luna de miel se habrá acabado. De hecho a mí siempre me gusta esperar a que la luna de miel se acabe; entonces empiezo a trabajar, nunca antes, porque yo no quiero tomar parte en tus fantasías. Yo comienzo a trabajar solamente cuando veo que la luna de miel se ha acabado y que tú has vuelto a la tierra. Entonces se puede hacer algo real.

De hecho prefiero dar *sannyas* cuando la luna de miel se ha acabado. Dar *sannyas* durante la luna de miel es peligroso, muy peligroso, porque en cuanto acabe la luna de miel empezarás a sentirte en contra de mí, comenzarás a rebelarte en contra de *sannyas*, comenzarás a reaccionar. Es mejor esperar.

En cualquier relación (en la amistad, en la relación maestro-discípulo) existe una parte que es fantasía. Esa fantasía es no es más que tu mente: deseos reprimidos que están volando a los sueños. En un mundo mejor, con más comprensión, el matrimonio desaparecerá, y con el matrimonio también la luna de miel.

Ahora escucha. Ha habido sociedades, como por ejemplo la hindú, que han acabado con la luna de miel matando el amor, y lo único que existe es el matrimonio. En América están acabando con el matrimonio y salvando el amor y la luna de miel; allí sólo existe la luna de miel, el matrimonio no existe, está desapareciendo. Pero para mí ambas sociedades en el fondo están conspirando. La luna de miel sólo puede existir si hay alguna represión, de otra forma no hay nada que proyectar. Y si hay algo que proyectar, el amor fracasa una y otra vez. Entonces, como el amor fracasa, entran los eruditos sociales y empiezan a hacer los arreglos para el matrimonio: el amor vuelve loca a la gente y no la ayuda a vivir su vida, la hace suicida, neurótica, esquizofrénica, histérica. Así que los eruditos sociales tienen que intervenir, el cura y el político tienen que intervenir en el arreglo del matrimonio, porque el amor es demasiado peligroso. De esta manera la sociedad ha estado moviéndose entre estas dos polaridades.

Algunas veces cuando la gente se siente defraudada con el matrimonio, como ha sucedido en América, empieza a pensar en el amor. Cuando la gente se harte del amor, cosa que descubrirá más tarde o más temprano (ya lo está descubriendo), entonces empezará a inclinarse hacia el matrimonio. Ambas cosas son polaridades del mismo juego.

En mi opinión debería haber una sociedad diferente donde ambos, matrimonio y romance, desaparezcan. El matrimonio desaparecería, porque hacer vivir a dos personas obligadas por la ley es inmoral. Obligar a dos personas a vivir juntas cuando no quieren hacerlo es ir contra la naturaleza y contra Dios. El noventa y nueve por ciento de las enfermedades sociales desaparecerían si no se obligara a la gente.

Escucha esto...

Un hombre fue a su abogado y le contó:

–Soy muy rico, de manera que el dinero no es un obstáculo, pero quiero deshacerme de la bruja de mi mujer sin ser detenido por asesinato. Así que dime qué tengo que hacer.

–Cómprale un caballo salvaje, puede que la mate.

Un mes más tarde el hombre volvió y contó que su mujer se había convertido en la mejor amazona de la región.

–Intenta otra cosa –dijo el abogado–, cómprale una Honda y mándala a las montañas con ella.

El hombre lo hizo, pero ella conducía la moto como Angel Nieto, todo el mundo corría peligro menos a ella. El marido le explicó al abogado que estaba desesperado.

–Entonces cómprale un Jaguar.

A la semana el hombre estaba de vuelta más contento que unas castañuelas.

–Pide lo que quieras –le dijo al abogado–. Ha funcionado.

–¿Qué ha sucedido?

–¡Cuando abrió la puerta de la jaula del jaguar para darle de comer, éste le arrancó la cabeza de un zarpazo!

El matrimonio crea mil y una complejidades y no soluciona nada. Sí, tiene éxito: tiene éxito en hacer esclavos. Tiene éxito en destruir la individualidad de la gente. ¿No lo ves a tu alrededor? El hombre soltero tiene cierta individualidad, el hombre casado pierde su individualidad; cada vez se va convirtiendo más en un estereotipo. La mujer soltera tiene cierta alegría, algo que fluye. La mujer casada se vuelve apagada, aburrida, no resulta interesante. Eso es feo, obligar a la gente al aburrimiento. La gente está aquí para ser feliz, está aquí para disfrutar y celebrar. ¡Eso es horrible!

El matrimonio tiene que desaparecer. Pero si eliges la fantasía y el amor, volverás a caer de nuevo en la misma trampa del matrimonio, porque el amor nunca tiene éxito, nunca tiene el éxito que el matrimonio en lo que a economía, a seguridad para los niños, para la sociedad, para esto y lo otro, se refiere; el amor nunca tiene el éxito que tiene el matrimonio. El amor está destinado a crear otra clase de problemas. El amor existe porque hay deseos reprimidos. Cuando desaparezca el matrimonio y no se repriman los deseos, el amor desaparecerá automáticamente.

Una sociedad real de seres humanos no sabrá nada de matrimonios ni de lunas de miel. Sólo sabrá de alegría, de compartir con la gente. Mientras puedas compartir, bien; si no puedes compartir, hasta luego. Desaparecería el matrimonio y con él el horrible divorcio. Desaparecería el matrimonio y con él la fantasía de la luna de miel.

Cuando seas libre para amar, para encontrarte, para estar con gente, la luna de miel desaparecerá. Laila y Majnu, y Shiri y Farihad no serán posibles; nadie estaría obstruyendo el camino. Puedes encontrarte con cualquier mujer o con cualquier hombre, quienquiera que desees y quienquiera que te desee; nadie está obstaculizando el camino. ¿Entonces qué falta hacen las fantasías, si tienes a tu disposición toda clase de comidas, todo lo que quieras comer y no hay nadie haciendo la función de policía, de juez o de cura intimidándote con la idea de que si comes esa comida irás al infierno, sólo si comes la otra comida irás al cielo, y la comida que te lleva al cielo es la que tú no quieres comer, la que tú quieres comer te lleva al infierno? Todo lo que te da alegría te lleva al infierno y todo lo que te hace desgraciado te lleva al cielo.

Cuando nadie se interpone entre tú y tus deseos, cuando el deseo sea libre, no habrá represión. Si no hay represión la luna de miel desaparece. La luna de miel es un resultado: sale del matrimonio. Es como un cebo. Cuando vas a pescar utilizas un cebo. La luna de miel es un cebo, te lleva al matrimonio. Por eso las mujeres insisten tanto en el matrimonio; porque lo saben. Ellas están más en la tierra, son más empíricas que el hombre. Los hombres siguen siendo unos soñadores, piensan en estrellas y lunas, y las mujeres se ríen de sus ridículos deseos. La mujer lo sabe: ella tiene los pies en la tierra, sabe que en diez, doce o quince días, en dos o tres semanas, la luna de miel desaparecerá...¿Entonces qué? Ella insiste en el matrimonio.

Un hombre le preguntaba a su mujer (estaba enamorado) y por la noche le preguntaba:
–¿Hacemos el amor o qué?
Y la mujer le contestaba:
–O nos casamos o nada.
Él la volvía a preguntar:
–¿Hacemos el amor o qué?
Y ella volvía a contestar:
–O nos casamos o *nada*.

El amor no es fiable, como viene se va; es un capricho, un estado de animo. Que el amor permanezca sólo significa que todavía queda represión.

En una sociedad diferente habría alegría. El "amor" no sería una palabra tan importante como "dicha" o "celebración". Si dos personas quieren compartir sus energías y ambas están de acuerdo no habría ninguna traba. Sólo habría una limitación, que si el otro no estuviera de acuerdo se acabó; ni siquiera empezaría. Todas las otras limitaciones deberían eliminarse.

Ahora la ciencia ha logrado que el problema de los niños se pueda resolver fácilmente. Antiguamente la gente no era tan afortunada, tú tienes más suerte; el problema de los niños puede resolverse. Puedes vivir con una mujer sin tener hijos hasta el día que creas que ya habéis vivido bastante tiempo juntos y vuestro amor, vuestra alegría sigue creciendo, vuestro gozo sigue creciendo, y ya no hay posibilidad de separarse, cuando hayas encontrado tu compañera del alma; el día en que sientas eso, podrás tener hijos. De otra forma no hay ninguna necesidad de tener hijos.

En una sociedad mejor, los niños deberían pertenecer a las comunas. Las familias tendrían que desaparecer. La gente se uniría en comunas: comunas de pintores, donde los pintores (mujeres y hombres) vivirían y disfrutarían juntos, comunas de poetas, de carpinteros, comunas de orfebres; comunas de diferentes tipos de gente que vivirían juntas, en vez de familias. La familia ha resultado ser una calamidad. Es mejor cuando hay mucha gente que vive junta, que lo posee todo en común y comparte su amor con los demás. Pero no debería haber ninguna restricción.

El amor no debe convertirse nunca en una obligación; sólo no lo es dichoso. En cuanto se convierte en un deber se muere, se convierte en una carga, y crea mil y un problemas que no pueden resolverse directamente. Ésa es la situación en todo el mundo. Puedes ir al psicoanalista, puedes acudir a un maestro, puedes meditar, puedes hacer esto y aquello; pero no se toca el problema básico.

Tu problema básico sigue de alguna manera conectado con tu energía sexual, y sigues abordándolo desde cualquier otro ángulo. Continuas quitando las hojas, podando las ramas, pero no cortas la raíz. Las personas son desgraciadas porque están hartas las unas de las otras. La gente está triste porque no disfruta de la compañía de los demás. La gente está agobiada: cumple con su obligación, no pone amor.

El matrimonio y la luna de miel vienen juntos en el mismo paquete; así que tienen que desaparecer juntos. Sólo entonces podrá haber una humanidad no reprimida, una humanidad completamente expresiva, un ser humano plenamente expresivo que no conocerá otra cosa que no sea alegría, y que decidirá de acuerdo con esa alegría.

El criterio debe ser la alegría.

Cuarta pregunta:

Querido Osho, amo a Ma Prem Savya, y quiero que esté conmigo hasta que me muera. ¿Es éste un buen último deseo?

La pregunta es de Prem Aniket.

Primero: ningún deseo es el último si todavía estás vivo. El último deseo no existe si estás viviendo; ¿quién sabe lo que puede suceder el momento siguiente? ¿Y cómo vas a saber lo que va a suceder en el siguiente momento? ¿Cuánto tiempo hace que conoces a Savya? Unas semanas... hace unos cuantos días ni siquiera habías soñado con ella. Si esto puede suceder, puede volver a repetirse. Quizá dentro de tres semanas vuelvas a encontrar a otra mujer.

Hasta que no estés muerto ningún deseo es el último; cada deseo crea otro nuevo deseo. El deseo es un *continuum*. Sólo hay dos cosas que pueden parar el deseo: la muerte y la iluminación. Y Aniket, con toda seguridad ninguna de las dos, ni la iluminación ni la muerte han sucedido todavía.

Comprender el deseo es bueno. Los deseos traen nuevos deseos, cada deseo crea diez deseos más. Es como una pequeña semilla de la que sale un gran árbol, miles de ramas y millones de hojas. De un deseo, de una semilla, brotan muchos más.

No se puedes decir nada acerca del futuro; no se debe decir, el futuro permanece abierto. Ésta es una de las cuestiones en las que el hombre se ha esforzado más; es ridículo, pero aun así el hombre sigue haciéndolo. Quiere reformar el pasado, lo cual es imposible. Cualquier cosa que haya sucedido ya ha sucedido, no hay forma de rehacerla; no puedes retocarla en absoluto. No se puede mejorar, ni se puede empeorar. Simplemente está fuera de tu alcance. Ya ha sucedido, se ha hecho real, y lo que es real no se puede retocar. El pasado se ha acabado, está completo tal como fue; no puedes volver atrás y hacerlo de otra manera. Está bien así; si pudieras arreglar el pasado, si pudieras regresar, te volverías loco. No podrías volver al presente de nuevo, el pasado es muy largo.

Es bueno que las puertas del pasado estén cerradas. Pero el hombre, el estúpido hombre sigue pensando en términos de reforma, de reformulación, de hacer algo aquí y allá. ¿No se te ha ocurrido pensar en ello? ¿Algunas veces no has dicho algo que habría sido mejor no haberlo dicho? ¿No habría sido mejor no haber hecho nada? Pero en tus fantasías te empeñas en decirlo y hacerlo. Simplemente estás perdiendo el tiempo; ya no se puede hacer nada, se te ha escurrido de las manos.

No se puede reformar el pasado ni se puede predecir el futuro. También eso es algo que el hombre sigue haciendo; quiere predecir el futuro. El futuro es algo que todavía no ha ocurrido. El futuro permanece abierto; el futuro es apertura. El futuro es indeterminado. No es actual, sólo es probable; no hay nada seguro acerca del futuro. No hay ninguna certeza acerca del futuro. Pero el hombre es tonto: sigue visitando a los astrólogos, consulta el I Ching, el Tarot, a los lectores de la sombra. El hombre es tan necio que intenta encontrar medios para poder conocer por adelantado lo que sucederá en el futuro. Pero si puedes saberlo por adelantado entonces ya será pasado, ya no será futuro. Sólo se puede conocer el pasado, el futuro se mantiene desconocido. Ésa es una cualidad intrínseca del futuro; ser desconocido. Todo es posible y nada es seguro; eso es el futuro. En el pasado todo ha sucedido ya, nada más puede pasar. Y el presente es justo un pasillo entre lo real y lo potencial, entre lo cerrado y lo abierto, entre la muerte y la vida.

Tú preguntas: «¿es éste un buen último deseo?». Te gustaría que ése fuera tu último deseo, pero después tendrías que suicidarte, real o metafóricamente. Si quieres que éste sea tu último deseo tendrás que querer suicidarte después. Puedes tirarte a la vía del tren, al fondo del mar, a un abismo; puedes suicidarte realmente, sólo así puedes hacer que ése sea tu último deseo. O te puedes suicidar psicológicamente, que es lo que hace mucha gente. No vuelvas a mirar a ninguna otra mujer; cierra los ojos, permanece asustado. Aférrate a quienquiera que ames y no vayas de un sitio para otro, no te desvíes; no pienses siquiera, no sueñes siquiera... eso es suicidio psicológico.

Pero de ninguna de las dos formas te será posible vivir, porque no tendrás futuro alguno que vivir. Si de verdad quieres vivir; y tú quieres vivir; de hecho es lo que me estás preguntando: quieres vivir con Savya. Para vivir tienes que estar vivo.

No pienses en términos de «el último deseo». ¿Y por qué?, ¿por qué te gustaría que ése fuera tu último deseo? ¿Por qué no puedes compartir tu energía algún día con alguna otra mujer? ¿Por qué ser tan tacaño? ¿Por qué ser tan inhumano? ¿Acaso no hay otras mujeres tan divinas como Savya? ¿Acaso no se ha aparecido Dios en multitud de formas, en millones de formas a tu alrededor? ¿Por qué aferrarse a una forma? ¿Por qué este aferrarse?

Este aferrarse viene de la represión, porque tú has reprimido tus deseos. Así que un día encuentras una mujer que te ama y te aferras. Tienes miedo de perderla, porque sabes lo largas que son las noches cuando estás sólo. Si esta mujer se va ahora, volverás a estar. También la mujer tiene miedo de su propia soledad y se aferra a ti. Ella tiene miedo de que algún día te vayas con otra; puede que dejes de preocuparte por ella y se quede sola. Las noches de soledad han sido muy largas; pero ahora eso se acabó. «Nos hemos encontrado, debemos pegarnos el uno al otro; debemos poseernos el uno al otro, así que de aquí no se mueve nadie.»

Pero mira lo que ha salido de este celo: la gente está aburrida. Tú quieres un amante, no quieres un guardián; tú quieres un amado, no quieres un carcelero. Tú quieres fluir, no estar apresado. Observa lo contradictorio de este deseo: tú quieres vivir y amar, pero todo lo que haces molesta a tu amor, destruye tu amor, crea obstáculos que impiden que pueda fluir. Tú quieres amar y vivir, quieres vivir gozosamente, pero todo lo que haces va en contra de ello, es en contra de ello.

¿Por qué debe ser éste el último deseo? Y recuerda, no estoy diciendo que no deba ser éste el último deseo. No me interpretes mal. Yo no estoy diciendo que ése no deba ser el último deseo, simplemente estoy preguntando por qué debería ser ése el último deseo. Si sucede que permanecéis juntos, si sucede que nunca encuentras una mujer más hermosa, una mujer que te quiera más; muy bien, eres muy afortunado. Si sucede que Savya nunca encuentra un hombre que la quiera más, que esté más vivo que tú, qué afortunada! Pero si ella encuentra un hombre que pueda hacerla más dichosa, que pueda llevarla a cimas de éxtasis más altas, ¿entonces qué? ¿Debe seguir aferrada a ti? De esta manera ella estaría yendo en su propia contra. ¿Por qué debe aferrarse a ti?

Si se queda aferrada a ti, nunca podrá perdonártelo, porque habrá perdido a aquel hombre por tu culpa; estará siempre enfadada contigo. Por eso las esposas y los maridos están enfadados. Este enfado se sostiene sobre una base natural. No es un enfado por cosas mundanas; no es porque el té no esté caliente. ¿A quién le importa el té cuando está enamorado de una mujer? Cuando el amor es ardiente todo es ardiente. Cuando el amor se ha enfriado todo parece enfriarse. El problema no es que las zapatillas no estén donde deberían cuando te levantas, ¿qué importa eso cuando amas a una mujer?

Pero cuando desaparece el amor, desaparece el calor. Entonces te enfadas, y el enfado es tal que no puedes expresarlo y además la sociedad no te lo permite. El enfado es tan grande que no te atreves a mostrarlo. Puede que lo hayas reprimido tan profundamente que ni siquiera te des cuenta de él, que ni siquiera seas consciente de ello; de que estás enfadado porque por esta mujer, otras mujeres no están a tu disposición... porque esta mujer siempre está a tu alrededor, constantemente vigilando... porque este hombre te custodia constantemente y no te permite moverte y vivir tu vida a tu manera, como tú quieres ahora.

Tus promesas de ayer son tu prisión hoy. Entonces te enfadas. Y el enfado no tiene que ver con nada en particular, se trata de un enfado general, de forma que no puedes decir por qué es, donde está, cómo es. Así que aparece con cualquier excusa: el té no está caliente, la comida no te gusta.

Este aferrarse crea ese enfado. Y no estamos aquí para enfadarnos innecesariamente. ¿Por qué? ¿Para qué? ¿Cuál es el propósito? Si Savya encuentra un hombre y siente que es la persona adecuada, ¿qué debería hacer? ¿Debería seguir aferrada a ti? ¿No debería traicionarte? Esa palabra es horrible: "traicionar"... De hecho si ella continuara a tu lado estaría traicionando su propio ser, si permaneciera contigo estaría traicionando su amor, estaría traicionando su alegría, estaría traicionando a Dios. En ese momento Dios estaría llamando a través de otra puerta, ella estaría traicionando a Dios. Y nunca más sería capaz de volver a quererte; sería imposible. Dios habría llamado desde otro sitio. Otros ojos serían entonces las puertas y las ventanas, otra forma se haría viva y atractiva. ¿Qué podría hacer ella entonces? Podría evitar ver a esa persona, ¿pero cómo iba a poder perdonártelo? El enfado empezaría a surgir a partir de ahí. Entonces estaría enfadada sin ninguna razón en absoluto, y este enfado destruiría vuestro amor. Vuestro amor habría volado.

Recuerda, el amor es una brisa. Mira... en este momento no hay brisa, los árboles están en silencio. ¿Qué pueden hacer? Ellos no pueden provocar la brisa. Llega cuando tiene que llegar. Cuando llega danzan alegremente. Cuando se va, se ha ido. Tienen que esperar. El amor es como la brisa. Llega en su momento; quién sabe de dónde vendrá, de qué persona, de quién.

Ésa es la liberación del Tantra. El Tantra es una filosofía peligrosa, es una religión peligrosa. No ha sido probada a gran escala, el hombre no ha tenido suficiente coraje todavía para probarlo a gran escala; sólo unos cuantos individuos, sólo unos pocos y cada mucho tiempo lo han intentado, y han sufrido mucho porque la sociedad no lo permite... la sociedad piensa que es pecado mortal. El Tantra dice que pecado es vivir con una mujer con la que el flujo del amor ha cesado, con la que el gozo ha terminado. Hacer el amor con una mujer que no amas es una violación. Hacer el amor con un hombre que no amas es prostitución.

Ésa es la actitud del Tantra acerca de la vida. El Tantra cree en la alegría, el Tantra dice que la alegría es Dios. Sé auténtico con el gozo, sacrifícalo todo por él. Deja que la dicha sea el único Dios, sacrifica todo lo demás, todo lo que sea necesario. Permanece fluyendo.

Tú dices: «amo a Ma Prem Savya. Quiero que esté conmigo hasta que me muera...». ¿Piensas que te vas a morir pronto?

¿Quién sabe cuánto puedes vivir? En primer lugar, ¿por qué piensas en el futuro? Pensar acerca del futuro es perder el presente. Tú piensas que se trata de grandes ideas... has leído todas esas tonterías que escriben los poetas. Los poetas casi siempre son bobos; no tienen una experiencia real de la vida, sólo sueñan.

Ahora fíjate: tú piensas que éste es tu gran amor; que quieres vivir con ella hasta que te mueras. No es que sea un gran amor, es que estás asustado. De hecho ahora mismo no lo estás disfrutando. Por eso te estás expandiendo al futuro. Ahora mismo te lo estás perdiendo, así que quieres tenerlo de alguna manera; puede que no sea hoy, quizás mañana, pasado mañana, el miedo se manifiesta así. Querrías estar con ella toda tu vida, y así poder manejar la situación.

Pero ¿por qué no ahora? Si se puede tener en cualquier momento, se puede tener ahora mismo. Tú no sabes cómo vivir en el presente, así que piensas en el futuro. El tiempo es una gran ilusión. Sólo existe el ahora. Mañana volverá a ser hoy otra vez. Siempre será hoy. Dios está siempre en el presente. Si quieres vivir, hazlo ahora mismo. ¿Por qué pensar en el futuro? Deja que tu amor sea tan intenso como una llama, que te consuma totalmente ahora mismo.

Y ahora estás pensando «hasta el día que me muera...». ¿Quién sabe? Por lo menos yo no voy a decir nada acerca de ello, porque me gustaría que siempre fueras libre y que también lo fuera Savya. Encontraos como dos seres libres, como dos libertades. Dejad que suceda mientras dure la libertad. Cuando vuestra unión empiece a corromper la libertad, separaos; habrá llegado el momento de decir adiós. Sentid gratitud por esos días que habéis vivido con ese hombre, con esa mujer. Sentíos enormemente agradecidos porque esos días estuvieran a vuestra disposición a través del otro. Sentid vuestra gratitud por esta experiencia. ¿Qué otra cosa podéis hacer? Con lágrimas en los ojos, con gratitud, con amor, con amistad, con compasión, separaos. No os aferréis, os destruiríais el uno al otro.

Si de verdad amas a la otra persona, en cuanto el amor desaparezca reconocerás su libertad. Al menos debe haber ese amor... liberar al otro, para que así, en algún otro lugar, en algún otro campo, pueda florecer el amor. Es lo mínimo que puedes hacer por el otro: que el amor (aunque haya desaparecido entre vosotros) pueda florecer en otro lugar con otra persona. El amor es Dios. Donde suceda, entre quién suceda, es irrelevante; entre A y B, o entre C y D, o entre E y G. No importa dónde suceda. Si sucede, está bien. El mundo está falto de amor porque nos aferramos a la gente cuando el amor ya se ha acabado. El mundo estaría lleno de amor si la gente no se aferrara y se mantuviera libre.

Sé libre en tu amor. Encuéntrate con el otro desde la libertad, y cuando la libertad se haya destruido, deja que sea la señal de que el amor ha desaparecido, porque el amor no puede destruir la libertad: el amor y la libertad son dos nombres para la misma cosa. El amor no puede destruir la libertad. Si se está destruyendo la libertad, es que se trata de alguna otra cosa fingiendo ser amor: celos, odio, dominación, seguridad, prestigio, respeto social, alguna otra cosa. Huye de ello antes de que entre, te corrompa y te envenene.

Quinta pregunta:

Osho, quiero tomar sannyas y he estado esperándolo durante años, pero tengo miedo de que por ello pueda meterme en problemas. ¿Qué debo hacer?

Lo único que yo te puedo prometer es que te *meterás* en problemas, no puedo decirte que no vas a meterte en problemas.

De hecho, se trata de un mecanismo para crear caos en tu vida. Pero hay dos clases de problemas: los destructivos y los creativos. Evita los problemas destructivos, porque sólo destruyen. Hay problemas creativos que crean, que te elevan a planos superiores de consciencia. Ya tienes suficientes problemas. Con seguridad yo no voy a agregar más problemas de esa clase.

Sucedió una vez...

Una mujer viajaba en un compartimento de tren en el que viajaba un hombre con el que iban un montón de niños sucios y descarados. No habían llegado muy lejos cuando el hombre le pegó un tremendo correazo a uno de los niños.

–¡Oiga usted –le dijo la señora con tono amenazante–, deje de golpear al niño o le meteré en problemas!

–¿Que va a hacer qué?

–¡He dicho que le meteré en problemas! –le gritó la mujer.

–Escuche, señora, mi mujer se ha ido con un negro y se ha llevado todo mi dinero; estoy viajando para dejar a mis hijos con un familiar que es alcohólico; mi hija, la de la esquina, está embarazada de ocho meses. Ese otro niño se ha cagado en los pantalones, el otro ha tirado el biberón por la ventana, y éste al que estaba pegando se acaba de comer todos los billetes. Además me han despedido por faltar al trabajo.

¿Ha dicho que me iba a meter en problemas? ¿Qué más puede pasarme?

No, yo no te voy a meter en más problemas de la misma índole de aquéllos con los que has vivido toda tu vida. Yo voy a introducir una nueva clase de problemas en tu vida. Sé valiente.

Has esperado mucho tiempo; dices que has estado pensando en ello durante años...

Se estaba jugando un partido entre los ratones y los insectos. En el descanso el resultado era de seis a cero a favor de los insectos, pero al final ganaron los ratones por once a diez. Los insectos se acercaron a la cueva del ciempiés y le preguntaron:

−¿Por qué no has venido a jugar el partido?

A lo que el ciempiés contestó:

−Me estaba poniendo las botas.

¿Cuánto tiempo vas a tardar en ponerte las botas? ¡El partido se acabará pronto! Por favor, date prisa.

Sexta pregunta:

Osho, ¿puedo dar el salto yo mismo, solo? ¿Es absolutamente necesario un maestro?

Dos amigos, Pete y Dave estaban trabajando en el andamio. Un hombre que estaba buscando nuevos números para su circo pasó por allí; y estaba justo debajo del edificio cuando de repente vio a Pete dando un triple salto mortal desde lo alto del andamio, seguido de un tirabuzón y otro doble salto mortal, para seguidamente caer de pie.

El hombre se quedó atónito, subió hasta donde estaba Pete y le dijo:

−Te gustaría hacer eso para mí en mi club?

−Sí, de acuerdo.

−¿Cuánto pides por ello?

−Cien libras.

−¿Cien libras?

−Bueno, son cincuenta para mí y cincuenta para Dave por darme el martillazo en el pie.

Tú solo no vas a poder seguir. Necesitarás un maestro que te golpee. El viaje es muy extraño, el viaje es al interior de un abismo. A menos que alguien te empuje fuerte no darás el salto, tendrán que golpearte.

Y la última pregunta:

Querido Osho, ¿qué es nirvana?

Nirvana es esta historia... esta antigua historia budista. Una mujer excepcionalmente hermosa y joven, Enyadatta, disfrutaba mirándose al espejo más que de ninguna otra forma. Además estaba un poco loca, como lo están todos los seres humanos. Cuando una mañana se estaba mirando al espejo, vio que la figura en el espejo no tenía cabeza. Enyadatta se puso histérica y echó a correr gritando: ¡Se me ha ido la cabeza ¿Dónde está mi cabeza? ¡Si no la encuentro me moriré!».

Aun cuando todo el mundo le aseguraba que su cabeza estaba sobre sus hombros, ella se negaba a creerles. Cada vez que se miraba al espejo, la cabeza no aparecía, y seguía su frenética búsqueda gritando y suplicando ayuda. Temiendo por su salud, los amigos de Enyadatta y sus familiares la llevaron a casa y la ataron a una columna para que no se hiciera ningún daño.

Sus amigos seguían asegurándole que la cabeza todavía seguía sobre sus hombros, y poco a poco ella comenzó a preguntarse si le estaban diciendo la verdad. De repente uno de sus amigos la dio un capón. Ella comenzó a llorar, y su amigo exclamó: «¡Ésa es tu cabeza! ¡Ahí está!». Enyadatta se dio cuenta inmediatamente de que de alguna forma se había engañado a sí misma al creer que había perdido la cabeza, que había siempre estado en su sitio.

Eso es *nirvana*. Tú nunca has estado fuera de ello, nunca has estado alejado de ello, tú estás en *nirvana*. Está ocurriendo en este mismo momento, sólo tienes que estar un poco más alerta. Necesitas un golpe en la cabeza.

La cabeza sigue ahí: tú no puedes verla porque estás mirando en otra dirección o en un espejo equivocado. No puedes verla porque no tienes la claridad suficiente para verla. El *nirvana* no es una meta en algún lejano lugar, no está después de esta vida, está aquí y ahora mismo.

Nirvana es el material del que tú estás hecho.

Está en cada una de tus células, en cada fibra de tu ser.

Eres tú.

Sólo hay que recordarlo.

SOBRE EL AUTOR

Las enseñanzas de Osho desafían toda clasificación y lo abarcan todo, desde la búsqueda individual de sentido hasta los más urgentes temas sociales y políticos de la sociedad actual. Sus libros no han sido escritos sino transcritos de grabaciones sonoras y vídeos de charlas improvisadas ofrecidas en respuesta a preguntas de discípulos y visitantes, a lo largo de un período de 35 años. El *Sunday Times* de Londres ha descrito a Osho como uno de los «mil artífices del siglo XX», y el autor norteamericano Tom Robbins le ha calificado como «el hombre más peligroso desde Jesucristo». Acerca de su propia obra, Osho ha dicho que está ayudando a crear las condiciones para el nacimiento de un nuevo tipo de ser humano. Suele tipificar a este nuevo ser humano como «Zorba el Buda», capaz de disfrutar tanto de los placeres terrenales como un Zorba el griego, como de la silenciosa serenidad de un Gautama el Buda. Discurriendo como un hilo conductor, a lo largo de la obra de Osho hay una visión que abarca la sabiduría eterna de Oriente y el potencial más elevado de la ciencia y tecnología occidentales.

Osho también es famoso por su revolucionaria contribución a la ciencia de la transformación interior, con un enfoque de la meditación que tiene en cuenta el ritmo acelerado de la vida contemporánea. Sus incomparables «Meditaciones Activas» están diseñadas para, en primer lugar, liberar las tensiones acumuladas en cuerpo y mente, de manera que resulte más fácil experimentar el estado relajado y libre de pensamientos de la meditación.

Sobre el autor existe una obra autobiográfica disponible: *Autobiografía de un místico espiritualmente incorrecto* (Kairós, 2001).

Resort de Meditación
de OSHO Internacional

El Resort de Meditación fue creado por Osho con el fin de que las personas puedan tener una experiencia directa y personal con una nueva manera de vivir, con una actitud más atenta, relajada y divertida. Situado a unos 160 kilómetros al sudeste de Mumbai (antigua Bombay) en Pune, India, el Resort ofrece una amplia variedad de programas para los miles de visitantes anuales, procedentes de más de cien países de todo el mundo. En principio desarrollado como lugar de retiro veraniego para los maharajás y los colonialistas británicos, Pune es actualmente una moderna y vibrante ciudad que alberga varias universidades e industrias de tecnología punta. El Resort de Meditación se extiende sobre una superficie de más de dieciséis hectáreas, en una zona poblada de árboles conocida como Koregaon Park. Ofrece alojamiento de lujo a un número limitado de huéspedes y en las cercanías existen numerosos hoteles y apartamentos privados para estancias desde varios días hasta varios meses.

Los programas del Resort están basados en la visión de Osho acerca del que cualitativamente será un nuevo tipo de ser humano, capaz tanto de participar creativamente en la vida cotidiana como de relajarse en el silencio y la meditación. La mayoría de los programas se desarrolla en instalaciones modernas, provistas de aire acondicionado, e incluyen diversas sesiones individuales, cursos y talleres dedicados tanto a las artes creativas como a tratamientos de salud holísticos, crecimiento personal y terapias, ciencias esotéricas, el enfoque zen de los deportes y el esparcimiento, cuestiones relacionales e importantes transiciones en las vidas de hombres y mujeres. A lo largo del año se ofrecen tanto sesiones individuales como talleres grupales, junto con un programa diario de meditaciones. Los restaurantes y cafeterías al aire libre del Resort de Meditación sirven cocina tradicional india, así como una variedad de platos internacionales en los que se utilizan verduras biológicas cultivadas en la granja del centro. El Resort también cuenta con un suministro propio de agua potable y filtrada.

Para más información visita: www.osho.com/resort.

MÁS INFORMACIÓN

www.**OSHO**.com un completísimo sitio web en diferentes idiomas que incluye una revista, libros de Osho, charlas de Osho en audio y vídeo, el archivo completo de textos de Osho en inglés e hindi de la librería virtual y una amplia información sobre las meditaciones OSHO. También encontrará el programa de la Multiversity OSHO e información sobre el Resort de Meditación.

Para contactar OSHO International Foundation entre en
www.osho.com/oshointernational.

Lecturas recomendadas
Si deseas leer algo más acerca de Osho, su visión y sus revolucionarias técnicas de meditación puedes leer:

En editorial Kairós:
El ABC de la iluminación
Libro de la vida y la muerte
Autobiografía de un místico espiritualmente incorrecto
Música ancestral en los pinos
La sabiduría de las arenas
Dang, dang, doko, dang
Ni agua, ni luna
El sendero del yoga
El sendero del zen
El sendero del tao

En otras editoriales:

Meditación. La primera y la última libertad. (Grijalbo, 2003). Más de 60 técnicas de meditación explicadas en detalle, las meditaciones dinámicas, instrucciones, obstáculos, dudas...

El libro de los secretos. (Gaia Ediciones, 2003). Comentarios sobre el Vigyana Bahirava Tantra. Una nueva visión sobre la ciencia de la meditación.

Tarot Osho Zen. (Gaia Ediciones, 1998).

Música

El sello NEW EARTH ofrece en CD todas las músicas de las meditaciones dinámicas diseñadas por Osho con sus respectivas instrucciones. De venta en librerías especializadas y en la página web.

Resort de Meditación de OSHO Internacional
17 Koregaon Park
Puna 411 011 (MS)
India
Teléfono: 91 (212) 628 562
Fax: 91 (212) 624 181